Carl Bleibtreu

Sedan
Schlacht vom 1. September 1870 - Band 10

Europäischer Geschichtsverlag

Carl Bleibtreu

Sedan
Schlacht vom 1. September 1870 - Band 10

1. Auflage | ISBN: 978-3-73400-136-9

Erscheinungsort: Paderborn, Deutschland

Erscheinungsjahr: 2015

Europäischer Geschichtsverlag ist ein Imprint der Salzwasser Verlag GmbH, Paderborn.

Nachdruck des Originals.

Sedan

Von

Carl Bleibtreu

Illustriert von Chr. Speyer

Stuttgart

Carl Krabbe Verlag

Erich Gussmann

Hofbuchdruckerei Carl Hammer, Stuttgart.

⑩ Lager von Beaumont, haſt du ein ſchlimmeres prophezeien
wollen? Denn unerbittlich ſchreitet das Schickſal, kennt keine Ver-
zeihung, aus jedem Fehl entſprießen ſchlimmere Fehle. —

„Nettes Lager, das wir uns ausgeſucht! Bequemes Nachtquartier, in das der Feind hineinblinzelt!" witzelte cyniſch der Ingenieurgeneral Doutrelaine. „Bemerken Sie die hübſche Gruppierung
der Waldberge ringsum, ein wahres Amphitheater! Wenn der
Feind dort hinaufſteigt, wird er uns Angenehmes beſcheren. Und
die Maasſchleife in unſerem Rücken iſt auch nicht übel. Die läßt
uns einen hübſch engen Raum zwiſchen ihr und Belgien beim
Abmarſch auf Mezières. Wenn uns der Feind dabei überraſcht,
ſo erleben wir noch vergnügte Stunden!"

„Bah, bis dahin ſind wir über alle Berge," verſetzte ſein
kommandierender General Felix Douay gelaſſen, ein vollbärtiger,
ernſter Mann mit wohlwollendem Ausdruck, deſſen unverkennbare
Ähnlichkeit an ſeinen bei Weißenburg gefallenen jüngeren Bruder
erinnerte. „Im übrigen iſt mir's ganz recht, daß Sie unſere

Leute so eifrig schanzen lassen, schon um ihnen etwas zu thun zu geben. Das hebt die Moral, unterdrückt verdrießlichen Mißmut. Obschon wir natürlich hier auf der Nordfront nirgendwo Angriff zu erwarten haben!"

„Wer kann das wissen?"

„Von Belgien her doch nicht? Zudem deckt uns ja Vinoy hier den Rücken. Der Feind steht ja noch südlich der Maas."

„Die ist überschreitbar. Und die Maasschleife auch."

„Können sie fliegen? Noch hat kein deutscher Fuß die Maas westlich und südlich von Sedan betreten, geschweige überschritten."

„Noch! Sie haben die Nacht, die Leute sind zu allem fähig, wie wir sie kennen lernten. Immerhin, mag's auch so sein, Vorsicht thut sicher not, und hoff' ich nur, daß Vinoy streng das Defilee bei Brigne aux Bois überwacht, damit wir morgen nicht in Ungelegenheiten kommen — wenn nicht wir, so doch die andern Korps, da doch alles auf gleicher Straße nach Mezières abfließen soll. Unsre Lage will mir nicht gefallen. — Horch!" Dumpfer Kanonendonner dröhnte von Osten her herüber.

„Das kommt von der Maas!" Douay horchte hoch auf, zuckte aber dann die Achseln. „Was wird's sein! Ein Nachhutgefecht mit dem Feind, der uns gestern so übel mitspielte."

. . Im Alten Lager vor Sedan stand das gestern so hartgeprüfte Korps Failly wieder leidlich versammelt. Auch hier herrschte ärgerliches Mißbehagen. Ein wildfremder General de Wimpffen langte an mit Dekret des Kriegsministers, wonach Wimpffen den Failly, der jedes Vertrauen der Truppen verloren habe, ersetzen solle. Palikao berief sich dabei auf die Vorgänge am sechsten August, ahnte von Faillys neuen Irrungen bei Beaumont nichts. Maßregelung und Strafenthebung vom Kommando erschienen also niemandem unverdient, gleichwohl machte die Plötzlichkeit und die Einmischung eines ganz fremden Elements peinlichen Eindruck. Besonders auf den Marschall Mac Mahon selber, der als Gentleman alle Sünden des Kameraden Failly gerne decken wollte. Außerdem munkelte man, daß Wimpffen mit außerordentlichen Vollmachten ausgestattet sei, deren Umfang man kaum ahnte.

„Haben Sie schon gehört, Herr v. Wimpffen reiste expreß von Afrika her, um Frankreich zu retten!" riefen Offiziere sich spöttisch zu. „Unterwegs von Algier machte er nur den kleinen Umweg nach Paris ins Bureau des Kriegsministeriums. Da hat er's schwarz auf Weiß verbrieft, der alte Prahler, daß er der Held des Tages ist!"

Bei Mouzon tauchte dieser große Unbekannte plötzlich auf und hielt den Flüchtigen eine Standpauke: „Ihr wurdet über= rascht, doch es wird nicht wieder vorkommen, denn Ich bin da!"

Nicht deutsche Strategie, sondern das Schicksal selber spielte hier eine Schachpartie, wo der bedrängte „König" sich selber „patte" setzte. Das gilt im Schach als „remis", der Krieg aber aner= kennt nicht solche Spielmätzchen, „patte" heißt hier — kapitulieren.

„Sehen Sie hier diese neue Chaussee," bemerkte der Kaiser vormittags zu einem Ordonnanzoffizier Vinoys, der per Eisenbahn von Mezières nach Sedan gelangte, um Befehle einzuholen. „Die Deutschen können diese Strecke für die neue Bahnlinie über St. Albert nicht kennen, da sie erst diesen Sommer vollendet ward und daher noch auf keiner Karte vorhanden ist." Eigenhändig zeichnete er die Linie auf einer Karte ein. „Einen Abzug auf Mezières vermutet der Feind also nicht." (O Wunder, o Geheimnis! Auf den deutschen Generalstabskarten stand thatsächlich die neue Straße eingetragen! Der vielgenannte „Spion" that auch hier seine Dienste.) „Hoffentlich bewacht General Vinoy die Brücke von Flize in unserer Flanke?"

„Ein Bataillon, Sire, ward dorthin vorgeschoben. Doch er= laube ich mir nochmals darauf hinzuweisen, daß ich auf meiner Bahnfahrt deutsche Kolonnen auf Donchery vorrücken sah. Die Bahn ward schon von Geschützfeuer bestrichen."

„Ich beauftragte eine Geniekompagnie, die Brücke von Don= chery zu zerstören," fiel der Marschall hastig ein. „Sie benutzt einen nach Mezières abgelassenen Bahnzug. Desgleichen wird die Brücke bei Frénois gesprengt und bei Bazeilles sind alle Vor= bereitungen getroffen, die Bahnbrücke zu zerstören."

„Dann ist ja alles in bester Ordnung. Lassen Sie die Truppen noch lange ruhen?"

„Gewiß, Sire, es ist unumgänglich notwendig, ihren ange= griffenen Zustand zu erholen und die Disziplin herzustellen. Bei den gestrigen Stockungen im nächtlichen Rückzug kam es vor, daß

die Führer den Truppen nicht zu wehren wagten, wenn sie eigen=
mächtig Fackeln anzündeten, obschon sie dadurch ihre Marschrichtung
dem Feinde verrieten. Der Soldat ist wütend über gestrige Nieder=
lage und die vielen Märsche kreuz und quer, die unsere prekäre
Lage mit sich brachte, und sein Vertrauen zur Führung geriet
etwas ins Wanken. Doch das wird sich ja alles wieder einrenken."

„Und wenn der Feind uns hier angreift?"

„Mag er! Unsere Stellungen sind herrlich, viel stärker noch
als bei Wörth, und ich glaube nicht, daß der Feind auf dem
weiten Umkreis seine Übermacht rechtzeitig entwickeln kann. Vinoy
deckt unsern Rücken, was haben wir zu besorgen? Eine Ver=
teidigungsschlacht wäre vielleicht nur günstig für unsre Angelegen=
heiten. Bedenken Sie, daß Bazaine depeschiert, er werde sich grade
hierher auf Sedan über Montmedy an uns heranziehen."

„Glauben Sie an die Möglichkeit?"

„Warum nicht? Sie wissen, Sire, daß ich dem in Paris
ausgeheckten Plan eines Entsatzversuchs der Armee von Chalons
nie sonderlich zugeneigt war — militärisch, obschon politische Gründe
Ew. Majestät dazu bestimmten. Denn ohne geeignete Kooperation
Bazaines selber wäre dies ein Stoß ins Leere, der vielleicht eine
Katastrophe herbeiführen könnte. Jetzt aber bin ich im Grunde
mit unserer Lage ganz zufrieden. Die gestrige böse Affäre be=
deutet nicht viel, warnte uns vielleicht nur rechtzeitig, den Marsch
auf Montmédy fortzusetzen. Hier aber stehen wir nahe genug
dorthin in Flanke der deutschen Heere, und jeder Tag, den unsere
Märsche dem Feinde abgewannen, bringt uns Bazaine näher.
Wenn er vor acht Tagen den Abmarsch von Metz einleitete —
wir wissen ja nichts, es fehlen alle Nachrichten —, so ist er viel=
leicht selbst schon in Nähe von Carignan."

„Aber wie kann das sein, da der Feind doch heut seinen Vor=
marsch gegen uns fortzusetzen scheint?"

„Nur seine Linke, die Armee des Kronprinzen von Preußen.
Im Osten herrscht offenbarer Stillstand, General Ducrot hat kaum
noch Feinde vor sich, ward gar nicht gedrängt. Wer weiß, ob wir
morgen nicht angenehme Überraschung erleben!"

Der Mensch denkt, Gott lenkt. Als Moltke die Direktive
ausgab, den Feind auf möglichst engen Raum zusammenzudrängen,

besorgte dies Mac Mahon schon selber! Im Verfolg der allge=
meinen Vorwärtsbewegung auf der zwei Meilen langen Linie öst=
lich von Sedan sollte sie sich im Laufe der Umzingelungsmanöver
links und rechts weiter und weiter bis aufs Dreifache spreizen —
eine Verdünnung, gegen welche ein Gewaltstoß an einem Punkte
dem Feinde sicher Erfolg versprach, wenn er seine innere Linie zu
nutzen verstand, mochte auch die deutsche Umkreisung wie ein zäher
Kautschukring lange genug sich gefahrlos auseinanderzerren: einmal
reißt solche übermäßig gespannte Kette doch!

Unterweilen befand sich schon ein Gefecht in vollem Gange
an der Eisenbahnbrücke vor Bazeilles, denn schon erreichte der Vor=
trab des Kronprinzen allenthalben die Maasübergänge. Im Norden
fühlte sich Douay zuletzt doch bewogen, da ihm bei reiflicher Über=
legung allerlei Besorgnisse aufstiegen, zwei Bataillone und einige
Schwadronen bis St. Menges vorzuschieben. Diese Sicherung des
Abzug=Schlupfloches aber bis St. Albert auszudehnen, was die
Hauptsache war, durfte man ihm ebensowenig zumuten, wie einst
bei Waterloo dem Grafen Lobau und General Domon, als sie
Napoleons Auftrag, die Hohlwege von St. Lambert zu bewachen,
völlig in den Wind schlugen.

Die bayerische Vorhut, gestützt auf sehr starke Artillerie=
entfaltung, setzte sich schon nach Mittag an den Flußdämmen vor
Bazeilles fest, vertrieb die unter der Brücke beschäftigten Arbeiter,
entleerte die Pulverfässer. Das im ersten Anlauf fast genommene
Dorf ward jedoch durch Eingreifen der zweiten Marinebrigade,
deren Chef Martin des Pallières hierbei verwundet, wieder von
den Bayern gesäubert und diese teils nach dem Fährhaus, wo sie
auf Kähnen zurückfuhren, teils über die Bahnbrücke ans Ostufer
geworfen. Sprengung der Brücke verhindernd, selber zwei Pon=
tonbrücken schlagend, glaubte v. d. Tann sein Amt für heut er=
füllt. Morgen früh sollte die Maas überschritten, das Dorf wo=
möglich überfallen werden, in welchem jetzt das 3. Marineregiment
lagerte, indes das 4. Marine sowie 22. ligne der Brigade Cambriels
rückwärts im Park Monvillers ein Obdach suchten. Drei Batterien
Ducrots eilten noch in sausendem Galopp herbei, am Geschützkampf
teilzunehmen, der um sechs Uhr abends erlosch.

Die Brücken bei Flize und Frénois flogen wirklich in die Luft,

Württemberger und preußische Kavallerie stellten dort neue Über=
gänge her. Hingegen fuhr der über Donchery abgelassene Bahn=
zug, als die Geniekompagnie dort ausstieg, ihr ohne Aufenthalt
vor der Nase davon, alles Pulver und Arbeitszeug nach Mezières
entführend. Zerstörung unterblieb also, und Kirchbachs Vorhut
bemächtigte sich abends sofort der Brücke und des Uferdorfs.

Erst spät nachher erfuhr Mac Mahon diesen neuen Streich, den
ihm das Schicksal spielte. Denn die Franzosen sollten eben unterliegen,
eine höhere Hand schob fortwährend die Schachfiguren so zurecht, daß
der Verlierende, wie man im Schach sagt, „Figuren einstellte".

Auf der Ardennenbahn fand so lange ein lebhafter Verkehr
hin und her fahrender Züge statt, bis reitende Artillerie von Frénois
aus die Schienengeleise beschoß. Ein Transportzug mit Ersatz=
reservisten der 3. Zuaven ward getroffen. Wütend sprangen die
Zuaven auf Trittbretter der Waggons und schütteten blindlings
nach jeder Richtung ihre Chassepotschüsse. Endlich erreichten sie
den Güterbahnhof von Sedan, zu dessen Räumung man sich schon
veranlaßt sah, weil die Granaten hart daneben hineinplatzten. —

Traurig schaute Henri de la Tour d'Auvergne, Fürst von
Sedan und Bouillon, genannt Vicomte de Turenne, Marschall
von Frankreich, von seinem Piedestal herab auf diese französische
Armee. Seine Geburtsstadt Sedan errichtete ihm ein Standbild
auf dem Hauptplatz. Der Nationalfeldherr Frankreichs, sprüchwört=
lich im Volksmund, sollte sinnbildlich dem großen Zusammenbruch
beiwohnen.

Über alten, malerischen Häusern, anmutigen Ufern, umrahmen=
den dunklen Waldbergen, Zitadelle und Kathedrale blitzte leicht die
Morgenröte des ersten September, als Wimpffen vom harten Boden
im Alten Lager, wo er bei „seinem" neuen Korps biwakierte, und
Ducrot vom Biwakfeuer der 1. Zuaven am düstern, massigen
Garennewald emporsprangen. Mit angehaltenem Atem horchten
sie . . Schuß auf Schuß, die Maaswiesen entlangrollend. Sie
sahen auf die Uhr: „Schlag Vier!" Adjutanten stürmten durch
die Dämmerung: „Bazeilles ist angegriffen!" . . .

Ducrots Augen floh schon lange der Schlaf. „Debouchiert
der Feind auf Illy, dann wehe uns!" murrte er laut vor sich hin,
erregt auf und ab wandelnd. „Ist denn der Marschall toll? Kein

Wort beim Kriegsrat aus ihm herauszubringen — und doch rettet uns nur schneller Entschluß. Schlagen will er hier? In diese Position verliebt? Begreift er nicht, daß ihre taktische Stärke den strategischen Nachteil nicht aufhebt? ‚Für morgen Ruhetag!‘ las ich im Tagesbefehl. Meint er die Ruhe des Todes? Denkt er nicht mehr an Wörth?"

Düstere Erinnerungen stiegen vor ihm auf, das Bild jener „glorreich Besiegten", deren Kadres der Nachschub von Marsch= regimentern im „Heer von Châlons" wahrlich nicht ersetzte.

Wohl zog man mit hunderttausend Mann und fast fünfhundert Ge= schützen von Châlons aus, besaß noch etwa neunzigtausend mit vier= hundertfünfzig, doch der Feind drohte mit mehr als doppelter Zahl von Streitern und achthundert Geschützen. Da jedoch drei Infanterie=, drei Kavalleriedivisionen im Westen detachiert, so betrug die um Sedan ver= einte deutsche Masse kaum hundertsiebzigtausend Gewehre und Säbel mit noch nicht siebenhundert Geschützen.

Diese Hochfläche von Sedan, gemahnte sie nicht an jene Hoch= fläche von Fröschweiler, wo die hochmütigste Armee der Erde zum erstenmal das Haupt neigte, wo ihre Adler ertranken in einem Meer von Blut?

Ducrots berühmte 1. Zuaven, die unter ihrem Oberst Bourbaki, von St. Arnaud „Bayard" getauft, an der Alma und am Mala= koff so herrlich gestürmt, bei Melegnano so bitter geblutet, am Zypressenhügel von Solferino in sechs fruchtlosen Stürmen ihr Blut verspritzt, aber endlich doch ihren Adler neben dem des 78. ligne unter den Zypressen aufgepflanzt — auch sie lernten ja bei Fröschweiler den grauenhaften, ungeahnten Gegner kennen, dem kein Zuave bange machen konnte. Und die Schlacht zog nochmals an Ducrots Seele vorüber.

„Auf baldiges Wiederjehen in Reichshofen!" hatte am Früh=
morgen Divisionsgeneral Raoult dem Grafen Leuffe, Maire von
Reichshofen, zum Abschied die Hand gereicht, und Leuffe hörte den
andern Divisionär mit dem langwallenden Vollbart, Ducrot, heftig
äußern: „Wir müssen nochmals versuchen, die Rückzugsordre vom
Marschall zu erlangen." Dieser, in Konferenz mit seinem Artillerie=
kommandanten General Forgeot, ließ sich nicht dazu bestimmen
und beauftragte den Grafen: „Zeigen Sie dem Geniehauptmann
Moll den Weg von Reichshofen zu Failly. Drei Depeschen sandte
ich ihm gestern, er soll mir alles schicken, was er irgend verfüg=
bar hat."

Statt deffen klärte Faillys Stabschef Clemeur nutzlos bei
Lamberg, Generalstabsoberst Kleinenberg bei Bitsch auf. Neun
Uhr abends depeschierte Failly, es sei der Division Lespart un=
möglich, dreiunddreißig Kilometer bis Reichshofen zu marschieren.
In Wahrheit nur zweiundzwanzig! Und von Division Goze sagte
Failly gar nichts. Und vollends, statt ihn um sechs Uhr früh
aufbrechen zu lassen, marschierte Lespart erst um zehn Uhr ab!

Schon Froffart hatte vor drei Jahren die Wörthstellung
empfohlen. Doch in steter Unklarheit, ob man bleiben oder gehen
werde, schanzte fast niemand, nur 48. ligne und Artillerie. Stabs=
arzt Sarrazan klagte laut, daß man nur sechstausend Proviant=
razionen habe, Major David vom 45. klagte über gewaltsames
Requirieren. Doch die geschlagene Division Pellé, deren Turkos
bei Weißenburg in vollem Lauf wie Verrückte tanzend und ihre
Fez in die Luft werfend in den Feind hineinsprangen, ohne daß
irgend eine Patrouille sie vor Umgehung warnte, belebten alle
Zuschauer durch ihre straffe Haltung, Leichtverwundete alle stolz
in Reih und Glied. Schon um zehn Uhr hörte Adjutantmajor
Borelli, wie Douay Rückzug befahl, doch noch spät am Nachmittag
starben vier Offiziere bei Schafbusch, hundertsieben Tote und Ver=
stümmelte waren die letzte Garnison des Geisbergs. So wollte
man's auch heute machen! „Ich habe euch, meine Herrn Preußen!"
prahlte Mac Mahon.

Doch im Kriege kommt alles anders, so auch der überraschende
Angriff der Deutschen aus Ost und Nordost und Südost.

. . Als die ersten deutschen Kanonenschüsse dröhnten, strömten
aus den Kneipen in Wörth eine Menge Troupiers heraus, die
sich dort disziplinwidrig gütlich thaten. Immerhin befanden sich
Raoults Batterien, die gestern abend ein paar künstliche Stellungs=
einschnitte für sich herstellten, bald zur Stelle. Batterie Ferreux
fuhr nordwestlich Elsaßhausen auf, Batterie Desruol am Nord=
westhang von Fröschweiler, Mitrailleusen Wolfrohm auf dem Hügel=
weg nordwestlich von Wörth. Die 2. Turkos entwickelten sich
alsbald so, daß ihr erstes Bataillon ihr Zentrum bildete, Gesicht
nach Südost, das zweite sich nordöstlich an Fröschweiler lehnte,
das dritte längs dem Abhang, zu dessen Füßen Wörth liegt . . .

„Melde Ew. Excellenz gehorsamst vom General v. Walther,"
rapportierte dessen Adjutant, Leutnant Lauterbach, dem bayerischen
Korpsgeneral v. Hartmann, der in weißhaariger Rüstigkeit schon
lange zu Pferde saß und seine vierte Division gegen Neehweiler,
französische Linke, heranführte, „daß die Rekognoszierung beendet
und das Gefecht abgebrochen wird."

Lauterbach, vor acht Uhr von Wörth abgeritten, kam eine
Viertelstunde vor neun bei Hartmann an, und die mächtige Kano=

nabe bei Wörth, wo nacheinander sämtliche Artillerie des posenschen
Korps ins Feuer trat, zeigte an, daß sich seither schon alles änderte.
Hartmann setzte also den Angriff fort, der um halbneun heftig
begann und jetzt um halbzehn sich verstärkte. Der Nordrand
des Fröschweiler Holzes war noch unbesetzt, als die Werderbüchsen
dagegen krachten. Allein bald genug entwickelten sich Hälfte
II 2. Turkos und Hälfte I 48. Raoults sowie III 96. Ducrots zu
Fernfeuer, indes I 1. Zuaven die Lichtung zwischen Langensulz=
bacher und Fröschweiler Holz unter Schuß hielt. Ducrots Batterie
Vernay, links von Fröschweiler, schoß auf elfhundert Schritt unter
die Bayern neben Raoults Mitrailleusen, Batterie Biffe pflanzte
sich neben den 13. Chasseurs vor einem Weinberg im Rechteck an
der vorderen Dorfstraße auf und verschoß auf achtzehnhundert
Schritt alle Granaten, um dann auf· fünfzehnhundert Schritt mit
Shrapnells das Feld zu überstreuen. Ducrots Mitrailleusen de
Mornac bestrichen den Südwesthang des Sulzbacher Waldes, als
plötzlich Mac Mahon selber bei ihnen erschien, wo auch Ducrot
eintraf. „Das ist doch wohl nur eine Scheinattake, und ich wünsche
nicht, daß Mitrailleusen sich hier verausgaben ohne passendes
Wirkungsfeld," befahl der Marschall. Mittlerweile hatte aber schon
Major Marion I 1. Zuaven, gefolgt von III, zum Vorstoß mit=
gerissen, ebenso Oberstleutnant Colonieu ein Drittel I 2. Turkos.
Marion fiel zu Pferde, Turkomajor Jodosius mitten zwischen den
Bajonetten der Bayern, welche, völlig überrannt, vor elf Uhr
wichen. General Maillinger ward selbst verwundet, mit ihm zwei
Majore, ein dritter fiel. Wie wenn ein Funke ins Pulverfaß
fällt, teilte der Zuavenelan sich von links nach rechts der ganzen
dortigen französischen Linie mit.

Allerdings traf nach zehn Uhr schon Ordre vom Kronprinzen
ein, das Gefecht abzubrechen, welche früher zu Hartmann gelangte,
als zu Kirchbach, weil bei letzterem um die Zeit, wo die Ordre
abging, das Gefecht schon erloschen schien: Hartmann besann sich
aber lange genug, der Ordre Folge zu leisten, und that dies
erst, als seine Bayern schon, ohne Befehl dazu, unfreiwillig das
Feld räumten. Sie drängten sich hinter Obstbäumen auf offener
Kuppe südlich Langensulzbach in Gruppen, einer an den andern,
und hatten kaum noch Lust zu schießen, nachdem sie schon sechs=

hundert Mann eingebüßt. Ihre vier, später sechs Batterien unter=
hielten nur noch ein langsames Feuer; das zehnte Jägerbataillon
ward von Neehweiler bis Langensulzbach gejagt. Da mußte denn
hernach der kronprinzliche Befehl als scheinbarer Vorwand dienen,
man habe freiwillig das Gefecht abgebrochen. III 1. Zuaven,
dann auf Geheiß des Brigadegenerals du Houlbec das ganze
Zuavenregiment verfolgte die Bayern, Bajonett an den Rippen,
ward aber durch Ducrot zurückgerufen. Bisher fochten die Bayern
tapfer, doch erlahmten jetzt.

Batterien Ferreux und Wolfrohm antworteten inzwischen der
preußischen Avantgardenbatterie Caspari, sowie später auftretenden
Batterien. Batterie Desruols hatte sich maskierten Einschnitt für
Geschützstand geschanzt und eröffnete gleichfalls ihr Feuer. Kapitän
Wolfrohm ward bald verwundet, Leutnant Bouffart wollte von
einer Erhöhung weiterfeuern, wo Raoults Divisionsstab versammelt,
als der Marschall heransprengte: „Ich untersage unnütz Feuern
auf solche Entfernung! Mitrailleusen sind für Besseres da! Diese
feindliche Diversion hat noch gar keine Bedeutung."

Eine Kompagnie Siebenunddreißiger (westfälische Füsiliere,
dem posenschen Korps zugeteilt) unter Leutnant Zelasko plänkelte
schon jenseits in sumpfiger Sauerwiese, während Brigade Walther
sich anschickte, Stege aus Hopfenstangen über den Bach zu werfen.
Der fette Lehmboden erwies sich beim Vorgehen so grundlos, daß
sich Klumpen geballter Erde am Stiefel bildeten und manche lieber
barfuß weiterliefen.

Wörth, unbesetzt, blieb leer von Deutschen wie Franzosen.
Eine Turkopatrouille beim Wasserholen an der Bruchmühle ent=
deckte jetzt weiter südlich Bose's Hessen.

Als um neun Uhr die Nassauer Siebenundachtziger, die
hessischen Achtziger und hessischen Jäger bei Spachbach auf Furt
und gefällten Baumstämmen übergingen, stießen sie auf das Vorder=
bataillon der 3. Zuaven am Niederwald und die 1. Chasseurs.
Ein böser Willkomm! Vom Walde aus konnten die Zuaven so=
zusagen jeden Mann zählen, und ihr Feuer riß breite Lücken, als
es über die Ebene auf den Wald losging, an dessen Ostsaum auch
Teile II Fünfziger (Schlesier der Brigade Walther) sich heranwagten.

Das Artilleriegefecht nahm freilich sofort eine günstige Wendung

für Kirchbachs nach und nach sämtlich eingreifende vierzehn Bat=
terien. Batterie Ferreux ward verscheucht, Major Noüe, Kom=
mandeur der Vierpfünder Raoults, leichtverwundet, zwei Leutnants
kontusioniert, Leutnant Bouffart bei den Mitrailleusen am Augen=
lid verletzt. Im allgemeinen blieb jedoch die Einbuße der franzö=
sischen Artillerie durch die deutsche äußerst gering, da die vorzüglich
gezielten deutschen Granaten fast alle der aufgeweichte Boden ver=
schlang. Mitten in Raoults Stab fielen zwei solche Ungeheuer,
ohne den kleinsten Schaden zu thun. Die später allgemein über=
schätzte Wirkung der übermächtigen deutschen Kanonade beschränkte
sich also wesentlich auf eine moralische. Übrigens feuerte Batterie
Desruols bis zum Schluß, ohne je den Platz zu wechseln, und
that den deutschen Stürmern während des Sauerübergangs erheb=
liches Leid an.

Es entzündeten sich nun freilich immer mehr Feuerschlünde,
auch Bose's, auf den Höhen gegenüber der französischen Rechten.
Lartigues achtzehn Geschütze, in erschreckender Minderzahl, beschossen
zwar eifrig die Bruchmühle auf zweitausend Meter, doch nur der
feuchte Boden schützte sie vor genauer Zielkraft der einschlagenden
hessischen Granaten.

„Ew. Excellenz möchten uns die Zwölfpfünder schicken,“ bat
Lartigues Adjutant Beaufecèle den Marschall. „Soll geschehen,“
nickte dieser. Doch wegen zu schmalen Schußfelds konnten nur
fünf Zwölfpfünder der Batterie Rivals vorm Elsaßhauser Thal
ihre Rohre spielen lassen.

Als nun um halbelf Uhr die Brigade Walther mit noch
nicht fünf Bataillonen, da ein Halbbataillon Siebenunddreißiger
als Artilleriedeckung und zweites Bataillon Fünfziger bei Gunstett
verblieb, die Sauer überschritt und strahlenförmig die erste Höhen=
terrasse berannte, genügten zur Abwehr 2. Zuaven und I 21, welches
einzelne Bataillon den Galgenhügel besetzt hielt.

II III 21 nebst Dumesnils Artillerie in Hagenau verblieben, eben=
dort II 50 der Brigade Montmarie, sowie Pellés 16. Chasseurs in Nieder=
bronn und Ducrots I 45 in Jägerthal, ebenso ein Regiment Lartigues
in Straßburg, sodaß acht Bataillone heute fehlten.

Die erste Kompagnie der Fünfziger, welche sprungweise die
Bachwiese durcheilten, stieß sofort, um den Übergang der übrigen

zu decken, gegen den unteren Weinbergsrand vorm Galgenhügel
vor. Hauptmann v. Burgsdorff, tapfer den Säbel schwingend als
Erster auf dem Weinberg, fiel sofort, ebenso Leutnants und Feld=
webel. Zweite, dritte, vierte Kompagnie durchwateten inzwischen,
Mann für Mann hintereinander, eine Furt, wo das Wasser bis
an die Schenkel ging, und drangen unter Major v. Rössing nach.
Sofort bei der zweiten alle Offiziere nebst Kompagniechef v. Müllen=
heim getötet. Beim Füsilierbataillon teilte die zehnte Kompagnie,
anfangs bis zu beträchtlicher Höhe vordringend, dies Schicksal vom
Kompagniechef Wissel bis zum Feldwebel herab, und Oberstleutnant
Sperling ward sogleich verwundet. Doch sammelte er, die Truppe
nicht verlassend, die von I 21 abgeschlagenen beiden Bataillone am
Chausseerand. Nur die zwölfte Kompagnie hatte der tapfere und
gelehrte Hauptmann v. Boguslawski siebenhundert Schritt westlich
der Chaussee bis in den Ostsaum des Niederwalds geführt, wo sie
alsbald in Verbindung mit den Nassauern trat.

Den Siebenunddreißigern rechts davon erging es nicht besser.
Sie stießen auf I 2. Zuaven und drei andere in Tirailleurschwärme
gelöste Kompagnien dieses Eliteregiments. Letztere vor sich her=
treibend den Galgenhügel hinauf, sahen sie sich oben auf zwei=
hundert Meter durch geschlossene Zuaventeile, die ein Schnellfeuer
in zwei Gliedern losließen, völlig hinabgestürzt. An den Über=
gangspunkten bildeten sich unwillkürlich Klumpen, in welche Des=
ruols' Granaten hineinfegten und Brückenbalken ins Wasser warfen.
Die Westfalen erstiegen anfangs mit größter Bravour den Galgen=
hügel; bei der vierten Kompagnie sammelte Fahnenträger Unter=
offizier Stringe die Trümmer ums Panier, neben ihr erschien zuerst
oben die zehnte unter Leutnant Plehn. Dieser tapfere Offizier
und Leutnant Pohl verwundet, Kompagniechef Brendel fiel, bei
der elften noch zwei Leutnants und der Vizefeldwebel. Nur Haupt=
mann Vanselow blieb unversehrt.

Diese Trümmer — zweihundertfünfunddreißig Unteroffiziere
und Gemeine bluteten — behaupteten sich zwar immer noch
dauernd am Weinbergsrand unterhalb des eigentlichen Galgen=
hügels. Auf Südkuppe hier Major Merchier mit Vorposten
17. Chasseurs. Bei der vierten, welche Zuavenschwärme aus
Häusern und Gärten der Südecke von Wörth vertrieb, fielen Kom=

pagniechef Walther, Leutnants Ritter und Rössel, der Feldwebel und fast alle Unteroffiziere; sie ward endlich ganz in die Stadt hinabgeworfen. Die siebente Kompagnie jedoch, obschon auch all ihre Offiziere schwergetroffen und auch die Fahne durch Granat= schuß beschädigt, vereitelte durch wohlgezielte Schüsse, hinter Hecken und Steinhaufen niedergeworfen, das Nachdringen der Zuaven in Wörth, welche um die Nordwestecke der Hauptstraße hineinbogen. Der verwundete Leutnant v. Berken warf sie mit gesammelten Resten wieder hinaus. In diesen Gefechten fand auch der energische Leutnant Zelasko, zuerst von allen schon morgens über die Sauer vorbrechend und allein mit seinem Schützenzug den Feind belästigend, den Heldentod. Helm vom Kopf geschossen, Uhr und Mantel durch= löchert, stand er hoch aufrecht: „Wir wollen uns das eiserne Kreuz verdienen, Kinder!" Das Eisen erhielt er — in die Stirn ward ihm das Kreuz hineingeschossen!

Vier Kompagniechefs der Schlesier fielen bereits, vier Kom= pagnien Westfalen waren in Trümmer gesprengt. Ihre Leichen und Verwundeten mußten in den französischen Linien liegen bleiben. Man besetzte die Gärten am Südausbau von Wörth. Was kurz zuvor über Karlsmühle vom Fuchshotel so zuversichtlich die Stadt passierte, schlich wankend zurück. Major v. Sydow vereinte die Westfalen zu verzweifelter Gegenwehr, als Brigade Henning, mit fünf Bataillonen frisch eingesetzt, noch rechtzeitig die Zuaven auf= hielt. Die Sechser westpreußischen Grenadiere drangen ihrerseits nun über Wörth an.

„Seht, die Franzosen treffen ja nicht!" rief Major Heugel, ins Freie voraneilend, als die vierte Kompagnie am tiefeingeschnittenen Weg vorm nächsten Weinberg, der sogenannten „Wörther Hohl", unter schrecklichem Feuer stutzte. Und „Ein Hundsfott, wer nicht mitgeht!" Grenadier Hoffmann, Volkspoet schnurriger Soldaten= lieder, sprang mit vor — und alle folgten.

Der Kampf am Höhenrande wogte mit erneuter Kraft hin und her. Bisher hatten nur zweitausend Franzosen gegen die doppelte Zahl Deutscher gefochten, erst jetzt ging auch das zweite Halbregiment der 2. Zuaven ins Feuer. Da jedoch auch II. Bat. niederschlesischer Sechsundvierziger nördlich der Chaussee sich in die Kampflinie der Fünfziger setzte, erwies sich diese erneute Übermacht

stark genug, um I 2. Zuaven aus der Vorstadt wieder völlig hinaus=
zudrängen, bis wohin die Grenadiere hatten neuerdings weichen
müssen. Aus Deckungen beschossen, wichen die Zuaven unterm
Schutz von III 36, das links zu ihrer Aufnahme vorging. I 21
unternahm kecke Stöße rechts gegen zehnte, elfte Kompagnie West=
falen und drei Kompagnien Fünfziger am Unterrand des Vor=
plateaus, sah sich jedoch abgewiesen.

Gegen den Andrang der Division Schmidt (Brigaden Walther
v. Montbary und Henning) machte Mac Mahon bisher nur schwer=
fällig und tropfenweise Kräfte flüssig, statt jene sofort in mächtigem
Einsatz aller Kräfte in die Sauer zu werfen. Immerhin ging
78. ligne der Reservedivision Pellé zwischen Raoult und Ducrot in
erste Reihe. Es löste sich fast völlig in Tirailleure auf am drei=
eckigen Hochwald von Fröschweiler, dessen Rechte von einer Mulde
gedeckt, welche an den vordersten Dorfhäusern endete und mit Kirsch=
bäumen bestellt war. Die vorliegenden Weinberge zwangen hier
jedesmal ins Freie hinaus vorzugehen, sobald der Feind angriff,
da nur so das Schnellfeuer ausreichenden Spielraum gewann.
Raoults Mitrailleusen hatten vordem an dieser Stelle beträchtlich
gewirkt, doch vier preußische schwere Batterien demontierten ihnen
ein Stück und zwangen zum Abfahren bis vor die Front des
48. ligne. Diesem wandten sie später den Rücken, um südöstlich
gegen die Bayern des Korps v. d. Tann zu feuern, die über Säge=
mühle heranzogen und vor denen vier vorausgeeilte Batterien bei
Görsdorf bereits im Feuer standen. Zwei Bataillone Neunund=
fünfziger hatte die Posener Brigade Bothmer ebendort als Ver=
bindungsglied zu den Bayern aufgestellt, und nach dieser Richtung
wie gegen die Flanke der Division Schmidt wendete sich das Fern=
feuer von III 2. Turkos sowie von Teilen III 48. und III. 78. ligne.

I 78, das eine Kompagnie als Stabsbedeckung des Marschalls
abgab, führte Major Mouffat später gegen das Görlitzer Jäger=
bataillon und das Halbbataillon Siebenunddreißiger — bisher
Artillerieschutz und nun, in die Front nach rechts verschoben, außer
jedem Verband mit seinem Regimente — und schlug deren Angriff
(von Görsdorf her) entschieden ab.

Kirchbachs ganze Division Sandrart ward nun allmählich
über die Sauer gezogen. Um die Druckkraft der Geschützräder zu

schwächen, warfen die Pioniere des Hauptmanns Scheibert beim
Brückenschlag allerlei Gerümpel auf den Belag, nagelten Thür=
pfosten und Fensterläden darauf fest. Die Pferde brachen sich
deshalb beinahe die Beine auf dem fast unfahrbar gewordenen Steg.

„Informieren Sie General v. Bose über die Lage und daß
ich die Schlacht fortführen will!" hatte Kirchbach den Hauptmann
Mantey nach links entsendet und in ähnlichem Sinn den Leutnant
v. Reibnitz nach rechts zu Hartmann. Beide Adjutanten kamen
nun eilends zurück mit Zustimmung von seiten des Bayern, während
Bose auf den bindenden Armeebefehl hinwies, heut noch keine
Schlacht zu wagen. Gleichzeitig überbrachte Major v. Hahnke die
ausdrückliche Ordre des Generals v. Blumenthal, „den Kampf
nicht anzunehmen". Aber Kirchbach beharrte bei seinem Vorsatz,
sandte nochmals Bitte an Bose, sowie seinen ersten Adjutanten
Major Manché an den Kronprinzen mit unterthänigster Vor=
stellung.

Unter obwaltenden Umständen fügte sich Blumenthal achsel=
zuckend dem Unvermeidlichen und erließ um ein Uhr die nötigen An=
griffsbefehle an sämtliche Korps. Ehe Bose sie noch empfing, versprach
er mit tiefem Ernst: „Ich werde Kirchbach nicht im Stiche lassen"
und leitete sofort ohne jede Überstürzung, doch mit um so reiferem
Nachdruck die Offensive der Division Schachtmeyer auf Niederwald,
der Division Gersdorff auf Morsbronn ein. Schlank und elegant
wie ein junger Kavallerist, zugeknöpft und einsilbig, aber voll
schneidiger Schärfe in allen körperlichen und seelischen Bewegungen,
sprengte dieser geborene Schlachtengeneral überall eifrig umher,
als der kühne ausdauernde Reiter, der er war, um die Seinen
rastlos anzutreiben. Das mittags links und rechts von Kirchbach
völlig verstummte Gefecht entbrannte daher allmählich im Südwesten
und Nordosten von neuem, obschon Hartmanns Bayern nur sehr
vereinzelt wieder ins Treffen rückten, dafür jedoch v. d. Tanns
Division Stephan die Lücke füllte . . .

Vier reitende Batterien der Korpsreserve unter Oberstleutnant
Grouvel hatten inzwischen das Artillerieduell aufgenommen und
verfeuerten bis halb zwei Uhr zweitausendfünfhundert Schuß. Um
ihre Munition zu sparen, stellten sie jetzt die Kanonade ein, statt
daß umgekehrt die vier andern Batterien der Korpsreserve, deren

Zwölfpfünder gleichfalls schon vorher hinter den Höhenrand von Elsaßhausen zurückgingen, den Kampf hätten verstärken und vor allem die gefährdete Rechte, Division Lartigue, mit einem Stahl= zaun ihrer Feuerschlünde schirmen sollen.

Das Ringen der Brigade Henning um die erste Höhenterrasse gestaltete sich noch blutiger, als das vorhergehende der isolierten Brigade Walther. Wenn letztere über sechzehnhundert Köpfe, wo= von siebenundfünfzig Offiziere, verlor, so ließ erstere über neun= zehnhundert, wovon fünfundsechzig Offiziere, heut auf dem Platze. Oberst Flöckher, Major v. Heugel und vier Hauptleute der Grena= diere, fünf Hauptleute der Sechsundvierziger färbten die Erde mit ihrem Blut. Auch die Artillerielinie litt, Major Kipping ward verwundet.

„Stehenbleiben!“ riefen die Offiziere, deren Signalpfeifen im endlos rollenden Feuer kaum noch verständlich. Doch die vom Anstieg atemlosen Stürmer, so oft sie mit klingendem Spiel durch Wörth avancierten, wurden immer wieder zur Chaussee oder bis an die Vorstadt hinabgestürzt. Dennoch gelang es endlich, unter Vorziehen von I 46 über Wassergräben und schmale Dämme weg die Kante des freien Bergkamms zu ersteigen. Es reihten jetzt auch die meisten Batterien Boses sich an, sodaß die deutsche Kanonade auf der ganzen Linie sich zu furchtbarer Höhe steigerte, was um so eindrucksvoller, als die französische im Zentrum plötzlich schwieg. Doch litten die Franzosen darunter weit weniger, als man denken sollte. Denn der nasse Boden gab immer noch unter den Vollgeschossen nach und sogar die Sprengung blieb meist ge= fahrlos. Granaten platzten in dichten Haufen, ohne auch nur ein Pferd zu verletzen. Um den Ausfall der plötzlich schweigenden Abteilung Grouvel zu ersetzen, schickte um diese Zeit General Pellé seine drei Divisionsbatterien, ebenso gab Ducrot zur Unterstützung der Brigade Lefebvre Batterie Biffe ab. General l'Heriller, ein lebhaftes schneidiges Männchen, bisher nur seine 2. Zuaven leitend, schob nun auch I II 36 vor, dessen III. Bataillon, getrennt davon, schon vorher den Zuavenstoß gegen Wörth begleitete. Um halbzwei Uhr verstärkte General Lefebvre II 2. Turkos durch die 8. Chasseurs, Batterien Biffe und Desruols beschossen nachdrücklich Brigade Bothmer, die um zwei Uhr nordwestlich von Wörth heranzog.

Das Füsilierbataillon der Sechsundvierziger, vom Stabschef Oberst v. d. Esch persönlich vorgeführt, hatte einen Vorsprung der Fröschweiler Schlucht nördlich Wörth zum Zielpunkt genommen, wo eine Lücke der französischen Linie entstand. Das 48. ligne hatte nämlich seine geschlossenen Hauptteile dem endlosen deutschen Artilleriefeuer nach rückwärts entzogen, außerdem nach Nordosten zu den 2. Turkos Unterstützungen entsendet, welche sich durch das Ansammeln deutscher Kräfte bei Görsdorf bedroht fühlten. So kam es, daß die Weinberge zwischen der Schlucht und der Wörther Straße, wo II 48 vordem stand, nur noch von wenigen Tirailleuren verteidigt wurden. Vergeblich stürzte Oberstleutnant Thomassin mit einigen rasch gesammelten Haufen entgegen, er rollte verwundet zwischen die Beine der Preußen, deren Major Campe jedoch gleichfalls verwundet. Mühsam hielt das Füsilierbataillon den er= oberten Erdwall fest und mußte dann dem Schnellfeuer von her= beigeholten Einzelgruppen der III 48 II 78 weichen.

„Hurrah, die drei Wölfe!" Kompagnie Wolff der Sechser Grenadiere — Hauptmann Baron Wolff, Leutnant Wolff, Feld= webel Wolf — vertrieb soeben die Zuaven vom Südwestausgang von Wörth, während diese an der Nordwestecke sich noch länger einnisteten.

Bis zwei Uhr blieb der Kampf so ziemlich auf dem gleichen Flecke, jetzt aber erfolgte ein gewaltiger Vor= und Rückstoß. Brigade Bothmer ging mit zwei Bataillonen auf den rechten Flügel der 2. Turkos los, Brigade Voigts=Rhetz entfaltete ihre Kraft gegen den Galgenhügel. Beides jedoch anfangs mit bedeutendem Miß= erfolg. Schon als die Siebenundvierziger übers Wasser gingen, erreichte sie mörderischer Mitrailleusenhagel des Kapitäns de St. Georges. Auch Batterie Vial (früher Foissac, der bei Weißen= burg verwundet) avancierte viermal um je fünfzig Meter und ver= schoß ihre ganze Munition. Nachdem jedoch die Mitrailleusen schnell vertrieben, mußte auch sie später abziehen, nachdem einem Geschütz die Nadel zerbrochen. Die dritte Batterie Pellés, welche der bei Weißenburg leichtverletzte Didier nach wie vor führte, hielt sich vorerst im Hintergrund. Da die Reserveartillerie den Kampf aussetzte und zuletzt nur noch die standhafte Batterie Desruol im Zentrum feuerte, so erstarb hier die französische Kanonade um

halbdrei fast ganz, was die folgenden Gegenstöße der Division Dumesnil schwer schädigte. Um so heftiger tobte die Füsillade fort.

Zwei Bataillone Posener Achtundfünfziger mußten bald ihr Vorgehen in Richtung der Fröschweiler Schlucht einstellen, wie schon nach ein Uhr Westpreußen, Westfalen, Schlesier weiter links das ihre. Sie kamen bald gegen einen Graben mit Erdaufwurf heran, wo III und Hälfte von II 2. Zuaven postiert. Nur zwei=hundert Meter trennten die Parteien. Indes Kommandant Coiffé Salven abgeben ließ, rief Kapitän Prévault dem eben heranreiten=den General l'Hériller zu: „Das ist der Moment zum Angriff!"

„Noch nicht!" erwiderte der General. Doch das Halbregiment erhob sich plötzlich wie ein Mann, erhob eigenwillig den allgemeinen Schrei: „Zum Bajonett!", den Stahl aufpflanzend. Die Offiziere sprangen über den Graben vor, und alles stürzte in jähen Sätzen in den Feind. Allen voran der kleine schneidige Hériller, das

Käppi auf dem Kommandostöckchen hochschwenkend. Der tapfere
Mann, beim Marschall in Ungnade, riß heut wiederholt persönlich
die Seinen fort. Mit wildem Mut warfen sich die Zuaven kopfüber
vom Abhang, der ihrem Lauf doppelte Schnelligkeit verlieh, in die
Stadt hinein, wo zahllose Schüsse aus Fenstern und Dächern sie
empfingen. Acht Glieder hintereinander, im Laufen schießend,
drängten sie sich auf der Hauptstraße. Unterleutnant Choylard
fiel, von sieben Wunden bedeckt, Unterleutnant Goué ward mitten
durch die Lunge geschossen. Major Coiffé schoß mit dem Revolver
und mußte sich hinter einem Briefkasten decken. Nur kurze Zeit
währte der ungleiche Kampf. Eine ganze Kompagnie ging mit
Mann und Maus unter, die Hälfte der Zuaven wälzte sich bald
in ihrem Blute. Keinerlei Unterstützung war ihnen gefolgt, einen
Versuch von III 36 erstickte das furchtbare deutsche Geschütz- und
Gewehrfeuer schon auf halbem Wege. Der Rückgang über die
Weinpfähle der Vignen, wobei man oft die Hände beim Klettern
zu Hilfe nehmen mußte, erwies sich so mühsam, daß viele stöhnten:
„Lieber eine Kugel, als noch weiter klettern!"

In der früheren Stellung angelangt, schlugen Zuaven freilich
alle Verfolger zurück. Hier suchte Hauptmann Baron Wolff-Lüding-
hausen, schon blutend, die Fahne in der Hand, mit lauter zu-
sammengerafften Kompagnien, deren Führer verschwanden, die südöstliche Terrasse zu erreichen. Aber vor ihr sank er mit neuer
Wunde nieder. —

Weiter links furchtbares Geknatter am Fuß und auf den
untersten Stufen der Höhenterrasse. Die bunt durcheinanderstehen-
den drei Brigaden Walther, Henning, Voigts erzielten noch keinerlei
Umschwung. Zehn Kompagnien Siebenundvierziger hatten sich
neben die Fünfziger und die zehnte, elfte Kompagnie der Westfalen
gesetzt, um diese aus ihrer bedrängten Lage zu reißen, und traten
nach links mit den Nassauern am Niederwald in Verbindung. So
stürmten sie den Südhang des Galgenhügels hinauf, bis eine
Bajonettattake von I 2. Zuaven sie über den Haufen und auf die
anrückenden Königsgrenadiere zurückwarf. Deren erstes Bataillon
erreichte soeben den Osthang des Hügels, verwickelte sich jetzt in
die Unordnung und alles wich fluchtartig zur Sauer. Oberst
v. Burghoff der Siebenundvierziger fiel, ihr Major Schulz ver-

wundet; auch Oberst Michelmann der Fünfziger blutete schwer.
I 21 und 17. Chasseurs der Division Dumesnil, die seit einiger
Zeit zur Besatzung des Hügels hinzutraten, verfolgten hitzig bis
über die Chaussee, Flankenfeuer traf sie jedoch auch vom Nieder=
wald her, und sie wichen Schritt für Schritt auf den Hügel zurück.

Die Lage erschien deutscherseits so kritisch, daß die Pionier=
kompagnie Günzel die Ordre erhielt: „Graben Sie unverzüglich eine
Tranchee östlich von Spachbach fürs Füsilierbataillon der Königs=
grenadiere." Dies und sechs Züge Siebenundvierziger am Westsaum
des Dieffenbacher Walds sollten als Rückhalt dienen, falls man über
die Sauer zurückgehen müsse. Allein, in diesem Augenblick erschien
ein hoher bayerischer Offizier von energischem Äußern mit langem
Knebelbart am Standort Kirchbachs, freudig begrüßt: v. d. Tann
selber, der sein Korps zur Stelle meldete. Unter solchen Umständen
dachte niemand mehr daran, den Angriff aufzugeben, auch hatten
die tapfern Truppen schon auf eigene Faust den Angriff erneuert.
Das zweite Bataillon Fünfziger, bisher zwischen Gunstett und
Niederwald an Boses Rechte angeschlossen, hing sich jetzt den
Siebener Königsgrenadieren an, die neuerdings in acht Kompagnie=
kolonnen vorbrachen.

„Räumen Sie die nächsten Häuser! Einwohner niederstechen,
die mit Waffen in der Hand ergriffen!" lautete Kirchbachs strenger
Befehl an den Pionierhauptmann Scheibert in Wörth. Der alte
Spuk von Trautenau! Durch unsichtbare Schützen ein Handpferd
getötet, und darum Räuber und Mörder! Da nur versprengte
Zuaven aus den Vordergehöften feuerten, wie sich herausstellte,
unterblieb die Ausführung des häßlichen Blutbefehls. Dagegen
ließ Kirchbach sogar diese Pionierkompagnie ausschwärmen. Sein
Ordonnanzleutnant Hennings, ein schneidiger Ulan, gab selbst die
Richtung an: „Dort die Höhe an der kleinen Nußbaumparzelle!"
Heimlich raunte er Scheibert zu, dem alten Schlachtbeschauer, der
im amerikanischen Bürgerkrieg die Blutbäder der Wildnis und am
Potomak und Rappahanok mit ansah, wie hier am Sauerbach,
durch die hohle Hand zu: „Die Sache geht schlecht!"

Kaum oben angelangt, ward Scheibert der Hüftknochen zer=
schossen, die Pioniere verloren fünfundzwanzig, und ihr Einsetzen
belegt deutlich den Ernst der Lage, wozu selbst der letzte Mann

ins Feuer geschickt werden mußte. Dagegen hatte bisher Raoults
Brigade Lefebvre sich noch nicht verausgabt, die 2. Turkos gerieten
mit den Sechsern und Sechsundvierzigern nur von fern in Feuer=
gefecht und hielten vorn die Brigade Bothmer am Sauerufer fest,
ohne sich ernsthaft zu engagieren.

„Wir fechten defensiv und dürfen uns nicht fortreißen lassen,"
schärfte auf Arabisch der Turkooberst Suzzoni seinen Wilden ein,
die ihm als ihrem Scheich wie gezähmte Leoparden treu anhingen.
Mehrfach bewiesen die Wilden ihren verwundeten Führern rührende
Sorge und Treue.

Treue überall! Beim sterbenden Hauptmann Franzki der
Königsgrenadiere hielt ein Sergeant im dichtesten Feuer aus, ihn
zu schützen, als die verfolgenden Franzosen vorüberrannten. Ebenso
sprang Sergeant Schmidt der Westfalen seinem Hauptmann v. Polenz
bei, dem ein Knochenschuß den Oberschenkel schwer verletzte, ohne
sich um die rechts und links vorbeistürmenden Zuaven zu kümmern,
bis die wieder Zurückgetriebenen achtlos über den liegenden Offizier
und seinen Getreuen weggingen.

Der vielumstrittene Galgenhügel ward jetzt von Norden und
Süden gleichzeitig angegriffen. Die Fünfziger erwiesen sich noch
so kampffähig, daß ihre dritte Kompagnie unter Hauptmann Beyer
mit den Siebenundvierzigern gemeinsam zuerst den Südrand des
Plateaus errang und Bataillonsadjutant v. Collani sogar weiter
nördlich vordrang, während die Füsiliere sich gegen den Nordsaum
des Niederwalds wendeten, wo der sogenannte Regersgraben zwischen
dem Wald und dem Kleinwäldchen vor Elsaßhausen sich erstreckt.
Später führte Major Rössing das erste Bataillon hier weiter gegen
Elsaßhausen im Verein mit Füsilierkompagnie Boguslawski. Das
brave schlesische Regiment litt freilich so sehr, daß acht Kompagnien
fünfundzwanzig Offiziere, einundvierzig Unteroffiziere, sechshundert=
sechzig Mann verloren, während das zweite Bataillon nur hundert=
fünfunddreißig Köpfe einbüßte. Diese hervorragende Leistung,
worunter die des Hauptmanns v. Boguslawski besondere Erwähnung
verdient, trug wahrlich viel zum Gewinn des Tages bei.

I 2. Zuaven und I 21 hielten sich noch eine Weile auf dem
Galgenhügel mit hervorragender Tapferkeit. Oberst Morand, der
nur dies eine Bataillon seines 21. ligne zur Stelle hatte, wollte

ein Drittel in geschlossener Formation zurückbehalten. Er rief
jetzt dem Oberstleutnant Doineau und dem Bataillonschef Lebaume
zu: „Vielleicht helfen Salven gegen die Artillerie da drüben!
Führen Sie die geschlossenen Kompagnien bis in die Tirailleur=
kette vor!" Umsonst, ein so entsetzliches Feuer empfing sie auf
der Kuppe, daß die Mannschaften in unordentliches Schnellfeuer
verfielen und wichen. „Schämt euch! Nochmals vor!" Beide
Stabsoffiziere, schon früher verwundet, fanden hier den Helden=
tod, indem sie Morands Befehl nun doch durchsetzten. Obschon
Siebenundvierziger und Fünfziger den Südosthang des Galgen=
hügels nunmehr erstiegen und auch südwestlich von Wörth neue
Sturmsäulen hinaufwogten, räumten die Trümmer der beiden braven
Bataillone erst um halbdrei die Kuppe. Mac Mahon ließ sie
unbegreiflicherweise bis dahin ohne jede Unterstützung, die eigene
Artillerie schwieg, und eine Sündflut deutscher Granaten überspülte
den Höhenrand.

Um halbzehn Uhr hatten sechs Kompagnien Nassauer Sieben=
undachtziger und das zweite Bataillon Achtziger den Ostrand des
Niederwalds im ersten Anlauf genommen, wobei es gleich heiß
herging. Beim Durchwaten der Sauer mittels Furt und gefällten
Baumstämmen jetzt und später faßten nur die Längsten Boden
und bildeten Kette im geschwollenen Wasser, so daß Füsilier Martin
den Leutnant Mertens vorm Ertrinken retten mußte, während jen=
seits die 1. Chasseurs, deren Hälfte jedoch Artilleriebedeckung ab=
gab, die Übergänge mit Geschossen bedeckten. Mitrailleusenbatterie
Zimmer ward freilich nach kurzem Kampfe durch vier hessische
Batterien verscheucht und ging später bei Morsbronn am äußersten
Südwestflügel in Stellung. Immerhin fiel es dem andern Halb=
regiment Siebenundachtziger, Füsilierbataillon Achtziger und hessischen
Jägern nicht leicht, bei der Gunstetter Bruchmühle um zehn Uhr
überzugehen. Das gegenseitige Beschießen übers Wasser brachte
schon vorher beiden Teilen herbe Verluste. Das Halbbataillon
Chasseurs ward langsam auf die Höhen zurückgedrückt, das erste
und dritte Bataillon Turkos stießen umsonst wiederholt vor, sechs
Turkooffiziere waren schon Leichen, als plötzlich Oberst Gandil mit
der Hälfte II 3. Turkos sich auf die Jäger stürzte, sie und den

größten Teil der Füsiliere bis nach Gunstett hineintrieb und ohne
weiteres über die Brücke stürmte, die Chasseurs auch mitreißend.
Doch die große Übermacht umfaßte sie, Kompagniechef Bourgoing
fiel an der Spitze seiner Turkos, indes ein deutscher Held, Premier=
leutnant v. Lettow=Vorbeck, mit seinem Leben — auf den Tod
durch die Blase getroffen — den Erfolg bezahlte, die schwarzen
Kerle wieder über die Brücke nach einer nahen Hecke zu verjagen.

I III 56 rückten zur Stütze der Chasseurs vor, und es ward
den Deutschen so bis Mittag jedes weitere Überschreiten der Sauer
gewehrt. Gleichzeitig nahm der Kampf im Niederwald ein übles
Ende. II 3. Zuaven verteidigte sich wütend, sein Chef Pariset fiel,
gleich darauf auch Oberstleutnant Deshorties. Sappeurs retteten
kaum den Adler. Aber Leutnant Ducos fiel mit festgeschlossenem
Trupp auf die Flanke und Oberst Bocher, den Degen in der Faust,
warf sich mit einem Drittel des dritten Bataillons so grimmig auf
die im Wald unter verlustreichen Einzelkämpfen völlig aufgelösten
Hessen, daß sein großartiger Vorstoß sie in einem Zug bis zur
Sauer hin überrannte. Hier fiel Leutnant Vatagan unterm Yatagan,
ebenso Hauptmann Cäsar, ein Herkules der Nassauer, von Stichen
durchbohrt, mit so viel Wunden besät wie sein römischer Namens=
vetter. Ein Füsilier erlag drei Schuß=, dreizehn Stichwunden.
Nur hochgesteigertes Artilleriefeuer trieb die Zuaven wieder in den
Wald.

So ruhte nun hier die Schlacht bis nach Mittag, um aber
dann mit doppelter Hitze zu entbrennen.

Das alte Regiment Enghien=Bourbon, heut Nr. 56, einst
schon bei Novi, Aspern, Polotzk ausgezeichnet und im elften Bul=
letin der Großen Armee in Rußland besonders belobt, kam bald
stark ins Feuer. I III in die Mitte als Füllsel geschoben, weil
Lartigue's Linie sich unwillkürlich ausreckte, drei Kilometer für
sechstausend Gewehre! Kirchbachs Fünfziger vertrieben Chasseurs
aus den Gräben der Hagenauer Chaussee. Später drangen ihre
Füsiliere und die der Siebener sowie andre Teile hier umfassend
durch Negersgraben vor, nachdem das aus dem Hauptmassiv vor=
springende Walddreieck an der Chaussee erobert. So drohte auch
hier von Anbeginn innere Umfassung.

General Lartigue sah sorgenvoll drein. Major Bonie von

den 6. Lanciers benachrichtigte bald darauf den Brigadegeneral Lacretelle, daß dichte feindliche Massen sich Morsbronn näherten, und der General selbst sah vom Kirchturm aus das nahende Verderben. In der That hatte Bose sein ganzes Korps inzwischen versammelt und die Sauer mit niederschmetternder Massenstärke überschritten. Zwölf hessische Batterien donnerten gegen Wald und Höhen, sodaß um diese Zeit bereits hundertachtzig deutsche Feuerschlünde ihr erschütterndes Konzert anstimmten, während Mac Mahons hunderteinunddreißig größtenteils den Kampf einstellten und davon die achtundvierzig Reservegeschütze überhaupt feierten, statt sämtlich nebst den zwölf der Kürassierdivision Bonnemains zwischen Elsaßhausen und Morsbronn der tötlichen Umzirkelung entgegenzutreten. Bonnemains und die Reiterdivision Duhesme — Kürassiere Michel, Lancierbrigade Nansouty, leichte Brigade Septeuil — standen ruhig, abgesessen, Zügel im Arm, an den Quellen des Eberbachs weit rückwärts.

Die geworfene Brigade Koblinski, übel zugerichtet, bei Spachbach notdürftig wieder gesammelt, ging nun sofort im Verein mit Brigade Thile — der ein Bataillon fehlte — gegen Niederwald und Albrechtshäuserhof vor. Doch zwei Bataillone Nassauer Achtundachtziger Thiles vermögen immer noch nichts, so sehr Brigade Koblinski darauf brannte, ihre Niederlage zu rächen, gegen II III 3. Zuaven. Der Kampf rast bald auf der ganzen Linie. Brigade Kontzki der Division Gersdorff richtet zwei Bataillone Thüringer Zweiunddreißiger gegen Morsbronn, zwei Fünfundneunziger — Koburger, Sächsische Herzogtümer — daneben gegen I III 56 und II 3. Turkos. Die Füsilierbataillone beider Regimenter, bisher detachiert, marschieren auf den Kanonendonner los und treffen noch rechtzeitig nachher ein.

Ein schwaches Halbbataillon Turkos unter Major Aubry bewachte allein das wichtige Morsbronn, man mußte es vor dieser steigenden Waffenflut räumen. Doch konnte Brigade Schkopp dem großen Umgehungsmanöver nicht folgen, da sie zur Bewältigung der Niederwaldhöhen frontal nötig wurde. Auch ließ Brigade Thile drei Bataillone als allgemeine Korpsreserve bei Gunstett zurück.

„De Lartigue soll standhalten, sich ins Gedächtnis rufen, daß ich Brigade Michel zu seiner Disposition stellte, und vor allem die Munition unserer Mitrailleusen schonen!" lautete die kindische Antwort Mac Mahons, welche Lartigues Stabschef, Oberst d'Andigné, persönlich des Marschalls letzte Weisung einholend, seinem Chef übermittelte.

„Standhalten — daran soll es nicht fehlen!" dachte Lartigue. „Aber wie lange?!" Seine Batterien wußten kaum noch, wo gegen solch vierfache Überzahl an Geschütz die Geschosse hernehmen.

Ein schwarzes Gewimmel preußischer Massen umwogte die Sauerübergänge, um sich, im Laufschritt hinübergeeilt, wie durch Zauberschlag in regelrechte Kompagniekolonnen zu glätten.

„Hätte man das von dieser Infanterie gedacht, die man als ungeschickt und langsam ausgab! Wie haben wir uns getäuscht! Die manövrieren ja schneller als wir!" raunten die französischen Offiziere sich zu, die vom Albrechtshäuserhof diese Bewegung be- obachteten. Obschon auch die Turkos und eine Kompagnie Chasseurs zwischen der Ferme Lansberg (Albrechtshäuserhof) und der Hagenauer Chaussee nach Kräften schossen, vermochten sie den Angriffsscharen das Überschreiten der dreihundert Meter zwischen Wald und Sauer nicht zu wehren. Das entsetzliche Geschützfeuer, das ins Gehölz hineinfuhr und Baumreihen niederlegte, zwang die Zuaven mehr ins Innere hinein. Am Saum blieben ohnehin von früher her nach dem panikartigen Weichen der Brigade Koblinski noch einzelne Haufen beherzter Nassauer zurück. Einen einzelnen hessischen Acht- ziger, Schuhmacher Klärner aus Limburg, der mutterseelenallein hinter einem Baume feuerte und sogar eine Küraffierpatrouille ab- schoß, traf später ein Leutnant der Fünfziger und lobte ihn: „Komm' ich lebend aus der Schlacht, soll Ihre Bravheit nicht vergessen werden. Werde deinem Regiment melden, wie ruhig ich dich hier gefunden habe." Und er hielt Wort, der Mann bekam nachher das eiserne Kreuz: solche Mannentreue hielten einander deutsche Offiziere und Soldaten.

Trotzdem wollte das Gefecht nicht vorwärts, obschon die acht- zehn hier vereinten deutschen Kompagnien in einem Zuge über die Schwelle des Waldes drangen. Alles löste sich in Teilkämpfe auf, wo sozusagen jede Kompagnie für sich raufte. Das II. Bataillon der Zuaven ward aus dem vorderen Waldstück bis zur Höhe ver- drängt, hielt sich aber dort, indem II 56, links hierher als Re- serve berufen, energisch eingriff. Im ganzen Nordostteil des Nieder-

walds spann sich ein homerisches Schlachten, wie eine Kette un=
zähliger Zweikämpfe, fort. Das III. Bataillon der Zuaven schleuderte
die tapfern und mindestens doppelt so zahlreichen Angreifer vom
Nordvorsprung gegenüber dem Elsaßhauser Kleinwäldchen zurück.
Bös genug sah's immer noch aus. Den Achtzigern ward unheim=
lich zugesetzt. Die Siebenundachtziger büßten einen Offizier nach
dem andern ein, doch fochten sie unverdrossen.

Vizefeldwebel Willms der vierten Kompagnie brach sich weiter
links am Südrand durch eine hohlwegartige Vertiefung Bahn und
faßte mit seinem Zug dort festen Fuß. Auch die Achtundachtziger
hatten beim Ansturm bedeutend gelitten. Ihre siebente Kompagnie
am linken Flügel stieß auf einen Turkoschwarm, der sich unsichtbar
zu machen wußte. Der Schützenzug wollte soeben weichen, als der
Nassauer Schmidt mit blutgefärbter Halsbinde an den jungen Leut=
nant v. Hollbach heransprang, wütend über den erhaltenen Streif=
schuß: „Jetzt soll sie der Teufel holen! Bitte, Herr Leutnant,
lassen Sie uns draufgehn!"

„Recht so!" rief dieser mit blitzenden Augen. „Avancieren!
Nu aber feste drauf, Jungens!"

Und das Feldgeschrei der Nassauer schallte jetzt begeistert durch
den Wald, von Baum zu Baum trieben sie die Wilden, die hier
wilde Flucht lernten und höchst zahm als ein Rudel von Gefangenen
sich fügten. „Bravo, Schmidt! Ihnen dank' ich den Erfolg. Beim
Zurückgehen hätten wir noch mehr verloren —"

„Und ich hätte den Hallunken meine Halsschmarre nicht heim=
zahlen können!" lachte der Nassauer, den sein Offizier brüderlichst
eigenhändig verband. Ein solcher Geist altgermanischer Rauflust
lebte in der Truppe.

Gleichwohl hielten die Zuaven noch immer den Wald mit einer
kriegerischen Kraft, die, nie übertroffen, schwer erreicht werden kann.
Sie wollten nicht heraus, und wenn die Deutschen aufs Innere
losgingen, kam ihnen die Furia Francese entgegen, den Besuch
gründlich ablehnend. Wenn aber ein Teil geworfen ward, mußten
die andern Teile auch meist mit: das brachte die Gestaltung des
wirren Durcheinander so mit sich.

Weiter südlich Gunstett zu hatten sechs Kompagnien Fünfund=
neunziger und zwei Siebenundachtziger die Turkotirailleure vor sich

her getrieben und die Chasseurs zum Weichen gebracht. Batterie
Ducasse mußte vor dem übermäßigen Artilleriefeuer eine geschütztere
Stellung suchen. Auch Lartigues andere Batterie gab jede Gegenwehr
gegen die feindlichen auf und beide suchten nur noch ihre Granaten
in das stürmende Fußvolk anzubringen. Die Chasseurs wichen auf
die Waldabhänge. Ihr Kommndant Bureau war schon tötlich
getroffen, alle vier Kompagniechefs blieben tot und verwundet auf
dem Platze. Sieben fernere Kompagnien der Brigade Koblinski
wandten sich nun gegen den Südostrand des Niederwalds, wo das
I. Zuavenbataillon sich heldenmütig zur Wehr setzte, auch als die
Koburger, der Chasseurs entledigt, sich stark ins Zeug legten. Vier
Zuavenhauptleute starben hier im Getümmel. Das Turkoregiment
hielt jedoch die ganze Linie, welche das hessische Jägerbataillon
gegenüber Albrechtshäuserhof schloß, lange Zeit durch heftiges
Schnellfeuer auf, und die Verteidigung des Plateaus geriet erst
ins Wanken, als die Weimarer Vierundneunziger der Brigade
Schkopp im Nordwesten umgingen.

„Was bringen Sie?" rief Lartigue gespannt dem Major
Warnet seines Stabs entgegen, den er zum Marschall entsendet
hatte und der in Begleitung des Oberstleutnants Broye, Adjudant
Mac Mahons, soeben zurückkehrte. Warnet zuckte die Achseln:
„Ich bringe nur den Bescheid, daß Division Lespart gewiß bald
eintrifft. Auch hätten wir ja Michels Küraffiere!" Broye richtete
das Nämliche vom Marschall aus. Daraufhin eilten Lartigue,
Andigné und ihre Stäbler zu den verschiedenen Befehlshabern der
Division mit der Losung: „Aushalten! Failly kommt!" Es klang
wie eine Parodie der alten historischen Grouchy-Erwartung bei
Waterloo.

Halbbataillon Aubry zog sich in den Hohlweg hinter Morsbronn
zurück, I 56 sah sich genötigt, sich dorthin zurückzubiegen. Sein
Kommandant Niel fiel. Oberst Mena versuchte mit I III 56 einen
Gegenstoß, ward aber von sechs Schüssen getroffen, sein Oberst-
leutnant Souville von zwei. Nordwärts weichend, entblößten diese
Flankenreste die Rechte der Turkos und zogen sie in die rückgängige
Bewegung hinein. Nach sechsmaligen Vorstößen sahen sich die
Chasseurs an der Grenze ihrer Kraft, räumten den in Brand ge-
schossenen Albrechtshäuserhof. Eine wirre Schlachtreihe von Turkos,

Fantassins und Chasseurs durcheinander formte sich von der Süd=
spitze des Niederwalds bis südöstlich von Eberbach, um nach beiden
Seiten hin die Stirn zu bieten. Die Mitrailleusen und Vier=
pfünder, dem Bereich jener Massenbatterie jenseits der Sauer hier
entzogen, feuerten aus Leibeskräften ins Morsbronner Defilee.

„Im Namen des Himmels! Sagen Sie dem General de Lar=
tigue, · daß er eine Thorheit begehen will und für nichts meine
Küraſſiere opfert!" fuhr General Duhesme auf, als ihm Oberst
d'Andigné das Ansinnen stellte, zu attackieren.

„Wir haben kein anderes Mittel. Und fragen Sie diese
braven Leute", fuhr der Stabschef laut fort, „ob sie einwilligen,
unversehrt zu bleiben bei solchem Blutbad. Ich liebe die Kavallerie
zu sehr, um für sie jedes Opfer dem Schmerze vorzuziehen, daß sie
nichts thut. Und ich fühle nur ein Bedauern, daß ich nicht mit
ihr anreiten kann!"

Duhesme verstand, wischte sich eine Thräne aus dem Auge
und befahl die Attacke. Die 8. Küraſſiere ritten unter schwerem
Granatfeuer mit zu dichter Front von zwei Eskadrons, weil das
halsbrecherische Gelände jede weitere Entwickelung der Schwadronen
nebeneinander verbot. Drei Eskadrons 9. Küraſſiere — die vierte
bei der Bagage verblieben — folgten. Ebenso ohne Befehl zwei
Schwadronen 6. Lanciers — die beiden anderen noch abwesend —
unter Rittmeister Pouet.

„Freunde, hier können wir nicht bleiben," riß dieser den Säbel
aus der Scheide, „wir müssen unsern guten Kameraden, den Küraſ=
ſieren helfen." Die Lanciers attakierten also aus eigenem Antrieb
mit großer Unerschrockenheit.

„Auf mein Kommando hören!" In der Hand die Fahne,
heut dreimal den Träger wechselnd, vor seinem Halbbataillon Zwei=
unddreißiger brachte Hauptmann v. Roques die anfängliche bestürzte
Unruhe bald in Ordnung. Nur ein Teil flüchtete hinter Hecken,
die Masse empfing im freien Felde den Anritt mit unwiderstehlichen
Salven. Andere Teile Zweiunddreißiger und Vierundneunziger
feuerten verdeckt aus Weinbergen und Baumreihen. „Das sind ja
Bayern! Schießt nicht!" rief eine hessische Pionierkompanie am
äußersten linken Flügel jenseits Morsbronn in einem Hopfenfeld, als
die 9. Küraſſiere, besser entwickelt, in ruhigem Marschtritt herankamen.

„Nein, Franzosen! Hierher zu mir!" rief Pionierleutnant
Schubert seinen Leuten zu, die wie versteinert dalagen. Hornist
Theodor Körner der dritten Kompagnie Zweiunddreißiger eilte mit
Kameraden zur Hilfe, seinem poetischen Namen Ehre machend.

Erst auf fünfzig Schritt setzten die Geharnischten an und die
Pioniere flohen durchs Hopfenfeld. „Kinder, wollt ihr mich allein
lassen?" Auf den lauten Zuruf ihres tapferen Führers sammelte
sich ein Teil, während ein anderer umgeritten wurde, und feuerte
heftig, während Halbbataillon Wintzingerode (Zweiunddreißiger)
Küraffiere und Lanciers in der Flanke bestrich. Sämtliche neun
Schwadronen nacheinander irrten auf Morsbronn ab, deffen Gaffen
sie haufenweise wie eine Mausefalle verschlangen. Oberst Waterneau
der 9. Küraffiers, dem zweimal das Pferd erschoffen, fällt in Ge=
fangenschaft, Oberstleutnant de Beaume wird totgeschoffen.

Dreißig Offiziere, dreihundertachtunddreißig Mann blieben auf
der Walstatt oder bluteten, die drei Schwadronen also so gut wie
vernichtet. Auch die 8. verloren zwei Drittel des Effektivs, achtzehn
und zweihundertachtzig. Die Lanciers verloren alle dreizehn Offiziere
und neun Zehntel ihres Bestandes, doch stellten zwei nur leicht=
verwundete Offiziere und fünfzig Mann sich wieder ein, von denen
dreißig verletzt. Todesritt im vollsten Sinne!

Siebzehn verwundete Küraffieroffiziere fielen den Achtzigern
in die Hände. Lartigue jammerte laut: „Drei Regimenter frontal
losgelaffen, indeß ich eins zur Umgehung wünschte!"

Während dieses Gefechtsabschnitts wurden jedoch auch fünf
Offiziere der Thüringer durch Kugeln außer Gefecht gesetzt: Beweis
genug, daß der Feind ihr Zusammenballen gegen den Reiterstoß
sofort zu verschärftem Feuer benutzte. Zum Einhauen kam es
nirgends, auch die heffischen Husaren des Oberstleutnants Heuduck
hieben sich nur mäßig mit einem versprengten Schwarm herum,
was ihnen vierundzwanzig Husaren kostete.

Ihr kurzes Aufatmen während des Reitersturms, der alle
Aufmerksamkeit des Umgehungsfeindes ablenkte, gewährte der fran=
zösischen Infanterie neue Kraft der Verzweiflung. Major Charmes
mit zwei Reservekompagnien des ersten Bataillons Zuaven stürzte
sich auf den Albrechtshäuserhof, die Reste der Chaffeurs schloffen
sich an. Mit unvergleichlichem Elan brachten sie zuerst die heffischen

Jäger, dann die ganze südliche Schlachtreihe der Deutschen in Ver=
wirrung, eroberten die Ferme und säuberten den ganzen Südost=
teil des Waldes. Major Charmes starb dabei den Heldentod.

Hartnäckig hielten auch Turkohaufen den Flecken Eberbach und
gestatteten so der Division, sich auf die westlichen Höhen zu ihrer
schon voraufgegangenen Artillerie zurückzuziehen, erdrückt von vier=
facher Übermacht. Die Chasseurs gaben jetzt völlig nach und ver=
ließen die Feuerlinie, nur mit Mühe von ihren paar überlebenden
Offizieren (neunzehn bluteten) gesammelt. Es war halbzwei Uhr
vorüber.

Das Ringen um den Niederwald ging fort, die Zuaven hielten
sich bis zum Äußersten. Dicht vor Albrechtshäuserhof lag ein ab=
gesprengter Schützenzug Fünfundneunziger im Graben und schoß,
daß die Gewehre heiß wurden. Schuß auf Schuß Treffer. Schon
schien die kleine Schar verloren beim Andrang der Zuaven, doch
deren eigentümliche katzenartige Sprünge gingen auf einmal zu
kurz, der Stoß erlahmte. Denn drei frische Bataillone Boses, bei
Bruchmühle nachgerückt, drangen jetzt in den südöstlichen Waldteil
bei Ferme Lansberg ein: rechts Füsilierbataillon des Regiments
der Sächsischen Herzogtümer, links erste und zweite Bataillon

hessischer Dreiundachtziger der Brigade Schkopp. Die durch den
Gegenstoß hart mitgenommene Brigade Koblinski, wobei zwei Ba=
taillone Achtziger, die ein zweites Treffen bildeten, sowie die vier
andern hier fechtenden Bataillone waren nahe daran gewesen, vor
dem Walde doch noch zu scheitern. Bei den Achtzigern war Oberst
v. Colomb, bei den Fünfundneunzigern Oberst v. Beckedorff und
Major v. Eckartsberg verwundet. Jetzt ward auch noch Brigade=
kommandeur Koblinski durch Sturz mit dem Pferde schwerverletzt.

Den drei frischen Bataillonen gelang es, die Höhe nordwestlich
des Albrechtshäuserhofes und den Südsaum der Waldung zu nehmen.
Das erste Zuavenbataillon setzte, bis auf fünfzig Schritt vom
Waldrand den Angreifer heranlassend und bis zuletzt feuernd, die
Verteidigung im Innern fort. Und noch immer erlag nicht das
Heldenregiment der ungeheueren Übermacht, da jetzt nicht weniger
als zweiunddreißig deutsche Kompagnien — also acht Bataillone —
gegen sie und II 56 im Kampfe waren. Erst als im späteren
Verlauf auch noch die Fünfziger und Teile der Königsgrenadiere
teils in den Nord=, teils in den Ostrand einstürmten, nahm diese
Ilias ein tragisches Ende.

Die Truppen der beiden preußischen Armeekorps gerieten
hierbei so durcheinander, daß neben dem obenerwähnten Schützenzug
der Koburger ein schlesischer Hauptmann auftauchte.

„Wie heißen Sie? Was thun Sie hier?" „Gefreiter Wolff,
ich habe hier gefochten." „Das sah ich, werde Sie zur Auszeich=
nung melden." Was auch geschah. Die gemütlichen Thüringer —
jaja, hütet euch vor denen, so Schafskleider tragen und innen
reißende Wölfe sind. Auf allen Schlachtfeldern haben die drei
Thüringer Regimenter des Hessenkorps, Zweiunddreißiger obenan,
daß Äußerste an kriegerischer Tüchtigkeit vollbracht.

Als auch noch das Füsilierbataillon Dreiundachtziger auf der
Wörther Chaussee nachrückte, arbeitete sich dies hessische Regiment
langsam durchs Dickicht weiter vor. Die Trümmer der Zuaven
— jene beiden Kompagnien, welche unter Major Charmes den
Albrechtshäuserhof gestürmt, gingen hier ganz zu Grunde, nachdem
ihr Führer Kapitän Henry getötet — hielten immer noch mit ver=
zweiflungsvoller Entschlossenheit jede Baumgruppe fest, jeder fuß=
breit Bodens kostete Blut. Die letzten Hauptleute fielen. Der

verwundete Major Morlan verfeuerte die letzte Patrone. „Sie
retten uns das Leben", begrüßte Hauptmann Corps den Hauptmann
Voisin, der sich zu ihm Bahn brach. „Nicht auf lange, lieber
Nachbar!" lächelte dieser bitter. Alle drei mußten endlich die
Waffen strecken. Den Rest des Regiments rettete Oberst Bocher
nach Eberbach. Wo das große Töten stattfand, verstopften Leichen
so dicht den Weg, daß die Sieger verzichten mußten, hier zu de=
filieren. Eine breite Blutlache zog sich durch Dickicht und Lichtung
bis zum Nordrand.

„Schwört eher zu sterben, als das Emblem zu verlassen," er=
munterte Hauptmann Delahogue die Überlebenden von III 3 Turkos
und rettete den Adler. Das II. Bataillon opferte sich. Die Reste
sammelte Oberst Gandil hinter Eberbach. Eine Bataillonsfahne
ward dem sterbenden Träger von einem Koburger entrissen. Hoch
schwang Soldat Winkel dies erste eroberte Feldzeichen, blutrote
dreieckige Flagge mit weißem Halbmond. Die Zweiunddreißiger er=
beuteten Mac Mahons persönliche Bagage, seine zwei „Freundinnen"
inbegriffen.

Die Weimarer Vierundneunziger führte General v. Schkopp
über Eberbach gegen die nordwestlichen Höhen und eine hartnäckig
verteidigte Buschparzelle. Das Füsilierbataillon Zweiunddreißiger
traf nun gleichfalls in der Gefechtslinie ein und erstieg das ver=
einigte Regiment allmählich die nordwestliche Höhe, die Turkos
von dort auf die Reichshofener Chaussee hinunterdrängend. Die
Vierundneunziger gewannen Anschluß an Division Schachtmeyer
im Niederwald, wohin nun auch noch das bisher an der Sauer
wartende Füsilierbataillon Achtundachtziger nachdrang. Auch die
zwei Bataillone Zweiundachtziger marschierten als zweites Treffen
auf. Das immer mehr schwellende Wasser bereitete diesem Über=
gang der Reserven Schwierigkeiten, noch mehr aber der Artillerie,
welche ihr Kommandeur General v. Hausmann nun aufs Westufer
vorbefahl. Die reitende Batterie Sylvius nahm die Spitze, später
folgten reitende Batterie Ohnesorge und leichte Gillern, allmählich
elf Batterien und auch die übrigen drei schlossen sich später an.
Dies geschah unter äußerster Anstrengung der Pferde, bei einem
schweren Achtpfünder mußten zehn Pferde vorgespannt werden.
Als nun die drei letzten Reservebataillone ins Thal Regersgraben

südöstlich Elsaßhausen abschwenkten, folgte Batterie Ohneforge, doch
der aufgeweichte Boden machte es schwer. Batterie Sylvius war
schon weiter vorgeschickt, neben ihr östlich vom Dorf ging später
Ohneforge in Stellung.

Es mochte halbdrei Uhr sein, als unter herben Opfern Di=
vision Schachtmeyer den Nordrand des Niederwalds erreichte und
sich rüstete, auch das Kleinwäldchen mit stürmender Hand zu nehmen.
Dorthin entwich II 56. Von den beiden andern Bataillonen dieses
Linienregiments, sowie von II 3 Turkos deckten einige noch kampf=
fähige Teile den Abzug Lartigues auf Schirlenhoff. Die Mitrail=
leusen gaben noch einige gutsitzende Ladungen ab, dann fuhren auch
die Vierpfünder auf Reichshofen ab. Bei den Turkos waren die
Bataillonschefs Klemmer und Thiénot des I und III gefallen.

Viele prächtige Numidergestalten lagen hier leblos auf grünem
nordischen Waldboden, die besser in die lybische Wüste paßten.
So die drei Leutnants Mohamed Toudchi, Salah ben Ahmed und
Mustafa ben Amar. Noch sechshundert Turkos sammelte Stabs=
chef d'Andigné. Neben ihm arbeitete Oberstleutnant Barrué, der
bisher I III 3 Turkos geleitet, wie im Traume weiter, betäubt vom
Luftdruck einer Granate. Der tapfere Divisionär und sein Bri=
gadier Fraboulet de Kerléadec, altbretonischen Adels, hielten zu
Pferd hinter einigen Zuavengruppen, sorgfältig die Schießvisiere
verbessernd, als wäre man im Feldlager von Chalons. Der letzte
Lancier ihrer Eskorte ward zwischen beiden Generalen getötet. Eine
halbe Stunde währte noch der schwache Kampf an dieser Stelle,
dann entwichen alle Reste durch den Hagenauer Wald. Das vier=
zehnte hessische Husarenregiment verfolgte in dieser Richtung.

„Folgt mir, hier müssen wir sterben!" „Wie wollen Sie,
daß wir widerstehen? Keine Patronen mehr und sehen Sie doch
die Massen, die auf uns loskommen!" — —

An der alten Mühle, Sägemühle und am Waldvorsprung
zwischen Sauer und Sulzbächel scharmützelten noch drei bayerische
Bataillone Hartmanns gegen die Turkos und vor zwei Uhr griff
Brigade Dietl der v. d. Tannschen Division Stephan über die
Sauer an. Ihre sechs Bataillone, wiederholt zurückgeschlagen,
begnügten sich, hinter den Uferbäumen der beiden Bäche lebhaft
zu schießen. Um so wirkungsvoller schlug hier das nahe Granat=

feuer der Görsdorfer Batterien ein, das im Fröschweiler Holz die
Äste von den Bäumen fegte und so unwillkürliche Holzverhaue
schichtete. Den Turkos fing die Munition an auszugehen. Doch
mehrere entsendete Offiziere kehrten mit der Botschaft zurück: „Es
giebt keine mehr! Kein Wagen zu finden! Aushalten trotzdem!"

Die 8. Chasseurs und I 78 hatten schon um halbzwei Uhr
die Turkos verstärkt. Außerdem besetzte Hälfte von Ducrots 18. ligne
den Südrand des Fröschweiler Holzes, während die andere Hälfte
auf die Reichshofener Straße verpflanzt wurde nebst dem 96. der
Brigade Wolff. Brigade Houlbec (1. Zuaven II III 45) blieb Front
gegen Langensulzbach, Hartmann von fern im Schach haltend.
Nach zwei Uhr traf nun aber auch noch bayerische Brigade Orff
mit sieben Bataillonen ein. Außerdem meldete Oberst Eyl der
Posener Neunundfünfziger, daß er zur Disposition des bayerischen
Korpschefs stehe. Die Posener und besonders die Görlitzer Jäger
unterhielten schon lange ein Fernfeuer gegen die Turkos. Die
Bayern rannten sofort mit Bravour an. Doch Turkos und Chasseurs,
vor Granatsalven sich niederwerfend, ließen sie nahe herankommen,
überschütteten sie mit Schnellfeuer, erhoben sich mit blanker Waffe
und jagten die Abgeschlagenen vor sich her, bis Granaten sie wieder
in ihre Deckung scheuchten. Das wiederholte sich mehrmals. Auch
I II 1. 3. wandten sich um drei Uhr ausfallend gegen Sägemühle.
Doch der Fächer deutscher Feuerschlünde spannt sich immer weiter,
sie schleudern über der Bayern Köpfe weg ihre Geschosse.

„Oberst Suzzoni bittet inständig um Munition", stellte Adju=
tant=Major Potier der 13. Chasseurs, nachdem schon früher Ab=
jutant Lafont und Kapitän Ollivier mit gleicher Bitte fruchtlos
angeklopft, dem Raoult vor, den er westlich Fröschweiler traf, völlig
allein. Der weißhaarige alte Krieger zuckte die Achseln: „Sehen
Sie mich! Ich bin ohne Stab, ohne Adjutanten, ohne Pferde.
Thun Sie was Sie können. Ich habe nichts mehr!"

Und Suzzoni eilte vor der Front seines III. Bataillons ent=
lang: „Kinder, deckt euch sorgfältig, haltet Stand, so wenig ihr
seid gegen so viele! Wir müssen ausharren um jeden Preis."
Wildes Geschrei der Wilden antwortete ihm: „Wir sterben alle,
wenn's sein muß, und weichen keinen Schritt!"

General Orff erkannte: „Es ist unmöglich, frontal über Alte
Mühle Fortschritte zu machen. Wir müssen das Gelände südlich
Langensulzbach durchqueren und die Franzosen überflügeln." Drei
bayerische Jägerbataillone und die Görlitzer Jäger gingen zu diesem
Behufe ab. Doch verstrich lange Zeit, bis eine Viertelstunde
nach Drei, ehe diese Umgehung ausreifte. Die so gegen Oberst
Suzzoni versammelte Übermacht — sechzehn bayerische, drei preußische
Bataillone — überstieg fast noch das ähnliche Mißverhältnis am
Niederwald.

Freilich hatte es Mühe gekostet, v. d. Tann ins Feuer zu
bringen. Drei Adjutanten sandte der Kronprinz ihm schon und
beauftragte den Grafen Frankenberg lebhaft: „Sagen Sie dem
General, er soll energisch draufgehen!" Der Bayer zögerte jedoch
verdrossen: „Wohin denn? Auf Wörth oder ist der Ort ge=
nommen? Ich kann nicht daran denken, in diese Weinberge ein=
zudringen, meine Truppen sind zu erschöpft." Auf diese mit
klagender Stimme vorgebrachte Entschuldigung erläuterte Franken=
berg: „Wörth ist uns sicher. Wenn Excellenz auf Fröschweiler
losdrücken, entkommt kein Franzos, aber ich beschwöre Sie, vor=
wärts, sonst schlüpfen sie uns doch noch durch die Finger." Tann
konnte sich aber nicht entschließen, besprach sich mit seiner Umgebung.
Der Kronprinz beobachtete aufmerksam diese Unthätigkeit, die eine
so gut eingefädelte Schlacht kompromittierte. Eine halbe Stunde
später wiederholte er dem bayerischen Militärbevollmächtigten Baron
Freyberg die Angriffsordre heftig, ungnädig, fast grob. Das half.

Freyberg sprengte mit verhängtem Zügel davon. Zehn Minuten später setzten sich die Bayern in Bewegung.

Als um halbdrei Uhr die Trümmer von I 21, weil alle Patronen verschossen, den Galgenhügel räumten und I 2 Zuaven gleichfalls Schritt für Schritt vor den Siebenundvierzigern und Königsgrenadieren wich, indes 17. Chasseurs noch südlich davon die Verbindung mit dem andern Halbregiment Zuaven aufrecht= hielten, befahl der Marschall durch seinen Flügeladjutanten Oberst d'Abzac dem 3. ligne der Division Dumesnil sofortigen Gegenstoß. Oberst Champion führte heute an Stelle des krank in Reichshofen liegenden Generals Nicolai dessen Brigade — um II III 21 ge= schmälert — ins Gefecht, während des Marschalls eigener Stabs= chef General Colson das I 21 am Morgen auf dem Galgenhügel postiert hatte. Sein erstes Bataillon nahm alsbald die weichende Besatzung des Hügels auf, dann ging Champion mit allen drei Bataillonen nebeneinander in prachtvoller Ordnung vor.

„En avant pour tout le monde!“ scholl das Signal nach zweimaligem Halt, und ohne einen Schuß zu thun warf das 3. ligne die Siebenundvierziger über den Haufen und erklomm von neuem den blutgetauften Hügel. Nach kurzem Feuergefecht ritt der tapfre Champion, den Degen hoch, in Höhe der Fahne vor und kom= mandierte erneuten Bajonettanlauf. Brigade Voigts ward in die Weinberge des vorderen Abhangs hinabgetrieben, faßte sich jedoch und es entbrannte ein überaus blutiger Nahkampf, an dem auch die Fünfziger teilnahmen. Ein heftiger gemeinsamer Anlauf der Niederschlesier und Westpreußen ward mit Hilfe des Oberst Morand, der sein unverwüstliches Bataillon sowie Zuaven und Chasseurs wieder sammelte, gründlich abgeschlagen. Aber das deutsche Ge= schütz= und Gewehrfeuer wuchs. Schon beim ersten Vorgehen waren dem Oberst, dem Oberstleutnant Gillet, zwei Bataillonschefs die Pferde unterm Leib erschossen: Jetzt mußte Champion, dieser wahre Kämpe, mit drei Wunden das Schlachtfeld verlassen. Oberst Morand übernahm das Kommando und führte endlich nach frucht= los erbitterten Kämpfen die Truppen zum Kleinwäldchen bei Elsaß= hausen zurück. Ein letzter kräftiger Stoß der Königsgrenadiere unter ihrem Oberst v. Köthen gab den Ausschlag.

Neunzehn Offiziere und tausend Kämpen des wackeren Champion fehlten nachher beim Sammeln, doch bluteten nicht alle, ein paar Hundert nur versprengt. Die 17. Chasseurs und I 47 der Brigade Maire stützten diese zertrümmerten fünf Bataillone am Kleinwäldchen. Erstere brachen sogar nochmals vor, als Brigade Maire etwas später — Champion griff eine Viertelstunde vor drei Uhr an — zum Angriff überging. General Maire beließ auch noch I 99 am Wäldchen und warf II III 47 auf Brigade Henning, II III 99 auf die Achtundfünfziger der Brigade Bothmer. Da die vier Bataillone in geschlossenen Doppelkolonnen in der Schlachtlinie auftauchten, verursachte ihnen das entgegenschlagende Feuer sofort ungeheuren Verlust. Mit einer Regelmäßigkeit, die unter solchen Umständen Erstaunen erregt und einen hohen Begriff von der inneren Festig-keit dieser Truppe gewährt, deployierten die Schlachthaufen, legten Tornister ab und drangen im Sturmschritt ununterbrochen bis Wörth hindurch. Die westpreußischen Sechser und westfälischen Sieben-unddreißiger mußten in den Ort und die Weinberge hinein, sogar die Vorderhäuser fielen in Gewalt der Franzosen. Am ersten Bataillon der schlesischen Sechsundvierziger und den grausamen Artilleriesalven brach sich zuletzt der überaus tapfere Stoß. Dem Oberst de Grammont riß eine Granate den Arm fort, beide Bataillonschefs Galland und Ravel fielen, mit ihnen noch neun-undzwanzig andere Offiziere tot und verwundet. Kapitän Spickert führte die furchtbar geschmolzenen Bataillone zurück. Auch das 99. ligne ward geschlagen, Oberst St. Hilaire verwundet. Sein II. Bataillon erlag der Übergahl, sein III. Bataillon, dessen Chef Prieur verwundet, kam am meisten in Bedrängnis und zog sich zuletzt aufs I. zurück, das Oberstleutnant Joinville vom Klein-wäldchen entgegenführte.

Ungefähr zu gleicher Zeit ordnete auch General l'Hériller neuen Vorstoß an. Die Brigade Bothmer, deren Neunundfünfziger jetzt auch in Aktion traten, und Teile Sechsundvierziger hatten das aus Wörth verfolgte Halbbataillon Zuaven und III 36 nördlich und südlich der Chaussee abgestoßen. Letzteres Bataillon hatte schon drei Hauptleute und den Adjutantmajor verloren. I II 36 rannten jetzt, die Rechte an Fröschweiler gelehnt und Gesicht nach Wörth, schräg den Abhang hinab und in die Posener hinein. Das

„berühmte Regiment", wie schon im Anfangsjahr des Jahrhunderts ein Brief Molitors es nannte, bei Hondschoote wie bei Austerlitz den Sieg entscheidend, wollte sich kräftig zeigen. Doch Oberst, Oberstleutnant, ein Bataillonschef, zwei Kapitäne sanken getroffen, und auch ein zweiter Versuch scheiterte, wobei sogar Hériller und seine beiden Adjutanten gleichfalls verwundet. Einst durchschwamm es siegreich die Linth in den Züricher Schlachten der Republik, heut schwamm es in Blut: Sechsundzwanzig Offiziere des be= rühmten alten Regiments blieben auf dem Platze und über neun= hundert Mann gingen heut verloren, viele davon jedoch später erst als Gefangene. Noch ärger litt das 47. ligne, das zwölfhundert Tote und Verwundete verlor, zwei Drittel! Auch das 99., bei dem vierundzwanzig Offiziere außer Gefecht gesetzt, litt entsprechend.

Zum Überfluß fiel auch noch General Maire in den Tod. Der verwundete St. Hilaire führte die Brigade bis hinter Elsaßhausen. Oberstleutnant de Joinville entwickelte noch I 99 in einem Graben als Schützenlinie und eröffnete ein starkes Feuer. Die 17. Chasseurs deckten jetzt die Rechte und bildeten noch das einzige Verbindungs= glied zu Lartigue, auch sie aber wurden gebrochen und ins Klein= wäldchen getrieben. Joinville spann noch einige Minuten ein blutiges Gefecht gegen die nahenden Massen fort, als der Marschall selber an dieser Stelle erschien: „Sie sehen ja, Ihre Rechte wird umgangen. Gehen Sie auf Elsaßhausen zurück!" Im selben Augen= blick stürzte General Colson neben ihm tot vom Rosse, eine Kugel grub sich in sein Herz. Auf dem Abzug des Bataillons blieben der Chef Major Warmé und der Oberstleutnant selber tot auf der Strecke liegen. Die Chasseurs verloren auch fast fünfhundert Köpfe und erwiesen sich kaum noch widerstandsfähig. Traurig schwankte die kreuzgeschmückte Aculcingo=Fahne des 99. zurück, das in Mexiko sich diese hohe Auszeichnung erwarb, so wie die Fahne der 3. Zuaven wegen Palestro die goldene Medaille Viktor Emanuels trug.

Jedenfalls fielen sie für die letzte Phase der Schlacht voll= ständig aus, obschon Gesammelte der Brigade Maire noch eine Zeit lang zwischen Elsaßhausen und Fröschweiler standhielten. Nur I 21 — unglaublich zu sagen! — schloß sich aufs neue den Vor= stößen der letzten Reserven bei Elsaßhausen an, obschon es am längsten von allen Truppenteilen focht. Wahrlich, der alte General

Morand von Auerstädt, Wagram, Borodino und Waterloo hatte keine bessere, hingebendere Truppe unter sich, als hier Oberst Morand mit seinen glorreich Besiegten.

Mit unwiderstehlicher Tapferkeit und nachhaltiger Ausdauer drängten die Regimenter Kirchbachs jetzt weiter nach, die Linke gegen Elsaßhausen, die Rechte gegen Fröschweiler. Da Brigade l'Hériller aus der Schlachtlinie wich, traf die ganze Wut des Orkans jetzt die Brigade Lefebvre, deren 48. ligne bisher noch nicht ernstlich zum Schlagen kam.

Sieben Batterien überschritten die Sauer, nicht ohne erhebliche Schwierigkeit, und fuhren sehr spät allmählich längs der Straße Wörth=Elsaßhausen auf. Drei Füsilierkompagnien der Siebenund= vierziger, die als Artilleriebedeckung dienten, drängten sich jetzt an der Artilleriekolonne vorbei und schlossen sich der Linken an, während die zweiten Bataillone der Sechser und der beiden posenschen Regi= menter gleichfalls in die Schlachtreihe eintraten, bisher als Reserve zurückgehalten.[1]

Die Neunundfünfziger bedrängten jetzt aufs äußerste die 2. Turkos. Ihr schneidiges Auftreten wirkte ganz anders auf die kampfgeübten, erfahrenen Afrikaner ein, als aller bayerischer Löwen= zorn. Mit nicht großem Verlust — rund dreihundert Mann, allerdings in nur halbstündigem Kampfe — warfen diese Posener den letzten Widerstand zu Boden. Doch zweiundzwanzig Offiziere, die blutend vor ihrer Front niedersanken, lehrten immerhin, wie grimmig verendende Wüstentiger ihre Pranke einschlagen.

Die Rechte Kirchbachs, insonderheit Füsilierbataillon Campe Sechsundvierziger, machte bis halbvier Uhr keinerlei Fortschritte über die Schlucht hinaus, in welche man damals eindrang. III 48 und III 78 rechts von den Turkos hielten sich brav, ebenso die 8. Chasseurs, deren Chef Poyet sofort fiel. Auch Kommandant de Bonneville der 13. Chasseurs de Vincennes ward wider seinen Willen vom Schlachtfeld verwundet weggetragen. I 48 am Nordrand des Fröschweiler Holzes, II 48 am Südrand in der Turkos Feuerlinie nährten das Gefecht. Jetzt schickte Ducrot, der am ganzen linken Flügel den Oberbefehl führte, auch I 78 und die Hälfte des 18. ins Feuer. Die tieferschütterten I II 36 setzten sich neben I 48, während III 48 und II III 78 den Südteil des Holzes füllten.

Westlich Fröschweiler bildeten die 2. Zuaven, deren rechtes Halb=
regiment über Elſaßhauſen abzog und ſich dem linken wieder ver=
knüpfte, mit III 36 eine dünne Linie. Der fürchterlichſte Kampf
raſte im nordöſtlichen Waldrevier, wo Turkos und Chaſſeurs ſich
wie angeſchoſſene Eber der Umſchlingung immer dichter anſchwellen=
der Übermacht zu entreißen ſtrebten.

„Der Oberſt fällt!“ Der unermüdliche Suzzoni, hier die
wahre Seele der Verteidigung, ſuchte und fand den Tod eines
Helden. Oberſtleutnant Colonieu ritt ſchon lange davon mit zwei
Kugeln im Leib und dreien im Leib ſeines Gauls. Seinen Nach=
folger Major Mathieu, alsbald am Bauch verwundet, lud ſich
Horniſt Kara=ben=Salem als treuer Wüſtenſohn auf die Schulter
und trug den Ohnmächtigen aus dem Getümmel.

Doch den ſchwerringenden Deutſchen war noch immer nicht
wohl bei der Sache. Denn der Verluſt ſteigerte ſich während der
letzten Stunde erſchreckend, alle Abteilungen waren wirr durch=
einandergekommen, durch das Ausſcheiden der meiſten Offiziere ge=
lockert. Um jeden Preis Verſtärkung! hieß die Loſung. Selbſt
die Pionierkompagnie Scheibert mußte rechts von der Chauſſee in
die Linie einſchwenken. Die Brigaden Bothmer und Henning
drangen gegen das Gelände weſtlich Fröſchweiler endlich vor, weil
ſie links völlig Luft bekamen und Raoults Rechte aufs Dorf zurück=
ſtrömte. Etwa eine Viertelſtunde vor vier Uhr.

„Vereinen Sie Ihr ganzes Regiment und verteidigen Sie die
Schlucht bei Fröſchweiler,“ befahl General Lefebvre dem Oberſt
des 48. ligne, Rogier. „Ich gebe Ihnen außerdem alles, was ſich
ſammeln läßt.“ Dies waren Teile von Zuaven und II 78, ſowie
I 36. Ihr heftiges Kreuzfeuer vom Schluchteingang hielt die
Preußen längere Zeit auf, obſchon um vier Uhr die ſieben über=
gegangenen Batterien Kirchbachs ſich mit ſieben anderen Boſes bei
Elſaßhauſen vereinten und Fröſchweiler mit Granathagel über=
ſchütteten.

Als fünf Bataillone unter dem kühnen Orff nach drei Uhr
am Südrand des Langenſulzbacher Waldes ſich weſtwärts wendeten,
begegnete ihnen ſofort ein Gegenſtoß Ducrots. I II 1. Zuaven
unter den Kapitänen Maſſonaud und Gilland — die Majore ſchon
beide außer Gefecht geſetzt — erhielten Ordre: „Feind aus dem

Wald ins Thal werfen, die dortige Straße beherrschen und rechte
Flanke bedrohen." Der Auftrag ward pünktlich vollzogen. Das
I. Bataillon voraus, jagten die Zuaven diese Bayern zur Sauer
hinab und verwickelten auch das nachrückende Leibregiment an der
Sägemühle in solche Niederlage.

Oberst Carré de Bellemare des 78. ligne, im Laufe des
Kampfes mit einer Kompagnie nach rechts verirrt und durch eine
Schlucht von seinem Regiment getrennt, entsandte nach zwei Uhr
umsonst den Adjutantmajor Jaquet, um Nachricht von seinen
Bataillonen einzuziehen. Der Offizier fiel, das Regiment blieb
ohne Befehle seines Kommandeurs. So konnte nicht fehlen, daß
die Bataillone sich jedes einzeln schlugen. Oberstleutnant Girgeois
stellte Raoult vor:

„Aus allen Resten eine Masse bilden, um ehrenhaften Rückzug zu suchen, der die Waffenehre rettet!" Doch Raoult schüttelte
nur finster den Kopf: „Ich weiche nicht vom Platze!" und murrte
in sich hinein: „Zu spät!"

„Wo ist General Lefebvre?" Umsonst eilte Kapitän Stanislas
vom 78. rufend umher. Er sollte ihn um Ordre zum Rückzug
bitten von seiten des andern Oberstleutnants Bonet, da das Regiment sich den Luxus zweier Offiziere dieses Ranges erlaubte. Doch
General Lefebvre, dem das 78. mit unterstellt, tummelte sich rastlos an andern Stellen, unauffindbar im Gewühl, und wollte von
Rückzug nichts wissen, da seine Heldenbrigade ja immer noch den
nämlichen Platz wie am Mittag behauptete. Aber hinter dem
Fußvolk knarrten schon lange nicht mehr die zischenden Mitrailleusen-
salven. Kapitän St. Georges räumte das Feld, weil die Hälfte
der Bemannung niedergestreckt. Dem Geschützlärm der befreundeten
Vierpfünder folgte tiefes Schweigen, auch die andern Batterien
Pellés zogen ab. Doch setzte sich später Didier wieder ins Feuer.
Kapitän Vial schied verwundet aus, doch Leutnant Delangle brachte
die Batterie (vormals Foissac) wieder in Ordnung. Standhaft
hielt Desruols immer noch aus, doch mußten vier Stück, die weiter
nach vorn Stellung nahmen, vor andringenden deutschen Schwärmen
sich bis zum Dorfeingang zurückziehen.

Die Turkos am Ost- und Nordostrand des Holzes blieben
mittlerweile nicht müßig. Mit einem gewaltigen Anlauf warfen

sie Brigade Dietl bis zur Alten Mühle zurück. Vor seinem schon
um drei Uhr erfolgenden Tode hatte der biedre Suzzoni, schon
einmal verwundet, den arabischen Sergeanten Abd-el-Kader — ein
berühmter Name aus den algerischen Kriegen — und Leutnant
Valés zu sich gerufen: „Leutnant und Ihr, Abd-el-Kader ben
Dekkich, euch vertraue ich den Stolz des Regiments, den Adler,
an. Entfernt euch unbemerkt aus der Schlachtlinie und rettet das
Feldzeichen. Ihr haftet mir dafür mit eurem Leben!" Die beiden
Braven erfüllten den letzten Befehl, den ihr verehrter Häuptling
im Leben gab, und entkamen nach Straßburg. Den Bataillons-
fahnen sollte es nicht so gut ergehen. Der glänzende Sieg der
2. Turkos, welche den Waldvorsprung bis zur Sauer durchmaßen,
und der 1. Zuaven blieb von kurzer Dauer. Zwar brachen unter
Ducrots Aufmunterung auch noch I II 36 und Teile vom 78. aus
dem Nordrand des Waldes vor, die Bayern bis zum Sulzbächel
hinabschleudernd, allein schon um halbvier Uhr erfuhr Ducrot
die Zertrümmerung des rechten Flügels und ließ daher die ganze
Brigade Houlbec auf Fröschweiler und von dort bis zur Reichshofener Chaussee abschwenken. II III 45, welche den vorherigen
Platz der Zuaven eingenommen hatten, folgten ihnen jetzt eilig bei
dieser hochnotwendigen Bewegung. Umgekehrt entblößte dieser
Abmarsch nun völlig die Linke. Hier sammelte Orff mit Mühe
seine gesprengte Heerschar, indes am linken Flügel der Bayern der
preußische Oberst Eyl die Brigade Dietl in den Kampf zurückriß,
der jetzt sofort ein anderes Gesicht bekam.

Östlich Fröschweiler ragen wie Halbinseln drei breite Vor-
sprünge in den Wiesengrund und die scharfe Böschung des Sauer-
thals. Tief einspringende Einschnitte trennen sie voneinander. Die
vorderste und südlichste hatte Bataillon Campe in Besitz. Gegen
die zweite, südlich vom Sulzbacher Wald, setzte sich Oberst Eyl in
Bewegung. Sie hatte in der Front fast senkrechte Erdrutsche,
welche der harte, thonige Boden zu einer Art Steinbruch aus-
bildete. Dort lagen Gruppen von Zuaven und Turkos untermischt,
entschlossen, den Punkt zu halten. Dem Oberst Eyl brachen sofort
zwei Pferde unterm Leib zusammen, ein Geschoß verletzte ihn schwer
am Arm, dennoch blieb er an der Spitze der Seinen und führte
sie kühn gegen das steile, von Schützen wimmelnde Bollwerk.

Major Mathieu — kaum kam er zu sich und ließ sich ver=
binden, als er neuerdings ins Gefecht stürzte und an der Spitze
vordrang, bis er wiederum mit zerschmetterter Hand ohnmächtig
niedergestreckt, wiederum vom treuen Hornisten unter einen Baum
geborgen. Vor ihm, hinter ihm, um ihn brüllte die Schlacht
weiter. Das Linienfußvolk von III 48 II 78 I 36 schirmte die
Westschlucht, die Chasseurs von Vincennes nebst dem III. Turko=
bataillon den östlichen Waldsaum, während die Hauptmasse der
Turkos sich nochmals auf die Bayern warf. Prachtvoll in ihrer
Raubtierkraft und ungebändigten Wildheit, schlugen die Afrikaner
sich wie verzweifelt. Umwölkt von Rauch und Staub, dachten sie
nur an Töten und Sterben. Nochmals und nochmals verjagten
sie die bayerische Übermacht bis ins Bett des Sulzbächels.

Zwei westfälische Kompagnien, die sich hier anschlossen, fochten
mit solcher Zähigkeit, daß zwei Unteroffiziere erster Kompagnie
Siebenunddreißiger auf dem Platz erstochen, den sie nicht verlassen
wollten. Vor dem allgemeinen Anlauf, dem sich auch das 78. frei=
willig angliederte, mußten die Bayern, Görlitzer, Westfalen ins=
gesamt bis zur Waldecke östlich des Sulzbächels zurück. Inzwischen
aber nahm links davon der Ansturm der Posener seinen Fortgang.

„Leute, nur noch ein paar Minuten aushalten!“ mahnte Feld=
webel Brödel der Kompagnie Jaensch auf polnisch seine Wasser=
polaken, auf die ja immer Verlaß beim Vorgehen. Die Neunund=
fünfziger durchdrangen beherzt den feindlichen Sprühregen von der
Kuppe herab.

„Noch einen Anlauf! Ich kann nicht mehr!“ brach der tapfre
Oberst Eyl bewußtlos zusammen. Aber schon war man oben an
der künstlich getürmten Brustwehr. Immer mehr Deutsche und
Polen kamen hinauf, lauter Winkelriede ins Stahlgehege der
Afrikaner.

„Jetzt haben wir sie drin in der Falle!“ Nach wahrhaft
rasendem Widerstand flohen endlich die Fezträger. Feldwebel Brödel
eroberte eine Fahne.

„Das sind auch brave Kerls wie wir!“ dachten die Sieger,
als ihr Kolben alles auf der Schanze niederwarf und dem eben=
bürtigen Gegner die Waffe entrang. Die Ordnung und Schnellig=
keit dieses preußischen Eintretens, im Gegensatz zu der verwirrten

Langsamkeit der bayrischen Massen, erregte übrigens bei den Be=
siegten Bewunderung: mitten in ihrer verzweifelten Lage bewahrten
diese alten Troupiers noch so viel soldatisches Fachinteresse! . . .

Die ganze Brigade Bothmer rückte nun gegen den Südost=
rand des Fröschweiler Holzes zum Sturme an, wobei den Brigade=
kommandeur selber eine Kugel ereilte. Um nicht abgeschnitten zu
werden, warfen sich die Verteidiger ins Innere der Waldung
zurück. Es war das 48. ligne, das jetzt vornehmlich ins Ge=
dränge kam.

Ein Halbbataillon I unterm Kommandanten Duhousset hatte
schon vormittags am Zurückschlagen der Hartmannschen Truppen
teilgenommen, das Bataillon ging um ein Uhr nebst Halbbataillon
II unterm Major Meric links von den Turkos ins Feuer und
hatten die Bayern in dieser Richtung stets erfolgreich abgewehrt.
Jetzt aber sah dies Halbregiment sich beim erneuten Vorgehen
Orffs, sobald die Turkos in der Mitte nachgeben mußten, immer
drohender umwickelt. Das Halbregiment rechts von den Turkos
unter Oberstleutnant Thomassin und nach dessen Verwundung und
Gefangennehmung unter Kommandant Castaigne bewahrte bis drei
Uhr seine vordere Stellung, und es wurde vier Uhr, ehe es ins
Gehölz wich. Die Lichtung zwischen den Gehölzen von Fröschweiler
und Langensulzbach mußte man schon eine Viertelstunde früher
dem bayrischen Leibregiment überlassen, nach Abmarsch der Brigade
Houlbec. —

Das 78. hatte mit Tirailleuren III. Bataillons Favand schon
die rechte Flanke der Brigade Walther mittags bestürmt, so daß
Tote und Verwundete der Westfalen dort in deren Stellungs=
bereich und Gewalt liegen blieben. I. Moufflet kämpfte bis drei
Uhr bei den Turkos, außer Kompagnie Pollence, die unterm Oberst
Bellemare den Angriffen Hérillers auf Wörth folgte. Ein Vor=
stoß des II. und III. um drei Uhr brachte sehr schwere Verluste.
Noch vor vier Uhr brach Oberstleutnant Girgeois, der abwechselnd
das II. und III. persönlich leitete, plötzlich vor, als er die anfäng=
lichen Erfolge der Turkos sah.

„Blasen Sie Sturm!" rief er heiser einem Clairon zu, der
sich zufällig an seiner Seite fand. Wie elektrisiert sprangen alle
Offiziere und Soldaten empor und dem Feind entgegen. Doch die

Leute fühlten sich zu Tode erschöpft und erschöpften auch ihren Schießvorrat. „Wo sind die Protzen?" Geleert oder im Stich gelassen, vom Schlachtfeld verschwunden. Von Müdigkeit erdrückt, stumpfgeworden unterm steten Klirren der Todessense, wankten die Bataillone zurück, indes der Deutschen Kühnheit durch endlich be= gründete Siegeszuversicht stieg. Zehn Offiziere waren schon ge= fallen, viele verwundet, als um halbfünf Uhr der letzte Kampf im Fröschweiler Holz entbrannte. Ob man die Kompagnie beneidete, die beim Marschall als Bedeckung blieb und mit allen drei Offi= zieren und dem Sergeantmajor heil vom Schlachtfeld entkam? Schwerlich, denn viele wollten in Verzweiflung den Untergang des Regiments, der Brigade nicht überleben. Von der Armee wußten sie nichts, kaum von der Division, hier im Fröschweiler Holz focht man wie auf einer Insel für sich im aufgepeitschten, ringsum brandenden Waffenmeer.

Die Turkos brüllten wie reißende Tiere. Noch immer sprangen sie an wie Wildkatzen in unbezähmbarer Blutgier und blinder Keckheit. Ein blutjunges braunes Bürschchen stürzte mitten in den Feind, einem sinkenden Bannerträger das Panier zu entreißen. Mit vierzehn Wunden bedeckt blieb er für tot liegen. Fünf Brüder im gleichen Regiment gelobten Rache für ihren Jüngsten. „Ben Salah Kadour, wir küssen mitsammen die Houri des Paradieses!"

Und die leichtfüßigen Chasseurs von Vincennes hielten sich noch lange zu beiden Seiten der Waldhütte am Rand der Gehölze mit ruhmvoller Hingebung. Neben den wüsten Söhnen des Propheten fochten sie ritterlich wie Franzosen, mit dem ganzen Hochmut der Großen Nation. Ihre Salven ließen die am Fuß der Höhen angestauten Bayernmassen oft unsicher stutzen und brachen den Vorwärtsdrang. Zwanzigmal schlugen sie den Angriff immer frisch abgelöster Schlachthaufen ab, immer erst auf nahe Entfernung ihren wohlgezielten Feuerstrom loslassend, und stießen ebenso oft mit hinreißendem Elan nach, das Bajonett nach vorn. Noch nach vier Uhr, auf Fröschweiler abziehend, wandten sie sich nochmals zu offensiver Umkehr. Fünf ihrer Offiziere waren Leichen, fünf lagen verwundet außer dem Bataillonschef selber. Hundert Chasseurs blieben vorher in Fröschweiler zurück, der Rest von den übrigen Achthundertfünfzig — das Bataillon hatte den stärksten Mann=

schaftsbestand von allen — warf sich ins Dorf. Nur Sechzig
harrten beim Oberstleutnant Grigeois aus, der mit ihnen den Rück=
zug des 78. deckte.

Die Turkosstellung hatte der furchtbaren deutschen Artillerie
und zahlreichen Infanterie seit lange keine Kanone, keine Mitrailleuse
entgegenzusetzen, jetzt aber hatten auch die rastlos thätigen Chasse=
pots keine Patronen mehr. Besonders die vierte, sechste Kompagnie
II und fünfte I schmolzen unter Kreuzfeuer auf eine Handvoll.
Der Feind drängte näher, der Zirkel von Eisen und Feuer schloß
sich enger. Die Wüstensöhne schlugen sich immer rasender, je mehr
frische Körper vor ihnen auftauchten, je öfter jeden abgeschlagenen
Angriffsharst ein neuer ablöste. Jeder fiel auf seinem Platz, ohne
einen Fußbreit Erde zu räumen.

„Es giebt keine Munition, ‚aushalten um jeden Preis‘ heißt
die Ordre!" schrie Kapitän Lucas durchs Schlachtgebrüll dem
Kollegen Ollivier zu, indem er von vergeblichem Suchen nach
Munitionsvorrat heimkehrte. Ja, heim zu seiner einzigen Familie,
dem Regiment, dem zerstörten Heim des Kriegerstolzes.

Die Erschöpfung nahm überhand, der Schießbedarf ging völlig
zur Neige. Der unerschrockene Major Mathieu, aus seiner zweiten
Wundohnmacht erwacht, ließ sich auf den Sattel festbinden und
kommandierte weiter, bis sein stürzendes Roß ihn mitriß und
schwer zu Falle brachte. Zum dritten Mal bewußtlos, blieb der
Held auf der Walstatt liegen und fiel in Gefangenschaft. Ein
Los, das unvermeidlich den Resten drohte, falls Fröschweiler in
ihrem Rücken dem Feind überlassen werden mußte. Noch immer
gönnten die Tapfern nicht dem Sieger den Sieg. Der älteste
Kapitän Pacotte führte frontal den Kampf nach Osten weiter,
Kapitän Sénac widerstand am Nordoststrand des Holzes dem Ein=
dringen Orffs, Kapitän Donnier führte das II. Bataillon hinter
dem oberen Waldweg zur Alten Mühle, wo er Ballen von Zelt=
decken, Tornistern und abgeschossenen Ästen als Barrikade türmte.

Aus den Taschen der Verwundeten und Toten entnahm man so
viel Patronen wie möglich. Was im Rücken vorging, man wußte
es nicht. Weder der Marschall noch Ducrot sandten Nachricht
vom Rückzug und vollständiger Niederlage der Armee. Wozu auch
die Braven in ihrer Aufopferung beirren!

Bleibtreu, Sedan. Illustriert. 4

Hier war das Grab der Division Raoult samt ihrem Führer,
hier aber auch das Denkmal ihrer ausharrenden Rettungsthat.
Ohne diese heroische Gegenwehr wäre auch noch der Rückzug aller
übrigen Divisionen unmöglich, das deckende Bollwerk Fröschweiler
schon vor vier Uhr gestürmt worden.

Auf allen Waldwegen in Haft errichtete Verhaue lähmten
lange das Fortschreiten der Bayern. Das 48., 78. und Teile
vom 36. ligne drängten sich dort neben den Turkos zusammen.
Jeder Offizier handelte nach eigenem Gutdünken und dem Zwang
des Augenblicks. Pacotte wich zuletzt ins Innere, vereinte sich
mit Sénac; zwischen nordöstlichem und südöstlichem Waldabhang,
an welch letzterem Kapitän Ollivier die Trümmer des III. Bataillons
um sich sammelte, drangen die Bayern an einer unbesetzten Stelle
ein. Am Nordrand, wo Linienfußvolk mit gleichem trotzigem Todes=
mut sich entgegenstemmte, klaffte die Lücke, welche Houlbecs Abzug
riß, und am Westrand erschien bereits die Brigade Bothmer. Je
weiter diese Überflügelung auf beiden Seiten sich spannte, desto
mehr verengte sich der Raum für die Verteidiger des Waldes, die
sich endlich von Fröschweiler völlig abgeschnitten sahen. Von Süden,
Osten, Norden überströmte der Feind dies verhängnisvolle Gehölz.
Ganz wie drüben im Niederwald floß hier Blut unter jedem Wipfel,
betaute die Wurzeln der Buchen.

„Was thun? Durchbrechen? Mit den paar Mann?" Kapitän
Ollivier mit sechs andern Offizieren und hundert Turkos eilte aus
dem Dickicht aufs Dorf los, wo soeben ein Clairon mit aller Kraft
zum Rückzug blies. Unter Kreuzfeuer geraten, dann umzingelt,
ward die Schar gefangen.

Vom 78. entrann nur ein Dutzend Offiziere. Oberst Graf
Carré de Bellemare blieb seiner „Karrière" aufgespart, die ihm
durch jede Niederlage sein Avancement förderte und ihn unverdient
aus jedem Zusammenbruch zu höheren Würden hervorhob. Ehe
denn dies Schreckensjahr zu Ende ging, gab's einen komman=
dierenden General, der jetzt noch Oberst hieß!

„Bajonett, Bajonett!" rief General v. Stephan seinen Alt=
bayern zu, die nur den Kolben schwangen. Gleich darauf sah er's
befolgt, indem ein paar Schritte rechts von ihm Einer vom Leib=
regiment einem fanatischen Muselmann den Stahl in die Brust

stieß, der grade auf den General anschlug. So endete allmählich
das letzte Gemetzel mit blanker Waffe. In dumpfem, düsterem
Schweigen standen die Überlebenden da, den Kolben zum Zeichen
der Ergebung nach oben gekehrt. Unter lautem Juchzer brachten
Bayern eine kahle Stange mit dem Bronzeadler herbei, dem sorgende
Hände die Trikolore abrissen und verbrannten, damit der Feind
nicht wisse, wessen Ehre er geraubt: das berühmte alte 36. hatte
diesen Schmerz zu beklagen.

Wie ein ausgerupfter Aasgeier mit nacktem Hals stierte der
Gloirevogel auf seiner kahlen Stange drein, als frohlocke er gierig
über den reichen Fraß der Walstatt.

———

Erst um halbdrei Uhr verließen die letzten Zuaven den
Niederwald, gegen dessen Nordrand sich nun ein heftiges Gewehr=
feuer richtete, bald auch durch Geschosse der beiden reitenden Bat=
terien des Generals Vicomte de Bonnemains verstärkt. Dessen vier
Kürassierregimenter am Eberbachgrund zogen dem Schlachtfeld näher,
zu ähnlichen Opfern erbötig, wie ihre gepanzerten Waffenbrüder
der Brigade Michel. Weiter rückwärts wehten die Fähnlein der
2. Lanciers. Dunkelgrüne Chasseurs=à=Cheval mit roten Hosen=
streifen, schwarzen Brustschnüren, persischen Pelzmützen und kurzen
Stutzflinten hielten reglos neben reichverschnürten Husaren.

Doch nicht Reiterei benötigte man hier, sondern frische Streit=
kräfte des Fußvolks, und nur 1. Turkoregiment der Division
Pellé, bei Weißenburg schon so hartgeprüft, stand als Rückhalt da.

„Ich spare Sie für die Entscheidung,“ schärfte der Marschall
dem Oberst Morandy ausdrücklich ein. Jetzt langte jedoch III. 18. ligne
an und noch vor ihm nahte das 96. Stabschef Colson selber hatte
sie persönlich von Ducrot hergeholt; bei Rückkehr von diesem Aus=
flug traf ihn der tötliche Schuß. Der kühne Brigadegeneral Wolff
brannte darauf, seine Bataillone ins Feuer zu führen.

Im Kleinen Wäldchen und bei Elsaßhausen drängten sich die
Trümmer Dumesnils, in ihrer Mitte jene stolze Fahne des 99.,
die wegen des mexikanischen Gefechts bei Aculcingo die seltene
Auszeichnung der Kreuzdekoration am Fahnenbande trug. II 56
und I 99 als Besatzung des Kleinen Wäldchens und des Dorfes
sahen sich alsbald durch I 96 verstärkt. Hinter einem Höhen=

zug verborgen, der ihn dem Auge des Gegners entzog, tauchte Oberst de Francheffin mit seinen drei Bataillonen westlich von Elsaßhausen auf, in geschlossenen Divisionskolonnen. Als diese jedoch die offene Höhe überschritten, bezimierte sie ein mörderischer Kugelhagel von allen Seiten. Das III. Bataillon Lamy schwenkte seitwärts, um die Rechte Raoults zu decken, das II. ging durch Elsaßhausen, das I. ins Kleinwäldchen, aus dessen Süd- und Ost-rand es sofort ein hitziges Schnellfeuer eröffnete, wie das Bewußt-sein noch voller Patrontaschen es mit sich bringt. Dann aber riß Major Pietri das rechte Halbbataillon vor und stürzte sich in den Niederwald. Oberst de Francheffin sprang flugs vom Pferde ab und setzte sich zu Fuß an die Spitze. Holla, schon knickt er ein, Streifschuß am Fuße! Da reißt er den Stiefel ab und schleppt sich, auf einen Korporal gestützt, seiner vierten Kompagnie voran, nackten Fuß in blutigem Linnen, ein Beispiel des Opfermutes!

Die Dreiundachtziger vorn am Waldrand gaben dem Stoße nach, ebenso die wirre, dichte Masse der dahinter aufgehäuften Division Schachtmeyer, die völlig durcheinander kam. Kein Bataillon war mehr beisammen.

Das Füsilierbataillon Achtundachtziger unter persönlicher Führung des Obersten Köhn v. Jaski war in dem Schluchtthal, das von Spachbach nach Elsaßhausen hinaufstreicht, vorgedrungen, stieß aber auf einen Widerstand, der wiederholt offensiv wirkte. Auch diese Truppe befand sich schon im Weichen, als General v. Schkopp persönlich das Weimarer Regiment ins Gefecht führte. Mit schlagenden Tambours drückten diese drei fast frischen Bataillone die drei schwachen Kompagnien des Major Pietri weg, der hier selber fiel. Auf dem Fuße folgend, zwängten sich die Weimaraner ins Kleinwäldchen ein, in das gleichzeitig auch Oberst v. Jaski von Osten her hineinstieß. Oberst de Francheffin, durch die linke Lunge geschossen, ließ sich von seinem Korporal aufrechthalten. Eine dritte Kugel durchbohrte seine rechte Seite. Mit übermenschlichem Mute rief er fortwährend: „Vorwärts, vorwärts!", seinen letzten Odem aushauchend. „Freunde, rächt euren Oberst!"

Hinter ihm fielen alle Offiziere der vierten Kompagnie. Der Sergeantmajor Rame suchte die Mannschaft fortzureißen, sank aber gleichfalls tot nieder, und Bataillon Pietri entrann kaum

der Umzingelung. Bataillon Lamy, herbeieilend, sah sich von
einem Weimarer Füsilierhalbbataillon zusammengeschossen, das II.
unter Oberstleutnant Bluem konnte kaum die Geschlagenen auf=
nehmen. Beinahe hätten die Weimaraner in wütendem Nach=
stoßen sogar den Adler erbeutet, den nur Opferwilligkeit des
Adjutantmajors Obry und dreier Soldaten rettete, aus ihren
Leibern einen Wall um das Panier schmiedend. Hauptmann
Boullanger, von einer Hüftwunde niedergeworfen, lehnte sich
knieend an einen Baum und feuerte wie ein Gemeiner mit auf=
gegriffenem Gewehr, wohl eine Stunde lang am gleichen Fleck, bis
ein Ambulanzwagen ihn fortbrachte.

Zehn der tapfern Offiziere fielen, ebenso viele ließen ihre
Wunden verbinden. Über siebenhundert Mann lagen tot und ver=
wundet. Die riesige Übermacht der Thüringer und Hessen litt
natürlich weniger, doch ward Oberst v. Jaski von einer Granate
zerrissen. Bei den Dreiundachtzigern zwei Majore verwundet. Es
ging auf drei Uhr.

Doch man gewann kaum Zeit, sich im Wäldchen einzurichten,
als ein neuer Angriff heranwogte.

General Wolff hatte die Hälfte von I 18, dessen andere Hälfte

der vorsorgliche Ducrot schon vormittags zur Deckung der Reichs=
hofener Chaussee abzweigte, von der Südlisière des Fröschweiler
Holzes zum III. Bataillon herangezogen und Bruchstücke des bis
auf Fröschweiler weichenden 96. rechts davon vor den Hecken der
Dorfgärten versammelt. Das Käppi schwenkend, unterm Blasen
aller Hörner, führte er diese Linie in Richtung auf Wörth ostwärts
vor. Doch nur zu bald erscholl das Hornsignal „Halt“ unter dem
grausamsten Kreuzfeuer der jetzt in gleicher Höhe vordringenden
Divisionen Sandrart und Schmidt. Sechzehn Offiziere der andert=
halb Bataillone und dreihundertsiebzig Gemeine tot und verwundet
wurden rasch niedergestreckt! Langsam wich das 18. auf die ersten
Häuser von Fröschweiler zurück, wo es standhaft weiterfocht, sobald
auch II 18 dort hinzustieß. Das alte Regiment, dessen Kriegs=
annalen weit hinaufreichten und das unter Soult, Massena, Ney
bei Austerlitz, Eylau, Aspern, Borodino seinen Mann stand, ver=
sagte auch heute nicht.

Die beiden reitenden Kavalleriebatterien des Eskadronchefs
Astier erhoben jetzt ein überaus schnelles und heftiges Feuer gegen
Wäldchen und Thalschlucht. Es war schon lange her, daß die
französische Infanterie die Stimme ihrer eigenen Artillerie vernahm,
und sie atmete förmlich auf, als die Schwesterwaffe wieder einsetzte.
Und schon gab Mac Mahon Befehl, daß die ganze Reserveartillerie
hinter Elsaßhausen auffahre. Pellés Batterien schwiegen um diese
Zeit, Batterie Ferreux Raoults verließ schon um zwei Uhr das
Schlachtfeld, um sich beim Park mit neuer Munition zu versehen.
Batterie Desruols blieb jedoch standhaft, und die zwölf Mitrail=
leusen Raoults und Ducrots arbeiteten westlich und nordöstlich
von Fröschweiler, während die Vierpfünder Vernay und Biffe den
Eingang der großen Hauptschlucht zwischen Wörth und Fröschweiler
bestrichen. Östlich vor dem Dorfe bildete sich jetzt eine dünne
Linie, fünfhundert Meter weit, aus Brigade Wolff und III. 36,
sowie den 2. Zuaven, deren Oberst Detrie und sämtliche Stabs=
offiziere außer Gefecht gesetzt und die überhaupt fast keine Offiziere
mehr hatten. (Siebenundvierzig heut tot und verwundet! dazu
elfhundert Zuaven!). Hauptmann Béhic führte sie zuletzt aus dem
Feuer. Fürs erste hielten sie den Kampf noch aufrecht. Und
neben diesen alten Troupiers fehlte es auch jungen Soldaten nicht

am Seelenadel des Todesmutes. Bei den Linienregimentern befanden sich zwar viele Reservisten, die das Chassepot nicht kannten, und Rekruten, die überhaupt nicht elementarsten Schießunterricht genossen, doch auch bei ihnen zeigte sich noch keine Spur von Panik und Entmutigung.

Der Marschall selber aber mochte seine Lage schon als verzweifelt auffassen. Zwei Drittel seines Aufstellungsraums ihm entrissen, jeder Punkt seiner Schlachtlinie von einem Ende zum andern dem Kreuzfeuer offenliegend! Trotzdem konnte er sich immer noch nicht entschließen, die formelle Rückzugsordre zu erlassen.

Dreißig hessische Geschütze, die reitenden Sylvius und Ohnesorge vorneweg nur siebenhundert Meter vom Dorfe südöstlich, schossen jetzt Elsaßhausen in Brand. Die Besatzung hielt sich jedoch. Die reitende Batterie Raffron de Val, vom Artilleriegeneral Forgeot persönlich dort postiert, richtete unter den Kolonnen Gersdorffs, die über die nordwestlichen Höhen heranzogen, auf vierhundert Meter Verheerungen an. Da ertönte das Signal: „Das Ganze avancieren!" Bose, obschon leicht an der Hüfte verletzt, erschien persönlich am Niederwald und befahl Vorstürzen in Masse auf Elsaßhausen, während die frischen Zweiundachtziger durch Negersgraben im Verein mit Gruppen von schlesischen Fünfzigern hindurchgingen. Das Dorf ward in gemeinsamem Anlauf genommen, obschon sich Verzweifelte noch in brennender Gasse verbarrikadierten.

Reitende Mitrailleusenbatterie Gonnard ging soeben, von Bonnemains' Stabschef Oberstl. Tugny persönlich geholt, auf gleiche Höhe mit Raffron vor und warf ihre Garben in die Tirailleurhaufen, die aus dem Dorfe schon westwärts vorstürmten.

„9. Kompagnie auf die Mitrailleusen aus der Flanke!" Major Tschudi ließ sein III. Zweiundachtziger ausschwärmen. „Die wollen wir den Kerls abknöpfen!" rief Sergeant Zimmerlich und legte zuerst seine Hand auf eine Mitrailleuse. Gleich anfangs wurden dem Eskadronschef Astier und dem Batteriechef Gonnard die Pferde erschossen. Sektionschef Avril stürzte verwundet. Wenden der Geschütze, Prasseln der Geschosse, dann nur noch eine einzige dichte Dampfwolke.

Leutnant Boutiot blieb allein in der Batterie, pointierte noch ein Stück, machte vier Schüsse, erwartete die Preußen mit Revolver

in der Hand und fiel, durch die Brust getroffen. Nur zwei Mitrail=
leusen retteten sich im Galopp, auch einen Vierpfünder mußte
Raffron fahren lassen. Auch die erste und fünfte Kompagnie Drei=
undachtziger und I Vierundneunziger befanden sich auf der west=
lichen Hochfläche hierbei in voller Thätigkeit. II Zweiundachtziger
umging Elsaßhausen, um die Verteidiger abzuschneiden, die jedoch
noch rechtzeitig zum hohlwegartigen „Chemin" nach Gundershofen
auswichen. Es fanden sich hier Versprengte von 2. und 3. Zuaven,
von 1. und 17. Chasseurs, II 56 und 99. ligne zusammen. Nur
ihrem eigenen Mute gehorchend, ohne höheren Befehl, auf eigenen
Antrieb brach diese bunte Reihe ungestüm vor und gelangte nahe
ans brennende Dorf heran. Die ineinandergeschobenen Brigaden
Boses an dieser Stelle hatten jede taktische Ordnung eingebüßt,
alles ging drunter und drüber. Die Nassauer waren bis Spach=
bach zurück oder Eberbach seitwärts gegangen, um sich zu sammeln.
Im Walde bildeten nur die Achtundachtziger noch eine Art
Einheit.

Einigermaßen kampffähig erschien nur noch Brigade Schkopp.
Die desorganisierte Masse verfiel in unglaubliche Panik vor diesem
Anprall selbst erschöpfter und taktisch zerrissener Trümmerhaufen.

Alles floh, überschwemmte Batterie Ohnesorge, die westlich des
Dorfes antrabte und nun am Ostrand des Kleinwäldchens stille=
hielt. Batterie Sylvius mußte sich mit Kartätschen des Anpralls
erwehren. Ebenso erstes Geschütz Ohnesorges, ehe Batterie noch
aufmarschiert; Unteroffizier Kneipp kommandierte Aufsatz und
Seitenverschiebung, bis er Schuß in linke Lunge erhielt. Die Ge=
fahr wuchs. Da aber keinerlei geschlossene Abteilung den kecken
Angreifern folgte, dagegen nach und nach neun Batterien Boses
westlich und östlich des Dorfes auffuhren, so entwichen die Franzosen
auf Fröschweiler. Es mochte halbvier Uhr vorüber sein.

Neuem Vorgehen des Boseschen Heerteils setzte jedoch ein
stürmisches Auftreten anderer Waffengattungen ein Ziel: Reserve=
artillerie und Reservekavallerie ließen ihre Gewalt spüren. Noch
jene beiden Vorstöße der Brigade Wolff hatte Mac Mahon als
bloßen Zeitgewinn aufgefaßt, um bis Ankunft der Division Lespart
den Kampf in der Schwebe zu halten. Nach dem Fall von Elsaß=
hausen handelte es sich aber nicht mehr um Behauptung der

Stellung, geschweige denn um Sieg, sondern um Deckung der schon flankierten Rückzugsstraße auf Reichshofen und Niederbronn.

Um gegen die immerfort westlich ausholenden Zweiunddreißiger und Brigade Schkopp Front zu machen, hielt eine dichte Kette von Gesammelten den steinigen, hochumrandeten Wegeinschnitt Morsbronn=Fröschweiler besetzt. Auch hier gab's Zuaven, Chasseurs und allerlei Fantassins vom 3., 47. ligne und I 21, alles unterm Befehl des allein noch unversehrten Oberst Morand. Und nicht ohne Rührung erblickte man hier ein Häuflein demontierter Kürassiere der Brigade Michel, die sich zu Fuß, den Karabiner oder ein Chassepot in der Hand, Patrontasche über den Küraß geschnallt, unter das Fußvolk mischten. Diese buntscheckige Linie sah alsbald entlang der Heckeneinfassung die Kürassierbrigade Girard glänzend vorüberrauschen und begrüßte sie mit lautem, beherztem Zuruf.

„Sie werden Ihr 1. Regiment attakieren lassen, Schwadron nach Schwadron. Ihre Vorwärtsbewegung soll unsrer wankenden Infanterie Vertrauen verleihen," befahl der Marschall persönlich dem Brigadier Girard.

„Bitte um genaue Auskunft über's Objektiv der Attake."

„Was ich wünsche, ist nur Ausführung von Scheinangriffen. Einfacher Galopp, ohne aufs äußerste anzusetzen. Nur Zeitgewinn!"

Gesagt, gethan. Die 1. Kürassiere erhielten Weisung, fünfhundert Schritt nördlich Elsaßhausen gegen die Linke Kirchbachs anreitend: „keinenfalls die Geländehemmnisse zu überschreiten, die für Kavallerie nicht zu bewältigen sind." Nacheinander ritt jede Schwadron bis zur preußischen Schützenkette vor. Doch der Marschall erkannte selber, daß Scheinangriffe hier nichts fruchteten, und rief persönlich dem Oberst de Landeouvre zu: „Das Regiment vereinigt vor!" Girard ermunterte: „Los, Landoeuvre!"

Drei Schwadronen ritten nochmals an. Einzelne drangen dreihundert Meter über preußische Batteriestellung weg. Dann erschollen neue Trompeten und zwei Schwadronen 4. Kürassiere attakierten, die Flammen von Elsaßhausen links lassend, in die Weinberge von Wörth. Doch diese, von Gebüsch und Apfelbäumen umstanden, sowie die nach Landessitte mit Eisendrähten umwickelten Hopfenstangen zwangen zur Umkehr. Tausend Meter

durchsauft, ohne den Feind zu sehen! Im Zwischenraum von
vierhundert Schritt zwischen dem Dorf und Kleinwäldchen, südlich
vom soeben wieder durch Turkos eroberten Elsaßhausen. Ihre
reitenden Batterien schossen dabei über die Köpfe der Kürassiere weg.

Als einzige Belohnung empfing Oberst Billet die Rüge des
ihm selbst entgegensprengenden Marschalls: „Heißt das aufs äußerste
attakieren?" Denn er wandelte nun seine frühere Meinung ins
Umgekehrte. „Wir werden's besser machen!" verneigte sich Billet
kühl. „Im großen Trab! Folgt mir!"

In Pelotonkolonnen abbrechend, sauste er mit den beiden andern
Schwadronen gegen Wörth heran. Der Standartenträger Ginter
und der Generalstabsleutnant Mayniel riefen gleichzeitig: „Da sind
sie!" Nahfeuer auf fünfzig Schritt verdoppelt seine Heftigkeit.
Wie Hagel auf Glasscherben hört sich das Klirren der Bleistücke
auf den Stahlpanzern an. Stiefel an Stiefel, drangen der Oberst,
Mayniel und Oberstleutnant d'Eggs unter die Achtundfünfziger.
Letzterer fiel, auf vier Schritt durch die Stirn geschossen. Dem
Major Negroni ward die Helmraupe zersplittert. Mayniel und
Trompeter Delcour töten ein paar Posener, Unterleutnant Faure
haut sich blutend durch, Leutnant Pelletier ist bügellos. Oberst
Billet wird von seinen eigenen fliehenden Kürassieren umgeritten
und fällt in Gefangenschaft, ebenso Leutnant Gauthier. Einem
Rittmeister ward der rechte Arm weggerissen, einem Leutnant der
linke. —

„Können Ihre Leute noch attakieren?" flog der Marschall an
den Vicomte de Bonnemains heran. „Sicherlich." „Ein neues
Opfer, das ich von ihnen verlange." Brigade Brauer, ihre Linke
an Fröschweiler gelehnt, vollzog mit heroischer Ruhe den Aufmarsch,
sich der geworfenen Brigade Girard vorschiebend, unter schrecklichem
Feuer. Denn mittlerweile trugen sich andere Dinge von hoher
Wichtigkeit zu, die das Schlachtbild veränderten.

Der persönlich unerschütterliche und immer rührige Marschall,
dem auch seine Ordonnanz Rittmeister de Vogué, wie vordem den
Stabschef selber, der unerbittliche Tod von seiner Seite riß, entsandte schon vorher den Adjutanten Boutaud zum Kommandeur
der Artilleriereserve, Oberst de Vassart: „Sofort gegen Elsaßhausen
in Stellung!"

Das Auffahren geschah mit wahrem Schwung und einer Kühnheit, die kein Erfolg krönte. Denn während die Batterien Boses in diesem Augenblick schwiegen, waren seine unordentlichen Massen des Fußvolks in erneutem Vorschreiten und bald waren sie nichts als eine ungeheure Wolke von Schützen, die mit zuversichtlicher Keckheit in die Eisenhecke jener acht Batterien hineinknallten. Mit schlagenden Tambours schritten auf der ganzen Front die Deutschen einher, verbunden mit ihrer eigenen nachrückenden Artillerie, mit welcher der Zusammenhang nirgends verloren ging. Gleichwohl erfüllten die opferwilligen Abteilungen des Oberst de Vassart ihre Aufgabe. Indem sie, wenn auch nur wenige Minuten, das Gelände vor sich fegten, hielten sie das Nachdrängen vorerst auf und gestatteten den angestauten Trümmern der Division Dumesnil ein ruhiges Abfließen. Das Vordringen des Kirchbachschen Zentrums hemmten gleichzeitig die Kürassierattaken um zwanzig Minuten.

Auf zweihundert, ja hundert Meter Entfernung aufgepflanzt, übergossen die vier reitenden, zwei Zwölfpfünder- und zwei Vierpfünderbatterien Vassarts die deutschen Massen mit einem jähen, aber ebenso jählings endenden Granat- und Shrapnellfeuer. Starke Verluste fesselten einen Augenblick den Fuß der Angreifer am Boden fest, doch bald genug ermannten sie sich, und unvermeidliches Verderben brach über die todesmutige Artillerie herein, deren Donnern zunächst auf die Dreiundachtziger niederschallte.

„Feldwebel Martin, wenn wir die da oben zum Schweigen bringen könnten!" rief der Hauptmann der dritten Kompagnie. „Auf!" Fein langsam, den Atem sparend, wanden sich die achtzig Mann — mehr zählte die gelichtete Schar kaum — gegen den Höhenrand, wo sie die dampfumhüllten Feuerschlünde erkennen konnten. „Kinder, wir kommen 'ran!"

Die reitende Batterie Bonnet fuhr am frühesten auf, als die Deutschen noch fünfhundert Meter fern, und richtete wahre Verheerung mit ihren Shrapnellladungen an. Aber das Schützenfeuer begann sogleich zu wirken, Oberst Vassart fiel, Abteilungschef Thevenen ward getroffen, sodann Batteriechef Bonnet beim Abfahren gefährlich verletzt. Da sein Stellvertreter Brice abwesend, übernahm Leutnant Bernard das Kommando und vernahm das

Signal des Generals Forgeot: „Wieder vor!" Die reitende Du=
bourges konnte schon nur noch zwei Stück zum Feuern bringen.
Am ersten ward der „erste" Leutnant Bourgeois, der selber poin=
tierte, sofort getötet, die beiden Fahrkonbukteure hernach, das Stück
mußte stehen bleiben. Das andere gab vier sichere Schüsse ab,
dann setzte sich der verwundete Wachtmeister Beauré auf die Protze
und fuhr so ab; er fiel in einen Graben herunter, so daß sein
Geschütz ihm über den Leib wegging. Die scheuen Pferde der
übrigen Stücke mußten im Schritt am Gebiß aus dem Feuer ge=
leitet werden. Den beiden andern reitenden Batterien kam der
Feind noch näher. Die reitende Mourin mußte mit ihrem ver=
wundeten Chef zurück, ehe sie abprotzte, weil schon auf fünfzig
Meter Schützen herankamen. Die reitende Perrin konnte nur
einen Schuß auf vierzig Meter abfeuern, aber der saß! Warf
eine ganze Sektion nieder! Wachtmeister Garin half hier als
Richtkanonier, weil der Pointeur fiel. Die Batterie entrann jedoch,
wobei Wachtmeister Tresse ein steckengebliebenes Stück rettete.

Bei Vierpfünderbatterie Morio zerriß ein Radsplitter sofort
dem „ersten" Leutnant die Stirn, sodaß er, vom Blutstrom geblendet,
davontaumelte. Dem Eskadronschef d'Haranguier ward das Pferd
zerrissen. Sodann fielen Bemannung und Bespannung von drei
Stücken, welche die Dreiundachtziger erbeuteten. Batterie Berthiot
ließ noch vier Dechargen los, da sie dreihundertfünfzig Meter Ab=
stand vom Feind trennten, mit ersichtlichem Erfolg. Doch der
Feind kam immer näher, und sie ließ vier Stück stehen, nachdem
drei Offiziere und zahlreiche Kanoniere nebst allen Pferden weg=
geschossen. (Fünf von sieben Offizieren dieser Abteilung schwer
und leicht verwundet.) Noch schlimmer erging es der Zwölfpfünder=
batterie Dupuy. Sie und ihre Kollegin Rivals sahen sich zur
Rechten umgangen, schossen aber mit eiserner Ruhe, bis der Ab=
teilungskommandeur Oberstleutnant de Brives selber das Signal
gab: „Amenez les avant-trains!" Batterie Rivals entkam nach
vier kräftigen Kartätschlagen auf hundert Meter, obschon bereits
Schützenzüge der Kirchbachschen Sechsundvierziger sie überfluteten.

„Feu à volonté!" kommandierte Kapitän Dupuy, mußte aber
schon nach drei Schuß pro Stück alle sechs Stücke und Protzen,
deren gesamte Bespannung getötet, dem Feinde überlassen, der

zwischen die Batterie eindrang und die Bedienung auf ihren Ge=
schützen tötete.

„Hurrah, Batterie gewonnen!" scholl das Triumphgeschrei
der Sieger von einem Ende der zerstörten Geschützlinie zur andern.
Vier dieser Zwölfpfünder fielen in Hände von Sechsundvierzigern
unter Leutnant Brandenburg, vier Vierpfünder hatten Siebenund=
achtziger unter Leutnant v. Brause erobert. Feldwebel Martin
war der erste von den Dreiundachtzigern in einer andern Batterie.
Die reitenden Batterien, welche den linken Flügel gebildet hatten,
litten viel weniger und kamen fast mit dem ganzen Material zurück.

Feuerwerker Laforest entwischte dem Feind mit einer Protze
förmlich unter der Nase. Ebenso holte Konduffteur Pierre ganz
allein ein steckengebliebenes Geschütz zurück. Oberstleutnant Grouvel
stellte seine reitende Abteilung sechshundert Meter rückwärts
wieder auf.

Doch leistete schon vorher Leutnant Bernard mit der linken
Flügelsektion seiner Batterie dem Signal Forgeots Folge und
schwenkte derartig Front, daß er mit Kartätschen und Shrapnells in
die Flanke der Deutschen schoß. Wachtmeister Pierson mußte nach
vier Lagen das eine Geschütz opfern, das andere aber verfeuerte unter
Wachtmeister Castets seine ganze Munition und that dem Feinde
großen Abbruch. Trotzdem der Protzkanonier tot, Kanoniere und
Pferde verwundet, brachte der brave Castets sein Stück in Sicher=
heit und schleuderte dreihundert Meter rückwärts noch seine letzte
Kartätschlage ab. Gleichzeitig setzte sich Hauptmann Castan, Stell=
vertreter Mourins, mit der Hälfte von dessen reitender Batterie
schon hundert Meter rückwärts ins Feuer und arbeitete fleißig mit
Shrapnels, wobei ein Stück der abgefahrenen Batterie Morio neben
ihm abprotzte und standhielt. Die letzte Granate, ehe er abfuhr,
durchlöcherte noch eine preußische Fahne und riß sie in Fetzen.

Inzwischen beeiferte sich Hauptmann Perrin, eine neue Artillerie=
linie zu bilden, indem er mit allen möglichen Versprengten seine
und Batterie Rivals neu bemannte. „Ich bin aber vom 12. Artil=
lerieregiment!" wollte ein hierher verschlagener Kanonier Lartigues
sich weigern. „Hier giebt's keine Regimenter mehr, hier giebt's
nur Artillerie und Pflicht zu kämpfen!"

Sein Kollege Rivals, ein ebenso edles Herz, wetteiferte mit

ihm kameradschaftlich. Beide Batterien setzten ihr scharfes Feuer
nur aus, weil die 2. und 3. Küraffiere sich neben ihnen maffierten
und es durch sofortige Attake maskierten. Mitten zwischen diese
verwirrend schnell sich abspielenden Thaten der Kavallerie und
Artillerie fiel aber noch ein großartiger Infanteriekampf.

Eine Viertelstunde nach drei Uhr verstrich, als die 1. Turkos
Ordre zu sofortigem Angriff erreichte. Soeben erst fuhr die
Referveartillerie vor, attakierte Brigade Girard, als die Hellblauen,
alle drei Bataillone dicht nebeneinander, nordwestlich Elsaßhausen
hinter dem Höhenzug hervorbrachen. Ihr vorhergehendes heftiges
Schnellfeuer war ebenso heftig erwidert, ihre taktische Ordnung
und Ruhe gestört worden, so daß Oberst Morandy sie hinter die
Kuppe zurücknahm und sie minder dicht aneinander aufstellte. Dann
hob er den Degen — und wie eine Lawine wälzte sich der brüllende
Schlachthaufe mit vorgestrecktem Bajonett auf die durcheinanderquirlenden deutschen Maffen, die teils aus dem brennenden Elsaßhausen, teils noch aus dem Niederwald hervorquollen. Der Stoß
erwies sich unwiderstehlich. Die größtenteils führerlosen deutschen
Haufen flohen aus Gärten und Gaffen von Elsaßhausen, flohen
durch die Flammen und durch die Sträucher des Kleinwäldchens,
flohen in das grüne blutbetaute Dickicht des Niederwalds, die mitfolgenden Batterien wie die im Walde nachfolgenden Bataillone
in einen einzigen Brei von Tumult, Panik und Niederlage ver-
wandelnd. Bataillon Lammerz in der Mitte entriß hierbei den
Eroberern die sieben verlorenen Vierpfünder der Batterien Morio
und Berthiot, die man nicht wegschaffen konnte. Bataillon Coulanges
rechts davon stürzte sich auf die Umgehungsmaffen westlich vom
Dorfe, Bataillon Sermenfan links davon verjagte die dort vermischten Hessen und Schlesier aus dem Negersgraben. Doch die
Weimaraner, am Eberbach mittlerweile entlanggleitend, sandten ein
mörderisches Flankenfeuer. Aus dem Walde richteten sich zehn-
tausend Gewehre gegen die siebzehnhundert Turkos. Dreimal
fluteten sie am Saum rückwärts, ohne daß die versteckte Maffe
nachzustoßen wagte. Dreimal setzten sie um vier Uhr an.

„Drauf, unüberwindliche Kabylen!" riß ein Hauptmann Quantin
seine Schwarzen vor, dann brach er tot zusammen. Die Batterie
Sylvius schoß so lange gegen die Turkospitze mit Kartätschen, bis

Bataillon Sermenfan zur Umkehr gezwungen. Doch ward Haupt=
mann Sylvius selber von Gewehrschuß niedergestreckt. Batterien
Ohneforge und Gillern bearbeiteten westlich vom Dorfe das Bataillon
Coulange, das bis auf dreißig Schritt an sie herandrang. Adjutant=
major de Pontécoulant deckte durch scharfe Salven, den Verfolger
in gemessener Entfernung haltend, das seitwärtige Ausweichen des
Regiments zum Großwald, dessen Ostrand es besetzte. Sein Ahne,
der bekannte Kriegsminister und Entdecker Bonapartes, rief nie
bessere Krieger zu den Waffen, als diese Numider, deren Ahnen
wohl in Hannibals Feldlager ihr Eisen schliffen.

Acht Offiziere gefallen, neunzehn verwundet, die Hälfte der Turkos
mit ihnen! Doch die Vierundneunziger und Zweiundachtziger, erstere erst
jetzt vornehmlich kämpfend, letztere überhaupt hier zum erstenmal ins
Feuer gekommen, verloren zusammen neunundreißig Offiziere, sechshundert
Mann, wovon fünfundzwanzig und rund dreihundertfünfzig allein auf
die zwei Bataillone Zweiundachtziger kamen: der prozentual größte Verlust
des Tages im Boseschen Korps. Bei den Weimaranern fiel ein Haupt=
mann, zwei Majore verwundet. Bei den Hessen beide Bataillonsmajore
und Oberst v. Borries verwundet, ein Hauptmann gefallen. — Die
Reserveartillerie verlor am heutigen Tage etwa zweihundert Mann, weil
beim Rückzug so viele Vermißte und Versprengte hinzukamen, die gesamte
Artillerie überhaupt vierhundert nebst fünfundzwanzig Offizieren, wovon
die Mehrzahl gefangen. Ihr Verlust erreichte also prozentual lange nicht
den der deutschen Artillerie in den Metzer Schlachten. Dagegen büßte
die gesamte Kavallerie siebenundneunzig Offiziere, vierzehnhundert Mann
ein, ein Drittel ihrer wirklich fechtenden Teile.

Die Attake der 2. Küraffiere erfolgte, als grade der Turko=
rückzug nach dem Hagenauer Großwald ausbog, nordwestlich Elsaß=
hausen und degagierte das hartbedrängte Flügelbataillon Sermenfan.
Einige Eisenreiter vertrieben die Kanoniere eines Geschützes an
einem Weinbergswinkel, doch nur wenige kamen zum Einhauen.
Oberst Roffetti und Eskadronschef Lacour sammelten das Regiment
am Ostrand des Großwalds neben der Chaussee. Der brave
Infanteriegeneral Wolff hatte eine Zeitlang persönlich diese Attake
begleitet, die Richtung angebend. General de Brauer ging nun=
mehr mit den 3. Küraffieren vor, deren vordere beide Schwadronen
jedoch bald kehrtmachten. Dem Oberst Lacarre ward der Kopf von
einer Granate abgerissen. Alle vier Schwadronsführer bluteten,

vierundbreißig Küraffiere waren bereits getötet, als der Marschall
den Rückzug befahl. Auch dies Regiment verfammelte sich am
Großwald, wo die noch übrigen fieben Geschütze der Kavallerie=
batterien sich wieder aufstellten und mit beträchtlicher Wirkung
spielten. Sobald die Attaken vorüberrauschten, erhoben Batterien
Perrin, Rivals und Castan erneut ihre troßigen Stimmen vor
Fröschweiler, erhielten aber Befehl zur Retirade.

Dem geübten Auge des Marschalls entging nicht ganz die
beifpiellofe taktifche Auflöfung der beiden preußifchen Korps nach
fünfstündigem heißem Kampfe. Aber er felber hatte keine Referven
mehr und mußte sich mit kurzen Rückfchlägen oder Aufenthalten
begnügen, wie die leßten eigenwilligen oder befohlenen Vorstöße
der braven Truppen sie gewährten. Nunmehr gelangte freilich
Brigade Houlbec auf diefen Flügel und die fchwachen vier Bataillone
der Brigade Montmarie (eins in Weißenburg gefangen, eins ab=
wefend) mußten nochmals heran, nachdem sie schon vorgestern ein
Übriges thaten. Auch Oberst Bréger suchte vordem, den Turkos
mit feinem jeßt vereinten 18. ligne zu folgen, seine Anstrengung
blieb unfruchtbar.

Nur zwölf Bataillone Bofes erwiesen sich noch streitbar, um
den Gnadenstoß auf Fröschweiler zu führen: außer den Zweiund=
dreißigern nur fünf Bataillone der Brigade Schkopp, die Füfiliere
der Achtundachtziger und Fünfundneunziger, sowie die Zweiund=
achtziger. Allein foeben trafen drei Bataillone der württembergifchen
Brigade Starkloff ein, und diefer frifche Zufluß trieb die Maffen
wieder nach vorn. Württembergifche Reiterei durchstreifte schon
die Rückzugsstraße am Großwald, während gleichzeitig auf dem
andern Flügel Hartmanns Division Walther über Neehweiler auf
Reichshofen marschierte. Es war vier Uhr, und das leßte Stündlein
fchlug für den Todeskampf einer kleinen, aber stolzen Armee.

Der leßte großartige Schlachttakt, alle drei Waffengattungen
vereint zufammenfaffend, gleich dem leßten und höchsten Aufpraffeln
einer in sich verfinkenden Flammenfäule, schenkte dem Marschall
eine koftbare halbe Stunde. Die heldenhafte Gegenwehr der Bri=
gade Lefebvre im Fröschweiler Holz that das Übrige. So entging
das erdrückte und faft umzingelte Heer völligem Untergang, rettete
drei Viertel der Artillerie und fämtliche Adler außer einem. Denn

die Masse der Infanterie befand sich schon in vollem Abzug auf
Reichshofen und Niederbronn, zahllose Verwundete inbegriffen, von
denen noch viele das Gewehr führten. Die Artillerie folgte all=
mählich. Lartigues Geschütz ging schon durch die Wälder davon,
die Reserveartillerie trabte ins Defilee von Niederbronn. Batterie
Ferreux, die mit frischer Munition erschien, wollte sich der Reserve=
artillerie anschließen, konnte dies aber nur auf dem schon begonnenen
Rückzug und kam nicht mehr zum Schuß. Dagegen bestrich Des=
ruols immer noch die große Fröschweiler Schlucht, ein Stück ging
verloren, zwei schleuderten aus dem Dorfeingang bis zuletzt Kar=
tätschen. Am Kirchhof rasselten Wohlfroms Mitrailleusen. Südlich
der Reichshofener Chaussee feuerte zwischen Fröschweiler und Groß=
wald nochmals Pellés Batterie Didier, deren Stellvertreter=Kapitän
Vidal getötet, während der verwundete Kapitän St. Georges und
Leutnant Delangle ihre Batterien nach Niederbronn abführten,
und mit wahrer Eleganz fuhren dort Ducrots Batterien Vernay
und de Mornac auf. Batterie Biffe ging etwas später aus ihrer
Nordoststellung auf die Westseite hinüber und fügte sich später
zwischen beiden ein. Da auch die sieben Kavalleriegeschütze durch
lebhaftes Shrapnellfeuer das Ihre beitrugen, so hielt das gradezu
fürchterliche Feuer der Ducrotschen Batterien den Verfolger hier
gründlich auf.

In Fröschweiler mühte sich die Sappeurkompagnie Lanty,
Häuser zu krenelieren. Mit Planken, Laub, Ästen ward eine lange
Flucht von Maueröffnungen und Felddurchsichten an Einfriedigungen,
Gehegen, Einzäumungen verbarrikadiert bis zur Höhe genügender
Mannsdeckung. Die Sappeurs selbst warfen sich in ein großes
Haus und legten sich mit ihren kurzen Flinten auf Lauer. Des=
ruols, der sich heut mit Ruhm bedeckte, protzte erst auf, nachdem
er die letzten seiner neunhundert Schüsse gelöst und die feindlichen
Schützen sich schon dem Eingang näherten. Ducrots Artillerie=
kommandeur Lecoeuvre nahm Raoults Mitrailleusen mit unter sein
Kommando und bezeichnete ihnen den nötigen Punkt, den sie mit
Erfolg bestreuten. Als aber alles drunter und drüber ging, fuhren
sie vom Kirchhof ab, weil man riskierte, ebensowohl Franzosen wie
Preußen zu töten. Hier stellte sich ihr verwundeter Kapitän wieder
ein und machte sich sehr nützlich, seine ganze Batterie unversehrt

durch die Wälder rettend. Wahrlich, an Pflichtgefühl fehlte es heut nirgends.

Es brüllten freilich jetzt zehn Batterien Boses und fünf Kirch=bachs, die sich zwischen sie setzten, gegen das unglückliche Dorf, dessen Kirche und Schloß alsbald in Flammen standen. Auch trabten Batterien Ohnesorge und Gillern, bisher schon rühmlich bemerkbar, bis über die Schützenlinie auf Kartätschschußweite ans Dorf heran, wobei sie jene von den Turkos rückeroberten Kanonen wieder auflasen. Mehrere Salven dem abziehenden Heere auf der Chaussee nachschickend, wiesen sie gleichzeitig eine Attake ab, da Oberst Poissonnier seine 2. Lanciers gegen sie vorführte. Er fiel jedoch, ebenso Major Colné, und die Lanzenreiter sprengten davon. Die Chasseurs=à=Cheval verließen schon mit verhängtem Zügel das Schlachtfeld, und die 3. Husaren stellten sich nachher in Nieder=bronn auf. Doch die Gespanne der zwei kühnen hessischen Bat=terien brachen unter Mitrailleusengarben zusammen, und auf die ganze Strecke Elsaßhausen=Fröschweiler hagelte nochmals solcher Geschoßregen nieder, daß hier Vater und Sohn, der kommandierende General v. Bose und sein Adjutant, blutüberströmt im Sattel wankten, dem Stabschef General v. Stein sein Pferd und Boses Generalstabsoffizier nebst zwei Ordonnanzen getötet wurden. Den schon aus drei Wunden blutenden Major Kasch der Nassauer Sieben=undachtziger, der eine kleine Abteilung derselben aus dem Wald=chaos losgelöst hatte, traf hier beim Vormarsch die Todeskugel.

Gleichwohl ließ sich diese ins Rollen gekommene Masse nicht auf=halten. General v. Schkopp führte die Weimaraner in einem Zuge auf die Westseite des Dorfes, Oberst Marschall v. Bieberstein der Dreiundachtziger folgte mit Teilen seines Regiments und den Füsilieren Zweiundachtziger. „Im Westen umfassen!" hieß es dort.

Als dies bei der zehnten Kompagnie, die beim Turkostoß be=sonders litt und vornehmlich die 2. Küraffiere abschlug, der Kupfer=schmied Thiel, ein hierher unter Hessen verschlagener Westfale aus Lüdenscheidt, hörte, dem es rot aus einem großen Loch an der Hüfte in den Stiefel troff, ließ er sich rasch von einem Lazarettgehilfen mit Pflastern und Binden zurechtflicken und stürmte mit. So was leisten sich nur Westfalen und Kupferschmiede!

Auch die Württemberger benahmen sich sehr brav, sie glühten

von Eifer. Beim 2. Regiment fiel Oberleutnant Schüßler, und Obermann Vinzenz Schmiedberger riß den Schützenzug sieghaft über den Dorfsaum vor. Soldat Bruckner von der ersten Kompagnie, aus vier Streifwunden nacheinander blutend, folgte trotzdem ins Innere. Bei der sechsten Kompagnie kam Feldwebel Saile nahe heran und räumte an der Lisière auf. Der kühn voraufgeeilte Jägeroberstleutnant v. Link ließ „zum Avancieren" blasen und stürmte, ohne sich um Verwundung zu kümmern, gegen die Chaussee. Hauptmann Sarwey mischte seine Württemberger unter Königsgrenadiere und bemächtigte sich der südwestlichen Gärten, wobei Major v. Wangenheim des 2. Regiments verwundet. Hier war's, wo Raoults Mitrailleusen abfahren mußten, gleich darauf eroberten Württemberger auch den Kirchhof. Doch der erste deutsche Offizier, der hier das Dorf betrat, war Major v. Waldow der Siebenundvierziger.

„Herr Oberst bluten ja stark!" machte Hauptmann Weiß den Kommandeur der Sechsundvierziger aufmerksam, die heut wohl mit am meisten stritten und litten. Oberst v. Stosch ritt soeben vor die Front, um die Seinen zur Erstürmung der Fröschweiler Schlucht aufzumuntern. Ein Feldwebel schnitt rasch das Beinkleid auf, legte eine Kompresse um die Wunde, ohne daß der tapfere Mann vom Pferde stieg. Erst als General Voigts-Rhetz ihn persönlich zum Verbandplatz befahl, verabschiedete sich der Oberst mit freundlichem Lächeln: „So schlimm ist's nicht, Kinder, ich bin bald wieder bei euch!" Doch das Regiment sah seinen Führer, dessen edles Beispiel und verniger Zuspruch unvergeßlich blieben, zum letztenmal.

Die Ärzte walteten überall geschäftig ihres traurigen Amtes. „Komme gleich nach! Jeder Mann ist hier nötig! Will selber kämpfen, mir das schwarzweiße Band verdienen!" rief Stabsarzt Kleist, leichtverwundet, dem Hauptmann Scheibert nach, als dieser damals vorging. Doch dazu sollte es nicht kommen, denn die massenhaft zurückströmenden Verwundeten erwarben sofort seine Beihilfe, unter diesen bald auch Scheibert selber, indem Kleist auf offenem Feld am Eingang von Wörth einen Verbandplatz einrichtete und unter heftigstem Feuer thätig war, unterstützt von braven Elsässerinnen, die mit bemerkenswertem Mute beisprangen.

Der Schlachtenmaler Bleibtreu, auf Einladung mit Gustav

Freytag im Hauptquartier des Kronprinzen weilend, der gleich zu
Anfang mit der Brigade Walther über die Sauer ging und dabei
wie viele ins Wasser fiel, so daß er lebenslänglichen Katarrh davon=
trug, hatte den Straßenkampf beim Eindringen der Zuaven mit=
gemacht und befand sich grade hier, wo ein nach vorn geschickter
Artilleriegeneral — wie dieser nachher in seinen Memoiren er=
zählte — den kleinen Mann in Zivil „heiter und sorglos an der
von Geschossen oft erreichten Stelle das kriegerische Schauspiel be=
trachtend" fand. „Darf ich um Ihren Namen bitten?" fragte Bleib=
treu den rastlos tapfern Stabsarzt wohlwollend. „Der thut nichts
zur Sache, Herr Professor," erwiderte dieser kurzangebunden. Aber
er that doch etwas zur Sache, der Maler nämlich, indem er dem
Kronprinzen den Vorfall erzählte, was dem jungen Doktor das
Kreuz, freilich nur an weißem Bande, eintrug. Später beteiligte
Bleibtreu selber sich am Bergen der Verwundeten, als er mit der
Artillerie gegen Fröschweiler vorging, obschon sehr übertriebene
Mythen darüber nachher in den Zeitungen standen. Thatsächlich
schleppte der schwächliche Mann einen riesigen dicken Kanonier aus
dem Feuer heraus. Als er dann bei dem Kreisarzt von Wörth,
Dr. Sadoul, die völlig nassen Kleider wechseln sollte, lehnte er
dies ab zu Gunsten verwundeter Offiziere, die frische Kleider be=
nötigten, genoß aber das Glück, sowohl gegen Übergriffe vornehmer
Johanniter den wackeren Sadoul, einen Pariser, der mit seltener
Pflichttreue sich aller deutschen Blessierten annahm, als auch völlig
grundlos verhaftete und mit Füsilierung bedrohte Einwohner zu
schützen. — —

So fiel denn selbst der Gnadenstoß auf des Überwundenen
klaffende Rüstung nicht leicht. Hoffnungslos rangen im Dorfinnern
noch, nachdem auch die Sappeurs sich verfeuert und abgezogen, manche
Isolierten der Brigade Lefebvre, die 8. und 13. Chasseurs. III 48
und II 78 leisteten am Schluchteingang ostwärts noch lange Wider=
stand, bis sie überwältigt gleich dem Hauptteil ihrer Regimenter
im Gehölz. Die Reste der elf Bataillone, etwa zweitausend Mann
— 2. Zuaven und III 36 zogen schon ab — flohen nach Nieder=
bronn, nachdem sehr viele, aus dem Gehölz entronnen, erst im
Dorfe selbst nach grimmem Widerstande entwaffnet. Von den
8. Chasseurs entkamen heil zweihundert, sechzehn Offiziere und sechs=

hundert Gemeine bluteten, von den Chasseurs von Vincennes ent=
kamen hundertfünfzig mit zwei Offizieren, neunzehn Offiziere und
achthundert Gemeine gingen im Ganzen zu Grunde, als Leichen oder
Verwundete sämtlich in Feindeshand gefallen. Es mochte halb=
fünf Uhr sein, indes im Gehölz das Gefecht noch tobte, daß
Württemberger von Süden, Bayern von Norden und Hessen von
Südwesten eindrangen. Furchtbar rang man im Garten des Pfarr=
hofs, das Gartenhäuschen strotzte von Toten, der Friedhof von
Trümmern der Grabsteine. Ins Schulhaus ward Bresche ge=
schossen. Posener Neunundfünfziger unter Major Kumme säuberten
die ersten Häuser. „Giebst du her die Dege, bist du schon jetzt
meine Gefangene!" schrie ein Pole Waldowsky in seinem gebrochenen
Deutsch einen Chasseuroffizier an, der stumm seinen Degen zum
Fenster hinausreichte. Sergeant Stelzer schleppte sich mit zer=

schossenem Unterschenkel auf der Gasse zum Sturme weiter, bis ihn ein tötlicher Kopfschuß vor dem Schicksal bewahrte, auf Stelzen sein Leben als Krüppel zu beschließen. Sergeant Kaffner nahm hundert Turkos gefangen. Auch die Regimentsmusik dieses tapferen deutschpolnischen Schlachthaufens folgte heut ins Feuer und trug Verwundete weg. Nur von solchen hingebend begeisterten Heer= scharen konnte das unbezwingliche Afrikanerkorps des Duc de Magenta bezwungen werden.

Der Herzog=Marschall sprengte aus Fröschweiler erst hinaus, als die Deutschen hineinfluteten, hinter sich Brand und Graus. Aber Raoult blieb. In Paradeuniform mit allen Orden hielt er an der Spitze der Schlucht, schon nahten Preußen auf hundert Schritt. Knirschend mit zusammengebissenen Zähnen, verscheuchte er Leute, die ihn aufheben wollten, als er endlich zu Tode getroffen umsank, mit erhobenem Degen: „Wollt ihr fechten, Memmen! Kümmert euch nicht um mich!" Nur sein Adjutant Major Duhousset, der ihn umherirrend suchte und in seinem Blute fand, harrte bei ihm aus. Sein Taschentuch an die Degenspitze befestigend wie eine Sanitätsflagge, sicherte er seinen Chef vor dem Feuer. Dem herbeieilenden bayrischen Hauptmann Ziegler seinen Degen überreichend, lag Raoult auf einem zugedeckten Brunnen und etwas Stroh und empfing so den General Stephan mit vor= nehmer Würde. Als wolle er sagen: „Sie sehen, davonlaufen konnte ich nicht," wies er auf seine zerschmetterten Beine. Höflich fragte er dann: „Kennen Herr General vielleicht den russischen General Todtleben?"

„Den berühmten Verteidiger von Sebastopol? O gewiß!"

„Ja? Dann bitte ihn bestens von mir zu grüßen nach meinem Tode. Er hat Schmeichelhaftes über mich geäußert, möge er er= fahren, wie ich endete." Todtleben hatte Raoults Verdienste im Krimfeldzug besonders geehrt. Bald darauf traf auch v. d. Tann selber ein, der mit Raoult einst in der Fremdenlegion focht. Tief= ergriffen erkannte er seinen alten Waffenbruder aus Algier. Und nun öffnete sich ehrerbietig der Kreis: „Se. Kgl. Hoheit der Kron= prinz!" Teilnehmende Erkundigung gemessen erwidernd, stellte Raoult seinen Adjutanten vor: „Er hat sich geweigert, mich zu verlassen!" „Und ich schenke Ihnen dafür die Freiheit!" reichte der edle Fürst dem treuen Manne die Hand. Des Kronprinzen eigener Wagen fuhr nachher den Sterbenden nach Schloß Reusse, nachdem er eine Zeitlang mit fieberglühenden Augen in einer Hütte delirierte. —

Pellés Batterien hatten zuerst am Ostrand, später am westlichen Vorsprung des Großwalds umsonst die feindliche Kanonade zu dämpfen gesucht, die ihnen viele Menschen und Pferde wegriß. Auch sahen sie sich durch den endlosen Train behindert, der sich regellos an ihnen vorbei nach Niederbronn wälzte. Sie fuhren daher ab, um später nur noch am Defilee gegen die Verfolgung ihre Rohre zu wenden, gemeinsam mit Batterie Castan. An ihre Stelle traten Ducrots Batterien, die jetzt allein die Schwere des Schlußkampfs auf sich nahmen.

Als gegen fünf Uhr Fröschweiler fiel, hielt noch westlich davon Brigade Montmarie. „Die Lage ist ernst, Sie müssen vor," befahl der langbärtige Ducrot, nachdem er sich an der Chaussee kurz mit dem flüchtenden Marschall besprach, dem General Montmarie. Pellés Adjutanten Pédoya, Rainvillers, Biarre flogen davon, jeder brachte ein Bataillon herbei: I III 50, I 74, während III 74 sich den 8. Chasseurs in Fröschweiler angegliedert und tapfer die Gärten gedeckt hatte. Diese schwachen drei Häuflein, noch nicht zwölfhundert Mann, wagten kurzen Gegenstoß, ihre Generale Pellé und Montmarie an der Spitze. Er mußte scheitern, wie nicht anders zu erwarten. Sagt ein General: „die Lage ist ernst", so heißt dies aus dem Militärischen ins Zivilistische übersetzt: „verzweifelt".

Ducrot befahl nun Pellé: „Garnieren Sie den Ostrand der Waldung zu beiden Seiten der Chaussee!" Während diese und immer noch die 1. Turkos, die heut ihre ganze Munition verschossen, am Großwald den Abzug deckten, marschierten die 1. Zuaven in bewunderungswürdiger Schlachtordnung quer über die Hochfläche, wiederholt Halt machend, um durch ihre Adjutant-Majors mit berechneter Pedanterie genaue Richtung herzustellen. Während I II Bataillon südlich der Chaussee gleichfalls am Großwald sich anreihten, ihren Marsch fortsetzend, und dort die Turkos ablösten, wandte sich III, das sich heut schon besonders ausgezeichnet, südöstlich von Fröschweiler zu einem Gegenstoß. II III 45 folgten in geschlossener tiefer Kolonne hinter jedem Flügel des Zuavenbataillons, umsonst suchten sie sich zu entwickeln, von einem Kreuzfeuer über= schüttet, das sie in wenigen Augenblicken zersprengte, ohne gefochten zu haben. Oberst Bertrand warf sich eilig in den Großwald zurück unterm Schutz der Ducrotschen Batterien, zog seine Truppen aus der Schlacht und zog unbelästigt ab. Mit furchtbarer Energie aber stürzten sich die Zuaven in den Kampf und schlugen sich mit unglaublicher Gewandtheit gegen zehnfache Übermacht, ohne den geringsten Schaden zu nehmen. Nachdem es der Brigade Schkopp und den Württembergern neue Verluste beigebracht, wobei sich der zweimal verwundete Unterleutnant Bonnal vom 45. (der später so bekanntgewordene General und Kriegslehrer) ihnen anschloß, suchte dies Heldenbataillon sein Regiment am Großwald auf, der noch eine Weile gegen die Zweiunddreißiger verteidigt wurde. Das II. Bataillon besetzte dann noch die Kuppen bei Reichshofen und bildete die Nachhut.

Batterien Mornac und Biffe fuhren auf der Chaussee ab, Batterie Vernay löste hier die letzten Kanonenschüsse. Sie ver= feuerte noch vierhundert Schuß gegen Artillerie, vierzig gegen In= fanterie. Die Mitrailleusen zerstreuten einmal auf zwölfhundert Schritt tiefe Massen, ihr erster Leutnant Bertrand fand hier noch zuletzt den Tod. Batterie Biffe konnte wegen ungünstiger Stellung nur wenig wirken.

Batterie Vernay setzte ihr verheerendes Feuer so lange fort, bis die Füsilierkompagnien Specht und Schultze der Zweiundachtziger beinahe in sie einbrachen. Ein Geschütz, dem das Lafettenrohr brach, hätte stehen bleiben müssen, denn Bedeckung gab's nicht: Bedienung und Bespannung flüchteten in den nahen Waldsaum. Da raste der junge Freiwillige Pistor von der polytechnischen Schule (später General) mit einem Gespann der Batterie Biffe herbei und rettete das gefährdete Stück. Am Eingang von Reichs= hofen ereilten jedoch die Füsiliere die Kolonne und eroberten ein Geschütz und zwei Protzwagen, so wie eine Mitrailleuse und fünf Protzen der Batterie de Mornac auf dem Weg nach Niederbronn in Hände deutscher Reisigen fielen. Eine der Protzen hatte ein Granatschuß in die Luft gesprengt. Denn zwei württembergische reitende Batterien bestrichen das Defilee. Auch hatten drei württem=

bergiſche Reiterregimenter, ein bayeriſches Chevauxlegerregiment und die vierzehnten heſſiſchen Huſaren ſich zur Verfolgung aufgemacht.

Das Fußvolk der Brigade Houlbec vollzog in aller Ruhe ſeinen Rückzug. Der General und ſein Adjutant verloren ihre Pferde, Zuaven-Oberſtleutnant Gautrelet ſein Leben.

„Trommler und Horniſten, zur Fahne her und ruhiger Schritt!“ ergriff Hauptmann Charrilhot den Adler der Zuaven. Als dieſe den Wald bis Reichshofen durchſchritten, trat einen Augenblick Unruhe ein, angeſichts der einſchlagenden Granaten, ſchnaubenden Geſchwader und des wilden Lärms der Verfolgung und wirren Flucht zwiſchen hier und Niederbronn. Zwei Kompagnien unter Hauptmann Callet ſowie Teile des 18. ligne unter General Wolff nebſt perſönlicher Beteiligung Ducrots ſchüchterten längere Zeit die Attaken der Württemberger ein, bis Oberſt Carteret die Zuaven auf den Höhen von Niederbronn in beſter Ordnung wieder auf= ſtellte. Diviſion Lespart, endlich dort eingetroffen, und die 16. Chaſ= ſeurs von Pellé traten dort an ihre Stelle, auch hielten noch die 3. Huſaren auf einem freien Platz in feſter Haltung.

„Ich beglückwünſche Sie dazu,“ lobte der vorüberſprengende Marſchall den Oberſt d’Espeuilles. Den unglücklichen 2. Lanciers hätte er ſein Beileid ausdrücken können. Denn dies Regiment verirrte ſich mit dem General Nanſouty im Schloßpark von Reichs= hofen und ward als Deckung des immer ſchneller entweichenden Fußvolks eine Zielſcheibe des Verfolgungsfeuers in einer Sackgaſſe.

„Ihr ſeht ja hübſch aus!“ rief Kapitän de Boiſſieu der 16. Ch. dem Kapitän de Narcy der 1. T. zu, als deſſen auf= gelöſte Schar vorüberrannte. „Hübſcher als ihr!“ erwiderte der Andere finſter. In Zabern aber war’s fürchterlich, als die erſten Fliehenden dort eintrafen. Ein Tambour, betrunken durch die Straße wankend, beſchimpfte Generalſtabsoberſt Gresley. Zuaven ballten gegen Offiziere die Fauſt. Oberſt und Oberſtleutnant der 11. reitenden Jäger, von fliehenden Küraſſieren umgeritten, zankten ſich vor er Truppe, Lanciermajor Urby ſah gemütlich zu. Die gelöſten Regimenter vermiſchten ſich, dachten nur an Flucht, jeder handelte für ſich. „Da ſind noch welche, die ſich töten laſſen wollen!“ höhnten Ausreißer die Zuaven. Oberſt Bréger vom 18. rettete mit Mühe ſich und die Fahne, die Seinen riſſen Bataillon

David vom 45. um. Sappeurs verloren nur drei Mann, als sie
auch schon auskniffen. Von vierhundertfünfzig Entkommenen der
2. Turkos sammelten sich nachher nur zweihundertfünfzig. Doch
hatten sie sich, obschon der Wald um dreiviertelfünf von Norden
genommen, bis halbsechs gewehrt. Ein kleiner Hügel vor Schloß
Dürkheim, überfüllt von Turkoleichen, sah in der Ferne wie ein
hellblaues Flachsfeld in der Blüte aus.

Die Verstopfung des Defilees nahm vor Niederbronn so zu,
daß Batterie Rivals sechs Protzkasten und vierzig „Vermißte" als
verloren zählte, wie denn überhaupt hundertdreißig Artilleurs beim
Sammeln der Abteilung de Brives fehlten. Batterie Castan, die
ihre letzten Granaten vor Niederbronn verschoß, gab ein Geschütz
auf der Chaussee verloren, das preußische Reiter erbeuteten. Ebenso
ließen die Kavalleriegeschütze noch eine Mitrailleuse und einen Vierpfünder und fast sämtliche Wagen und Protzen in Feindeshand.
Batterien Raffron und Gonnard hatten im Kampfe nur je zehn
Tote und Verwundete verloren, beim Rückzug verschwanden fast
fünfzig, manche davon verwundet auf dem Felde liegend. Das
größte Unglück kam aber noch. Batterie Biffe verfuhr sich bei der
Papierfabrik und konnte nicht mehr loskommen. Zwei Schwadronen
1. württ. Reiterregiments unter Oberstleutnant Aufin, nachdem sie
Reichshofen, den Säbel in der Faust, durchbrausten und am Bahnhof noch eine verlassene Turkofahne auflasen, und das 3. württ.
Reiterregiment unter Oberst Graf Normann stießen auf der Chaussee
zusammen und säbelten die sich verzweifelt wehrenden Kanoniere
auf ihren Stücken nieder. Doch ward Aufin selbst verwundet,
Oberleutnant Speth getötet, die ganze Batterie aber gefangen außer
einem Stück, das Leutnant Leroux dem Sieger entriß. Wachtmeister Ruff schoß, um sein erobertes Geschütz zu rächen, noch einen
Württemberger nieder, der an diesem triumphierend den Säbel
schwang, und galoppierte dann seinem Leutnant nach.

„Schreiben Sie meiner Frau!" raunte Ducrot, den sein
Adjutant Bossan und seine Ordonnanz Rittmeister de Neverlée
bleich und finster begleiteten, dem Grafen Leusse im Schloß noch
haftig ins Ohr. Mit knapper Not entrann er, sein Pferd durch
den Bach am Zügel führend, einer Württemberger Schwadron,
die in den Park sprengte, nur durch Bruch einer Brücke auf-

gehalten. Im Schloß überreichte der kranke General Nicolaü dem
Leutnant Kurr seinen Degen. Dort rieselte Blut die Treppen
hinab, den Flur entlang, wo Mann an Mann auf Stroh gebettet
lag, im Salon droben zwanzig sterbende Offiziere.

„O, herzzerreißend!" stöhnte der arme Leusse, als Mensch und
Patriot gleich tief erschüttert.

Das hessische Husarenregiment des Oberst v. Bernuth setzte
bis Gundershofen nach. Lartigues Mitrailleusen unter Hilfskapitän
Tróne (Batteriechef Zimmer verwundet) gaben jedes Schießen auf,
nur Batterie Ducasse setzte sich noch einmal ins Feuer und sammelte
um sich den Rest der 1. Chasseurs unterm Adjutantmajor Malin=
joud. So entschlüpfte sie ohne Einbuße seitwärts durchs Wald=
revier. Der Divisionstrain schleppte sich langsam bis zur Eisen=
gießerei, und die Geniekompagnie unter Major Loyre wagte eine
schwache Gegenwehr, als die Hessenhusaren über sie hereinbrachen.
Loyre selbst und zwanzig Sappeurs wurden niedergehauen, sechzehn
Fahrzeuge samt Fahrern und Militärärzten in Besitz genommen,
aber auch ein Offizier und einunddreißig Husaren bluteten.

Eine in dieser Richtung verfolgende Feldjägereskadron unter
Rittmeister v. Ellrichshausen überraschte eine hinabrollende Wagen=
kolonne. Kutschen mit Kanzleiarchiv, Ambulanzen mit Gesunden
darin, Marketenderkarren, turmhoch mit Effekten bepackt, zerbrochene
Protzen mit überquer oben drüberliegenden Verstümmelten polterten
vorbei. Die Pferde blut= und schaumbedeckt, den Sattel unterm
Bauche schleppend, Artilleristen in bloßem Hemde und Zuaven auf
ungesattelten Gäulen, Kürassiere ohne den losgenestelten Harnisch
— solche Verwundetenbedeckung widerstand nicht wuchtigen Säbel=
hieben, und die umschwärmte Wagenburg ergab sich.

Auf dem ganzen mit dichtem Laubwald bestellten Höhenkamm
um Fröschweiler klangen jetzt die bayrischen Signale „Stopfen"
und „Appell". Dazwischen schossen preußische Truppen Viktoria.
An den Bayerngeneral Stephan trat Kirchbach, selbst verwundet,
Arm in der Schlinge, dankend heran. Drei Generale, zehn Oberste
bluteten heute deutscherseits. Drei französische Generale fielen,
einer ward verwundet, einer gefangen, elf Oberste tot, verwundet,
gefangen.

Umsonst hatte heut früh ein Feldalmosenier die Zuaven ein=

gesegnet, sie glaubten ja doch an nichts als ihr eigenes Heldentum. Umsonst hatte der Marabut, dieser Moslempriester in weißem Burnus und schwarzem Vollbart, sein Koransprüchlein den Turkos hergesagt. Umsonst nickten die ehrsamen Spießer von Wörth sich zu: „Das wird Schläge setzen! Der Mac versteht's!" Ach, das sagte man einst auch von Mack! Umsonst blickte in scheuer Ehrfurcht die Dorfjugend empor, als der langbärtige Ducrot morgens den Turm von Fröschweiler bestieg und als der berühmte Marschall mit dem grauen borstigen Schnurrbart so ernst und stolz nach seinem Nußbaum bei Elsaßhausen ins Feld zog und sein Spahi in feuerrotem Mantel hinter ihm sein arabisches Rößlein tummelte.

„Ja, die Goums werden auf der Höhe ihrer Aufgabe sein, Weiber und Kinder werden mit für Männer und Väter bezahlen," kreischte ein entmenschter Journalistenpöbel auf bedrucktem Zeitungspapier beim Auszug der Turkos. Und dies war das Ende! Beleuchtet der angezündete Schwarzwald mit seinen Flammen das Rheinthal? O nein, doch glühende Feuermasse zwischen ausgebrannten Kirchmauern wirft über rauchende Schutthaufen ein gespenstig Licht bis zum Schloß Dürkheim-Montmartin, wo nur die würdige Gräfin auf ihrem Posten blieb. Ihr Gatte weilt als Leiter der Feldtelegraphie in Metz, ihre Söhne stehen im Feld. Des Einen Sporen klirrten vorhin umsonst durch die verödeten Räume: „Mama, Mama!" Als Ordonnanz General Nansoutys kurzen Urlaub nehmend, um seine Mutter noch einmal zu sehen, ritt er verzweifelt von dannen, ohne seinen Wunsch erfüllt zu sehen. Die Gräfin stieg zum bombensicheren Keller hinab und ihr Sohn nur zu bald in sein Grab.

Stiller, schöner Sommerabend, wo acht Stunden lang Granaten geplatzt und Rauch die Sonne verfinstert. Von Höhe zu Höhe leuchteten Wachtfeuer auf, doch sie alle überstrahlte die Lohe der Fröschweiler Kirche. Jubelgeschrei und Nationalhymne der Militärmusiken, doch sie alle übertönte der große Zapfenstreich, der in weihevollem Choral inbrünstig ausklang. Drunten aber in der Tiefe, in allen Bodenhöhlen und Senken, da unten aber war's fürchterlich. „Wasser, um Gotteswillen!" „De l'eau, au nom du ciel!" Das klingt gleich grauenvoll röchelnd in beiden Sprachen.

„Messieurs, faites attention, il y a encore la France!“ ruft ein gefangener Offizier erhobenen Hauptes. Ein Chasseur aber flucht: „En avant, les Allemands! C'est notre empereur qui a ruiné la France!“ Und an beiden vorüber ergoß sich klirrend und jauchzend der deutsche Heerbann über die zerstückelte Hochfläche, wegstampfend mit unaufhaltsamem Siegesgefühl, wie über den Leichnam eines verendenden Gegners. Über diese brennende Wüste zog langsam der Nebelschleier ein Bahrtuch, wob bedächtig um das grausig erhabene Bild die Nacht ihren Schleier.

Wo Mitrailleusen dämonisch am Kirchhof klapperten wie dürre Knochengebeine in Holbein'schem Totentanz, wo Granatdrachen die Flur durchsausten, wo doppelzeilige Eisenströme dem Kriegsgott zubereiteten ein leckeres Opfermahl, wo niedergemäht in Reih und Glied Gepanzerte die starren Glieder streckten, Leibwache, wohl= geordnete, des Todes — da erhob sich unsichtbar die Kaiserpfalz des neuen Reiches deutscher Nation. Das war hier kein fröhlich Pfalz, doch — Gott erhalt's!

Der Mond entfernte bescheiden sein mattes Licht und das Dämmergrau vor Sonnenaufgang umspann die Flur. Überm angestauten Wasser des Wiesengrunds ragten deutlich sichtbar Brücke und Bahndamm empor. Gleichmäßig rauschte die langsam fließende Flut, ab und zu das Schnauben und Wiehern eines Artilleriegauls, am jenseitigen Ufer alles still.

Schon trat die Bahnbrücke dunkel aus der Maas empor, und die ersten Bayern schlichen hinüber, wateten durch nassen Wiesenstreifen, als drüben aus erleuchtetem Haus ein Schuß fiel, die Wache hervorstürzte und über die heller im Morgendämmer sich abzeichnende Dorfgasse ein Hornist mit lautem Alarmblasen zurücklief. Knatteratak! rollte ein Salve.

Die heranbrausende Sturmsäule überrannte die Wache, und Kommandos, Schreie, Schüsse gellten durcheinander. Die Feldwachen ließen im Davonlaufen ihr Feuer los, wie fortgeblasen, ehe man sie vor die Büchse bekam, und nun knallte es schon weiter hinten.

Bald wurde am Eingang des Dorfes entlang geschossen, wo die ersten Fliehenden im Dunkel verschwanden, und nun flammten Lichter auf. Wie der Wind waren Blaujacken von den Barrikadenkarren herunter, in denen sie schnarchten; in Scharen brachen sie hervor. Der plötzliche Übergang zur Helle aus Dämmernacht wirkte blendend, die Bayern prallten zurück, als hoch in Lüften Chassepotgeschosse ihr pfeifendes Lied erhoben und die ersten Bajonette der Seeleute sich die ersten Bayern langten, deren Offiziere die äußeren Mauern umritten, um einen Überblick der Dorflage zu gewinnen. Jetzt machten sich auch nah und näher Galopp auf harter Straße und Rasseln hörbar: von Balan heransausende Geschütze.

Bei dem bestehenden Lichtmangel kam man sich gegenseitig zu nahe, Schüsse fielen förmlich Brust an Brust.

„Da sind wir hübsch reingetapert! Sitzen drin in der Fliegenklappe!" murrten die Bayern, als allerorts die Marins aus ihren

Verstecken hervorbrachen, aber sie hielten sich wie Männer. Die nachfolgenden Kolonnen mußten die Brückenstrecke schon unter heftigem Feuer durchlaufen, doch sie stürzten sich hinein in die Stellung, angefeuert durch ihre kommandierenden Führer. Ohne Rücksicht auf die Gefahr, die Brust den Geschossen preisgebend, stürmten die Offiziere mit geschwungenem Säbel vorauf. So auch am Chateau Monvillers, wo bald der Kampf Mann wider Mann wütet. Auch die Sachsen greifen jetzt über Lamoncelle mit ihrer Spitze ein. In weiße Wolken gehüllt, starrt dort feuerspeiend bald eine Reihe französischer Batterien.

Furchtbar arbeiten um die Vorderhäuser von Bazeilles die Altbayern mit blanker Waffe und finden in den Seemännern un= überwindliche Gegner. Es wird selten geschossen — wer hat Zeit zum Laden in diesem Gedränge! Hier durchbohrt ein Marine= bajonett die Brust eines Offiziers, der gegen ihn den Revolver richtet, dort pariert ein Bayer den Stoß und schlägt den Angreifer mit schwerem Kolben nieder. Das Blut fließt stromweise von den klirrenden Waffen. Eine volle Stunde verrinnt — dann haben die Marins anscheinend den Sieg errungen, die Bayern müssen langsam über ihre Leichen zurück, doch sie stemmen sich nach Kräften, und ohne Besinnen rücken neue Schlachthaufen heran.

Die Sachsen warfen den Feind vor sich her, mit Schnellfeuer verfolgend, was zu entfliehen sucht. Wo der Chevalierwald sein Nadelholz vor die Brücke von Daigny streckt, drücken sich Turkos in die Deckung wie rechte Strauchritter. Gleich wie ein Reiter im Wald von Holzhackern angefallen, die nach den Zügeln greifen, und der Reiter wütend um sich haut, die Finger der Kerle durch= schneidend, wo er hineingeritten in den Hinterhalt, so standen allenthalben rechts und links vor der flinken sächsischen Vorhut, Reitern, Jägern, Geschützen die Schwarzen in der hellblauen Blouse auf, auch Zuaven, Chasseurs, Linientruppen, weiterhin auch die Blaujacken vom 4. Marineregiment, und suchten sie umzingelnd ab= zuschneiden. Und wenn sie weichen, pfeffert die ganze Gesellschaft hinter ihnen her, doch sie weichen nicht. „Das giebt eine nette Bescherung, ei herrjesses!" Der Avantgardenzug hielt sich zwischen Waldfläche und Givonnebach mit heroischer Tapferkeit, denn schon war sein Gros ganz nahe.

Auch bei Villers Cernay sahen sich um neun Uhr die Vor=
truppen der Division Wolff durch Artilleriesalven der Preußengarde
verdrängt und wichen ins undurchdringliche Gestrüpp. Wald und
wieder Wald! Dahinter und davor querlaufend der sumpfige
Givonnebach.

Bei St. Menges vom Feinde keine Spur, wie verschwunden
auf den Höhen, die endlos drüber aufragten, grade vor der hessischen
Vorhut. Aber bald drängen auch hier Gegner von allen Seiten
auf sie ein — auffahrende Geschütze, ausschwärmende Tirailleure,
anreitende Schwadronen — aus den Verfolgern werden Verfolgte.
Die Höhen von Floing, mit leichten Feldbefestigungen und Ein=
schnitten versehen, in denen zahlreiche Schützen und Geschütze Auf=
nahme fanden, bedeckten sich bald mit Rauch und Massen. Ebenso
aber gegenüber die Höhen von Fleigneux und St. Menges, wo
die hessische Artillerie nacheinander einrückte. In verhältnismäßig
kurzer Zeit befand sich hier ein ungemein heftiges Feuergefecht
beider Waffen in vollem Ausbruch und Gange.

Das nicht verschanzte Dorf Floing hob seinen hohen hellen
Kirchturm empor, hell hoben sich die Häuser mit schmaler Front
von den dunkleren Hügeln dahinter ab und den dichtgelagerten
Dämpfen. Die schwere, stille Luft löste die runden Wolkenbällchen
langsam in dünne, durchsichtige Streifen aus, die sich weit über's
Firmament zerstreuten.

Es wußte ja jeder der Kämpfer von Wörth, was das bedeutete,
daß sothane Wölkchen von Granaten herrührten. Den Rekruten
und Reservisten der Division Liébert war's freilich neu. In aus=
gedehnten Sandgruben und Geländefalten bei Floing setzten sich
dichte Schwärme Rothosen fest. Man konnte der Versuchung wahr=
lich nicht widerstehen, sie sprungweise von dort zu vertreiben. Die
Thätigkeit der hessischen Artillerie zog die der feindlichen fast
dauernd auf sich ab, sonst wäre das Heranspringen des Fußvolks
an die Höhen ihm wohl schlimmer bekommen. So ging es denn
nicht schlecht. Die Vorhut schob sich unwillkürlich gradeaus auf
Floing zu, an schmalem Feldweg unterm Schutze eines Graben=
aufwurfs eingenistet, um zum Anlauf entsprechende Maßnahmen
zu treffen und Flankenfeuer auf die Besatzung der Vordergehöfte
vorzubereiten. Diese wartete das deutsche Bajonett meist nicht ab,

nur ein geringer Teil wehrte sich drinnen, bald überwunden. Doch der Häuserkampf war kaum aus, als Kolonnen von der Höhe herab= stiegen und eine nahe Batterie Granaten hinübersandte, deren Treffer auch die Arbeit der hessischen Feuerschlünde störten. Um den Feind von weiterem Schießen mit demselben richtigen Aufsatz abzuhalten, gingen die hessischen Batterien teils zurück, teils weiter vor. In Floing mußten Offiziere sich persönlich zur Wehr setzen — Revolver heraus — doch hielt das Halbbataillon Treuenfeld mit Heldenmut die so rasch errungene Stellung. Worauf verläßt sich der rechte Soldat im Kriege? Auf Gott und die Vorgesetzten — die werden's schon machen, weiter macht er sich keine Sorgen, schaut nicht hinter sich.

Die Nassauer Siebenundachtziger, die bei Wörth den Tanz eröffneten, thaten's auch hier. Und wieder wie bei Wörth ritten französische Schwadronen mit Bravour an.

Wie das Donnerwetter waren sie da, bei der Kavallerie geht ja alles schnell, und suchten mit verbissener Wut einzuhauen. Die Artillerieoffiziere hoben den Revolver, die Kanoniere sprangen mit Wischer und Richtbaum zu, um einzelne losstürzende Reiter, die

bis in die Geschütze drangen, mit kräftigem Schlag zu entwaffnen.
Doch andere Geschütze hatten gewendet, Kartätschlagen ergossen sich
über die unglücklichen afrikanischen Jäger, und sie wendeten ihrer=
seits ihre Renner rückwärts. Nur binnen weniger Minuten spielte
die ganze Episode sich ab. Alle preußischen Schützen, die Gefahr
erkennend, in welcher vorübergehend die Batterien schwebten, griffen
durch Schnellfeuer ein, ehe das Schlimmste eintrat. Kaum hoben
die Reiter den Arm, um auf die Schädel der Kanoniere nieder=
zuhauen, als der Arm gelähmt herabsank und dann der Reiter
selber. Kurzes Ringen, ein paar feste Griffe — und man hatte
mehrere Gestürzte als Gefangene fest. Die hellblauen Röcke der
3. Chasseurs d'Afrique überrieselte Blut, mancher rote Tupfen
klebte an Brust und Ärmel, als sie in Eile abschwenkten und süd=
östlich hinterm Bois de la Garenne entschwanden. Da ihnen kein
anderes Hintertreffen folgte, als ein Halbregiment Lanciers, das
unverrichteter Sache kehrtmachte, versprach die Attake ohnehin nicht
viel. Der Regimentskommandeur Marquis de Galliffet, ein schon
damals sehr angesehener Reiterführer, erst gestern abend vom Kaiser
mündlich und ohne Patent zum General ernannt, versäumte eben
keine Gelegenheit, wo sich seinem ehrgeizigen Vordrängen ein ver=
lockendes Ziel bot . . .

„Das Gefecht steht ja ganz vortrefflich!" Wer ist der hohe
Offizier auf der Höhe vor Lamoncelle? Der kommandierende
Marschall selber. Eben beobachtete er die Maasniederung, als
plötzlich ein Bombensplitter ihn aus dem Sattel warf. Erst
schwankte er nur und winkte mit der Hand ab: „Macht nichts,
nur leichter Prellschuß!" Aber als er absteigen wollte, verließ ihn
die Besinnung und er fiel lang hin. Sofort kniete ein Arzt nieder
und sondierte die Wunde an der Hüfte, wobei den alten Marschall
nochmals Ohnmacht übermannte. Er wollte zwar wieder zu Pferde
steigen, doch Schmerz war stärker als Wille. Als er zu sich kam,
befahl er mit schwacher Stimme: „Man suche sofort Ducrot, ich
übertrage ihm das Kommando!" Das „ihm" betonte er deutlich
mit offenbarer Spitze gegen Wimpffen, dessen heimliche Ernennung
zu seinem Nachfolger, über den Kopf des Kaisers weg, er kannte.

Es war vor halbsieben Uhr, als Eskadronchef Bastard vom
Generalstab sich zu Ducrot aufmachte, doch unterwegs traf ihn eine

Kugel am Kopf und er konnte nicht weiter. So verstrich eine volle
Stunde, ehe Ducrot durch Major Riff die Kunde erfuhr, bei welchem
nun auch Generalstabschef Faure persönlich eintraf. Ducrot las
soeben einen eingelaufenen Zettel des Maire von Villers Cernay,
daß zahlreiche Massen der Maasarmee sich in dieser Richtung auf
den Garennewald losbewegten. „Ich nehme den Oberbefehl an.
Kein Augenblick ist zu verlieren." Von einer Bedrohung der Nord=
front über St. Menges und St. Albert ahnte er nichts, mußte
daher den Weg nach Mezières noch für offen halten. Er glaubte
danach nicht mit unverzüglichem Abmarsch zögern zu sollen und
diktierte sofort Befehle: „Der Rückzug wird echelonweise angetreten.
Das Heer konzentriert sich auf dem Jllyplateau, um von dort
Mezières zu erreichen. Die Bewegung beginnt mit der Rechten,
das heißt mit dem Korps Lebrun, zuerst mit Division Grandchamp.
Division Wolff zur Linken des I. Korps bleibt als letzte in Stellung
und deckt den Abzug. Division Lartigue deckt rechts davon durch
den Vorstoß, den ich schon früher ihr befahl." Damit gallopierte
Ducrot selber nach der Chaussee Balan=Bazeilles, wo er den Ge=
neral Lebrun traf. Dieser schneidige alte Kriegsmann leitete, schon
leicht kontusioniert, das Gefecht seines Korps mit vieler Energie
und lebhafter Zuversicht. Ducrots Darlegung verdroß ihn sehr.

„Aber wir gewinnen ja, der Erfolg ist hier sicher! Und ein Rück=
zug würde meine braven Truppen deprimieren." Schon im eigenen
Stab Ducrots erhoben sich Zweifel und Widerspruch. „Warum
denn Rückzug? Unsere Stellungen sind so stark! Laß den Feind
doch anrennen!" Ducrot ließ sich jedoch in seiner Überzeugung
nicht erschüttern und setzte Lebrun die gebieterische Notwendigkeit
schleunigen Rückzugs auseinander, ehe man von Nordosten her
überflügelt werde. „Ich beharre dabei, daß Sie Ihr Korps all=
mählich aus dem Feuer ziehen. Es wird gut sein, wenn Sie mit
Division Lacretelle einen Vorstoß zur Verschleierung des Abzugs
unternehmen. Ich sandte Ihnen ja schon zu diesem Behuf auch
meine Brigade Carteret." Ducrot ritt nun ab und ordnete selber
den Abzug seines zweiten Treffens, der Brigade Lefebvre und
Division Pellé, nach Jlly, den Aufbruch des Korps Failly=Wimpffen
gleichfalls nach Norden zu Douay hin. Da er bei Lebruns in
den Kampf verbissenen Vordertruppen noch kein Anzeichen von

Ausführung seiner Weisung bemerkte, sandte er um neun Uhr
nochmals strengen Befehl. Da erhielt er plötzlich folgendes liebliche
Billet=doux von seinem Herzensfreund Wimpffen: „Der Feind wankt
auf unsrer Rechten, unter diesen Umständen halte ich es nicht an
der Zeit, auf Rückzug zu sinnen. Ich sende Lebrun die Division
Grandchamp. Wenden Sie all Ihre Thatkraft und all Ihr Können
an, den Sieg über einen Feind, der sich in so ungünstiger Lage
befindet, davonzutragen. Ich habe einen Brief des Kriegsministers,
der mich zum Armeekommandanten ernennt, wir werden davon
nach der Schlacht reden."

Bleich vor Zorn zuckte Ducrot die Achseln. Daß Wimpffen
gerade Division Grandchamp, die bisher nur ihr 22. ligne am
Monvillerspark vorne hatte und welcher Ducrot insbesondere so=
fortigen staffelweisen Abzug befahl, umgekehrt ins Feuer sandte,
erschien ihm als eine liebevolle Aufmerksamkeit der Rankūne. Doch
er genoß schon vorher einen moralischen Eingriff in seine Befehlsrechte.

Bei den Batterien des Majors St. Aulaire auf der Höhe von
Lamoncelle erschien nach sieben Uhr, kaum daß man den Marschall
auf einer Bahre wegtrug, ein unscheinbarer Herr, klein und fett,
mit geringem Gefolge. „Vive l'Empereur!" Louis Napoleon mit
Flügeladjutant General Pajol und dem unvermeidlichen Leibarzt
Corvisart, sowie einigen Ordonnanzen. Tapfer genug, bezeugte er
soldatische Ruhe, obschon der Posten gefährlich aussah. Als Or=
donnanz Kapitän d'Hendecourt an seiner Seite getötet, fühlte der
Monarch sich bewogen, über Balan abzureiten, wo er um diese
Zeit den Abzug von unerschütterten Truppen aus starker Stellung
bemerkte. Bestürzt entsandte er Botschaft an Ducrot: „Was mag
die Ursache dieser Maßregel sein? Geschieht es auf Ihre Verant=
wortung?" Die Antwort lautete zurück: „Der Feind amüsiert uns
nur bei Bazeilles, er denkt uns von Nordosten zu umfassen und
bei Jlly die eigentliche Schlacht anzubieten. Ich trete deshalb die
rückwärtige Bewegung dorthin in voller Ordnung an, um die
Armee zu konzentrieren."

Der Kaiser nickte befriedigt, da er zu Ducrot, den er genau
kannte, volles Vertrauen besaß. Grundsätzlich Einmischung in
militärische Angelegenheiten scheuend, begnügte er sich mit bloßem
Fragen und blieb sich selbst getreu, alle Dinge mit fatalistischer

Apathie gehen zu lassen. Er nahm es daher auch gleichgiltig hin, als er nun erfuhr, Herr v. Wimpffen habe sich selbst zum Ober= befehl ernannt. Dieser zögerte anfangs, als er im Alten Lager vor halbacht Uhr die Kunde von Ducrots Ernennung erhielt, und brummte vernehmlich: „Dienstbrief hin, Dienstbrief her! Ich habe Lust, es Ducrot zu überlassen. Mag er sich herausbeißen!" Als aber eine Stunde später das Gefecht der Marins entschieden vor= wärtsging, befiel ihn der eitle Wahn, einen Sieg an seinen Namen zu knüpfen, und er trat aus seiner Reserve hervor. Ducrot ver= fügte sich nunmehr persönlich zu Wimpffen. Indem er mit nobler Selbstüberwindung das Schauspiel zankender Obergenerale den höheren Kreisen der Armee ersparen und in so kritischer Lage nicht innere Zwistigkeiten heraufbeschwören wollte, unterwarf er sich sofort und trat das Kommando ohne weiteres ab. Doch ehe er gehorsamte, stellte er Wimpffen vor, daß nur über Illy eine Lücke zum Rückzug frei sei. „Nur an diesem Punkt können wir durch, sonst sind wir verloren." Er entfaltete eine Karte. „Ich bestreite Ihnen nicht Ihre Auffassung, doch muß Ihnen die offen= bare Absicht des Feindes bemerklich machen. Sehen Sie hier die Maasschleife, den schmalen Raum zwischen Maas und Belgien. Der genügt nicht für unsere Marschsäulen, wenn wir nach Meziéres zurück müssen."

Doch Wimpffen, wobei Lebrun in persönlicher Erfolgbefangen= heit auf seine Seite trat, blieb dabei: „Wir müssen alles ekrasieren, was Lebrun vor sich hat!" Er wollte einen Sieg um des Sieges willen. Ducrot mußte einwilligen wider bessere Einsicht. Obschon Mac Mahons schändliche Trägheit am vorigen Tage die passendste Frist zum Abmarsch versäumte, so hätte sofortiger Aufbruch über Illy noch um zehn Uhr die Armee größtenteils retten können. Jedenfalls wäre man nicht cerniert, sondern nach Belgien hinübergedrängt worden. Nur hierauf rechnete Moltke, wie sämtliche Armeebefehle beweisen. Übertritt auf neutrales Gebiet bleibt aber belanglos, wenn der Neutrale sich nicht zu wehren vermag, obendrein freund= lich gesinnt wie hier Belgien. Worin nur Ducrot völlig irrte, war seine alleinige Furcht vor Überflügelung aus Nordosten. Denn aus Nordwesten kam das wahre Verderben, zog über St. Albert heran, eine Bewegung von unerhörter Kühnheit, die

niemand ahnte, weil die Nichtsperrung, Nichtbewachung, Nichtauf=
klärung der Straße Floing=Mezières seitens Douay und Vinoy
ans schlechtweg Unglaubliche grenzte.

Über der ganzen Landstraße lag lange ein nasser Nebel, der
sich fort und fort verdichtete, so daß man kaum die Hand vor
Augen sah. Es war, als ob auch hier die Natur gegen die Fran=
zosen verschworen sei, als ob das Schicksal durch solch ungewöhn=
liches Phänomen die Überrumpelung des müden Heeres begünstigen
wolle. Denn so peinlich sonst dieser undurchdringliche Nebel bei
eisiger Morgenkälte, die bis ins Mark die Knochen durchfröstelte,
auch die Deutschen belästigte, so deckte er doch ihre Bewegungen
gegen Sicht . . .

Da die 4. Jäger gestern die Sapeurs bei der Arbeit vertrieben
und die Sprengung verhindert hatten, alle Pulverfässer unterm
Brückenbogen in den hochangeschwollenen Fluß rollend und andere
noch weiter jenseits vom Damm aufgestapelte gleichfalls aufschlagend
und ins Wasser schüttend, sowie die Leitungsdrähte zerschneidend,
so lag heut die eiserne Bahnbrücke in ihrer ganzen Länge unbe=
schädigt dem Herüberzug frei. Unablässig wallten und wogten die
Hellblauen mit den Raupenhelmen über die diesseitigen Wiesen,
wo mit Draht umzogene Weideplätze etwas behinderten, teils über
die Bahn=, teils über die gestern abend geschlagene Schiffbrücke.

Da die Chausseen von Sedan und Douzy sich innerhalb Bazeilles
in stumpfem Winkel brechen, so boten diese Querschnitte dem Ver=
teidiger treffliche Stützpunkte. Die Gartenanlagen an den durch=
weg festgebauten massiven Baulichkeiten setzten sich bis zum Schloß=
garten von Balan fort und der geräumige Kirchmarkt am Straßen=
knie, sowie die am Nordausgang befindliche Villa Beurmann
beherrschten die Dorfgasse völlig von einem Ende zum andern.

Auch der Park von Schloß Monvillers, weit nach Nordosten
vorspringend, besaß eine bedeutende Verteidigungsstärke. Denn hohe
Hecken und Mauern und ein tiefer Graben umschirmte die Baum=
schule und die Anlagen von Obstgärten, von Wiesen unterbrochen,
durch welche der Givonnebach strömte, mit zwei Brückchen inner=
halb des Parks. So lange sich der Himmel nicht klärte, und erst
nach acht Uhr brach die Sonne durch, verzichtete zudem die deutsche
Artillerie notgedrungen auf Mitwirkung.

An Stelle des gestern verwundeten Generals Martin des
Pallières hielt vor der großen steinernen Kirche, die Verteidigung
zu leiten, sein Kollege General Reboul. Er führte bereits sein
1. und. 2. Marineregiment von Balan näher heran und der Di=
visionär Vassoigne übernahm alsbald den Oberbefehl im Orte.
Das 3. Marineregiment der Brigade Pallières, indeß das 4. seit=
wärts am Chateau Monvillers focht, wo auf der langen Ostseite
nur eine einzige Öffnung dem Angreifer Zugang zu den Schloß=
gebäuden gewährte, hatte anfangs nur Brigade Orff gegen sich.
Doch folgte auf Anweisung des Korpsstabschefs Heinleth schon
bald Brigade Dietl. Eine Kompagnie 9. Jäger und das 2. Re=
giment Kronprinz bekamen schon bald einen so schweren Stand,
daß letzteres allmählich neunzehn Offiziere und fast dreihundert
Mann verlor. Die 2. Jäger der Brigade Dietl vermochten das
Gefecht nicht herzustellen. Alles wurde von der Nordwestecke des
Dorfes, bis wohin Kompagnie Glockner vordrang, bis hinter den
Bahndamm geworfen, Major v. Sauer mit einem Trupp gefangen,
Major Steurer und Stabshauptmann Glockner getötet, Major
Vallade der 2. Jäger verwundet, dem hervorragenden General
v. Orff ein Pferd unterm Leib getötet. Die 2. Jäger verschossen
sich fast gänzlich, zwei ihrer Hauptleute fielen und so gingen sie
aus dem Gefecht, bis sich nach acht Uhr die 4. Jäger mit ihnen
außerhalb des Dorfes vereinten. Es erschien aber jetzt das Leib=
regiment der Brigade Dietl und warf sich mit Energie ins Innere
von Bazeilles, wo nur am Südeingang der Hauptstraße sich noch
Bayern hielten.

Das I. Bataillon wendete sich seitwärts, Donzy=Chausse über=
schreitend, gegen die Ostfront des Parks Monvillers, wobei es sich
mit Mühe durch Dornhecken wand. Bei Kompagnie Neumann
wurden sofort alle drei Offiziere, der Feldwebel und die Hälfte der
Mannschaft außer Gefecht gesetzt, doch bewahrte der schmerzhaft ver=
wundete Hauptmann getreulich die Leitung seiner Truppe. Plötz=
lich befand man sich vor der hohen Parkmauer, die jedem Vor=
dringen ein Ziel setzte, bis die Pioniere eine Lücke von vierzig
Schritt Breite freilegten. Im Park ging es nun zwischen Bäumen
und Gartenzäunen vor, unter empfindlichen Verlusten löste sich das
ganze Bataillon auf, bis Verstärkung durch die Bresche, welche

vordem in die Mauer gebrochen, den Park betrat. Um zehn
Uhr ward dieser Teil des Leibregiments ganz hinter die Feuerlinie
zurückgezogen, zur Schlacke verbraucht, ohne Munition. Auch die
andern Bataillone verschossen ihre Patronen, ohne doch Boden zu
gewinnen. Jedes Vorgehen stockte. Nur zwei Eckhäuser von
steinerner fester Bauart am Kreuzungspunkt der Douzy-Chaussee
mit der Hauptstraße hielten die Bayern noch in Besitz, deren
versperrte Thüren Pioniere eingeschlagen, deren Räume untersucht
und von einzelnen dort versteckten Marinesoldaten gesäubert. Zwar
vereitelte lebhaftes Feuer von dort jeden Handstreich des Gegners,
der sonst beide Häuserreihen bis über die Ecke hinaus besetzte.

Ebenso trachtete das II. Bataillon aber vergeblich, um die
Chausseeecke auf die Hauptstraße auszubiegen, da die Besatzung eines
der Douzy-Chaussee gegenüberliegenden größeren Gebäudes auch
das vom Leutnant Ehrne v. Melchthal besetzte südöstliche Eckhaus
erfolgreich bestrich. Die sechste Kompagnie sowie zweite Kompagnie
2. Jäger, von Westen her hierher verschlagen, ehe diese Truppe
aus dem Feuer wich, scheiterten zweimal blutig vor der Schwelle
dieses Bollwerks, in welchem sich die Marins nicht zum Weichen
bringen ließen. Um ihre Zähigkeit zu bewältigen, ergriff v. Ehrne
selber ein Strohbündel, lief über die Straße bis zum Eckladen des
Gebäudes, welcher zufällig als Nachtquartier gedient hatte, mit
Betten, Decken, Matratzen vollgepfropft. Dieser Zufall förderte
Ehrnes Absicht noch mehr, der das rasch in Brand gesetzte Stroh
unter das Bettzeug warf. Wunderbarerweise kehrte der Held unversehrt über die Straße zurück, obschon sich hundert Gewehre auf
ihn richteten. Als der Rauch emporqualmte, vermochten die Seeleute den betäubenden Gestank nicht zu ertragen, ihre an Meerbrise
gewöhnten Lungen drohten zu ersticken und die Meisten flüchteten
auf der Rückseite aus dem Erdgeschoß hinaus. Dies geschah jedoch
erst durch gleichzeitige Bedrohung eines anderen Zwangsmittels,
denn gar so leicht ergaben sich die zähen Marins nicht. Leutnant Fricker brachte nämlich vor acht Uhr zwei Vierpfünder auf
der Gasse heran und eröffnete auf siebzig Schritt Granatschüsse
gegen das Erdgeschoß. Dem unerschrockenen Ehrne gelang es noch,
mit seinen herausstürmenden Leuten einen Teil der entweichenden
Besatzung abzufangen. Major v. Baur drang nun gegen Villa

Beurmann vor, während die beiden Vierpfünder, es mochte eine Viertelstunde über acht Uhr sein, auf tausend Schritt gegen die Villa zwölf Ladungen losließen. Nicht nur ward aber der allgemeine Anlauf der bayrischen Infanterie blutig abgeschlagen, sondern die ganze Geschützbedienung bis auf einen Kanonier und einen Kommandanten niedergestreckt.

Bisher verdoppelte die herrschende Finsternis das Grausen des Kampfes, vollends aber, als sich der Geschützdampf als dickes Gewölk in die Straße legte und mit dem schwarzen Rauch der Dorfbrände in eins zusammenqualmte. Als er sich verzog, gähnte die Gasse öde und leer, nur Haufen von Toten, Sterbenden und Verstümmelten lagen auf ihrer ganzen Breite und Länge umher, vor, neben und hinter den zwei verlassenen Stücken. Beherzte Infanteristen wollten nun zugreifen, sie um die Chausseeecke zurückzuschleppen, doch die Franzosen blieben wachsam und erst mit schweren Mühen und Opfern gelang Bergung der sonst verlorenen Kanonen.

Da sich II. Kronprinz in einem ummauerten Garten am Südwestausgang behauptete, so warf III. Leibregiment unter Major Graf Joner den bis zur Südspitze andrängenden Feind und erreichte auf einer Nebengasse den Marktplatz . . .

Die sächsischen Hundertsiebener, hinter sich Hundertfünfer,

welche beiden Regimenter ihr St. Privat mit Ehren hinter sich hatten, nahmen das schwachbesetzte Lamoncelle im ersten Anlauf. Die Vorposten Lacretelles wichen Schritt für Schritt, an den Givonnebrücken sammelte sich die Minderzahl und wehrte sich lebhaft. Den dortigen Parkteil, La Platinerie genannt, durchzogen die Sachsen mit Mühe, über Heckeneinfassungen und Drahtzäune weg, und wandten sich über freies Gelände gegen den Hügelhang, wo die Wege nach Daigny und Balan sich kreuzen. Der Führer des Füsilierbataillons, Hauptmann Küstner, führte in schnellem Sturm über die Brücke bis zu einem einzeln stehenden Häuschen mit anstoßenden Lehm= und Schottergruben. Zweihundert Schritt rückwärts besetzte Hauptmann von Beulwitz ein Haus am Straßenkreuz und die Brücke. In Verbindung mit Mannschaften vom Leibregiment und anderthalb Kompagnien 1. Jäger hielten die Sachsen sich auf diesem vorgeschobenen Posten sowie in Lamoncelle gegen ein immer stärkeres Gewehrfeuer. Vier Geschütze und zwei Mitrailleusen auf der westlichen Höhe fügten den Sachsen und Bayern erheblichen Schaden zu, wurden aber durch bayrische Batterie Hutten und sächsische Krecker vertrieben, wobei ein Stück ohne Bespannung stehenblieb. Leutnant Haffner von der Füsilierkompagnie Beulwitz schlich bachaufwärts heran und hinderte durch mörderisches Flankenfeuer seiner Schützen dreimal die Zurückschaffung mit neuen Pferden und Protzen, bis eine Kompagnie 10. bayrischen Regiments und die zweite Kompagnie von I Hundertsieben, das seitwärts nördlich des in den Hang eingeschnittenen Weges nach Balan focht, hier erschienen und in jauchzendem Wettlauf nach der Trophäe sie wirklich in deutschen Besitz brachten.

Dies geschah jedoch erst nach zehn Uhr und unterstützte vorerst die Sachsen seit halb sieben nur das I. Bataillon des 1. bayrischen Regiments König — wohl zu unterscheiden vom Leibregiment — der Brigade Dietl, dessen II. Bataillon am Bahnhof von Bazeilles als Rückhalt verblieb neben dem 11. Regiment der Brigade Orff. Das bayrische Bataillon suchte von der Brücke aus den anderthalb sächsischen Kompagnien in jenen zwei Häusern, deren vorderstes keine sechzig Schritt von der feindlichen Feuerlinie lag, vergebens Hilfe zu bringen. Die braven Sachsen, besonders die in die Lehmgrube hineingelangte halbe Kompagnie, befanden sich in stunden=

langem Verzweiflungskampf gegen die feindliche Übermacht und sahen
sich den Rückzug nach Lamoncelle auch dadurch abgeschnitten, daß
die dortigen Deutschen sie für Feinde hielten und darauf feuerten.

„Herr Hauptmann, sie winken mit Tüchern! Sollten das
Deutsche sein?" machte Leutnant v. Kreußer den bayrischen Haupt=
mann von Reißenstein der ersten Kompagnie König aufmerksam,
da die Sachsen aus den rückwärtigen, der Brücke zugekehrten
Fenstern sich durch Tücherschwenken zu erkennen gaben. „Könnte
sein, will mich persönlich überzeugen." Als aber Reißenstein aus
dem Mühlgraben aufstieg, sank er sofort, zu Tode getroffen. Denn
das Chassepotfeuer beherrschte den ganzen Uferrand und wurde so
ausgiebig genährt, daß Lacretelle fünfmal auf den Höhen seine
Schützenlinien ablöste. Seine Stärke erlaubte ihm das. Mehr=
mals erschienen Massen und setzten die Höhe herab zum Angriff
an, ohne jedoch die Brücke berühren zu können, vor welcher sie
regelmäßig umkehren und unter höchstgesteigertem Schnellfeuer
zurückeilen mußten.

„Seht doch den sonderbaren Kauz!" Ein vollbärtiger Mann
von hoher Gestalt in dunkelm Mantel und schlichter Feldmütze,
eine lange Kommandolatte in der Hand, schritt stets dabei den
französischen Sturmsäulen voran, unablässig anfeuernd und völlig
unbekümmert um die zahlreichen Kugeln, die sich auf ihn allein
zu richten schienen. Er blieb, als wäre er feuerfest, stets un=
getroffen und bedrohte fortwährend mit seinem Stab die Weichenden,
hinter denen er, als letzter am Feind, so lange herschritt, bis sein
Schelten sie zum Stehen brachte.

Eine Mitrailleusenbatterie gegenüber mußte zwar abfahren, doch
riß das Chassepotfeuer jede deutsche Abteilung nieder, die über die
Brücke zu den abgeschnittenen Sachsen wollte. Ein Zug zweiter Kom=
pagnie König ward bei diesem Beginnen binnen einer Minute derart
zerschmettert, daß fast alle Toten und Verwundeten je drei bis fünf
Kugeln in den Leib erhielten. Um diese Zeit langten auch mehrere
andre Bayernbataillone in Lamoncelle an und auch diese beschossen
sofort die Sachsen da vorne im Rücken. Alles Rufen half nichts,
auch ein tapferer Aufklärungsversuch des Landwehr=Offiziers=
aspiranten Rasp führte nur dessen schwere Verwundung herbei.

Ebenso räumte das Bataillon König ein Haus an der Brücke,

weil es mit Verwundeten überfüllt war, auf dem Dache ein Leintuch
als Sanitätsflagge aushängend, um Beschießung zu verhüten, was
aber natürlich nichts nützte. Mit bewundernswertem Mute hielten
die Sachsen in ihrer kritischen Lage aus, bis endlich nach zehn
Uhr Rettung kam. . .

„Melden Sie Sr. Kgl. Hoheit, daß wir nur einen Teil von
Bazeilles nahmen und zwar unter großen Verlusten," beauftragte
General von Stephan am Südrand von Bazeilles einen sächsischen
Generalstäbler, der schon früh von Prinz Georg von Sachsen nähere
Kunde einholen kam, unter der irrigen Voraussetzung, die Bayern
seien schon Meister des Dorfes. „Es dürfte uns ja wohl gelingen,
uns zu behaupten, doch eine Verstärkung zur Rechten ist uns
bringend wünschenswert, damit wir nicht über die Givonne umfaßt
und an die Maas gedrängt werden." Prinz Georg ließ daher um
acht Uhr seine Korpsartillerie südlich Lamoncelle auffahren, nachdem
drei Divisionsbatterien eine Stunde früher durch heftiges Flankenfeuer von Daigny her zum Rückschwenken genötigt. Die sächsische
Artillerie litt bis neun Uhr erheblich, ihr Chef, Oberst Funcke, sank
schwerverwundet. Als die Franzosen wiederholt gegen Lamoncelle
den Bachgrund zu überschreiten drohten, belästigten ihre Tirailleure
die zehn sächsischen Batterien, so daß nur eine leichte noch standhielt und mit Shrapnells unter die Schwärme schoß, alle andern
eine neue Stellung rückwärts sich aussuchen mußten. Auch eine
der zwei bayrischen Sechspfünderbatterien, die bisher allein am
Kampf sich beteiligten, mußte abfahren. Der sächsische Brigadegeneral v. Schulz trat schwerverwundet den Oberbefehl in Lamoncelle an den Kommandeur der Hundertsiebener ab. Die Hundertfünfer dieser Brigade hatten aber rechts davon mit Front gegen
Daigny ein äußerst hitziges Raufen. Als sie nämlich um sieben
Uhr am Westrand des Bois Chevalier entlang sich entwickelten,
kam ihnen Division Lartigue angriffsweise entgegen.

„Die Brücke von Daigny ist der einzige für Geschütz brauch-
bare Übergang an der Givonne und muß um jeden Preis gesichert
werden. Dazu erachte ich Besetzung beider Ufer für nötig. Gehen
Sie daher ins Bois Chevalier vor!" beschied Ducrot schon um
sechs Uhr früh den Divisionär. Der unerschrockene Lartigue begann
sogleich mit Ausführung dieser Offensive. Doch 3. Turkos an der

Spitze brachten die tapfern Sachsen noch nicht ins Wanken. Auch als das 56. ligne rechts und die 3. Zuaven links davon unter scharfer Mitrailleusenmitwirkung vorbrachen, leisteten Hundertfünfer rühmliche Gegenwehr und trieb besonders ihr III. Bataillon die Zuaven am Waldstück durch glänzende Bajonettattake zurück. Immerhin nahten sich Tirailleure bis auf fünfhundert Schritt den sächsischen Batterien, die nun abfuhren, und weil die Sachsen beim Vorgehen ihre Tornister ablegten und ihre Reservepatronen darin vergaßen, ging ihnen die Taschenmunition bald aus. Das Gleiche trat bei den 12. Jägern ein, die jetzt rasch am Waldrand erschienen und einen Turkoangriff abschlugen. Von Norden her umfaßten jedoch die Zuaven nebst Artillerie und die Jäger hatten schon die letzte Kugel im Lauf und den Hirschfänger aufgepflanzt. Da tauchte in der linken Flanke der Zuaven auch das 13. Jägerbataillon auf, während bald darauf Regiment Hundertvier und ein hierher ab=gezweigtes Halbbataillon Hundertsieben teils in der Mitte, teils am linken Flügel der Hundertfünfer gegen Südostseite von Daigny vorbrachen. Die wackern Jäger faßten so gründlich zu, daß es bald keine Flanke der Zuaven mehr gab: Was nicht lag, riß aus unterm unerwarteten Anprall. . .

Der dreimalige Wechsel im Oberbefehl des französischen Heeres brachte natürlich Unzuträglichkeiten mit sich, blieb jedoch ohne wesent=lichen Einfluß auf den Gang der Kämpfe selber. Zwar zog Lassoigne auf Ducrots Befehl schon Teile aus Bazeilles heraus, was vielleicht das Vordringen des Leibregiments erleichterte. Andrerseits hatte aber schon Ducrot einen Vorstoß zur Erleichterung des Abzugs angeordnet und Wimpffens Offensivlust fand daher alles dazu vor=bereitet. Die noch geschlossenen Reserven der Marinedivision warfen das Bataillon Joner alsbald nach der Südwestecke zurück, wo das 7. Jägerbataillon soeben eintraf und ablöste.

. . . Der Kaiser, dieser alte Zufallssieger von Magenta und Solferino, trieb sich noch immer auf dem Schlachtfeld herum, nach=dem er sich nur auf kurze Zeit nach Sedan zurückbegab. Vor zehn Uhr beritt er das Schlachtfeld westlich von Daigny in Begleitung einer zahlreichen Suite, worunter die Generaladjutanten Fürst Ney de la Moskwa, Vicomte Pajol, Castelnau, Reille, Vaubert. Hier traf er Wimpffen und fragte hastig: „Wie steht die Schlacht?"

„Sire, die Dinge gehen so gut wie irgend möglich."

Mit einem mißtrauischen Zwinkern seiner verschleierten Augen unterbrach ihn jedoch der Souverain: „Man meldet, daß starke feindliche Massen unsere Linke bei Floing umgehen." Unerschütterlich versetzte der wunderbare Feldherr: „Gut, gut! Man muß sie gewähren lassen. Wir beschäftigen uns erst nur damit, die Bayern in die Maas zu werfen, sodann wenden wir uns gegen den neuen Feind." Der Kaiser schwieg, die Adjutanten sahen sich sprachlos an. Trotz leisen Kopfschüttelns und bedenklicher Frageblicke äußerte aber noch Niemand, was ihn ahnungsvoll bedrücke. Denn der augenscheinlich günstige Stand der taktischen Lage blendete, da nur ein besonders hierfür begabter Geist, gewohnt, die Dinge von oben her und ohne jede Beeinflussung äußeren Anscheins zu betrachten und mehr auf der Karte als mit dem Fernrohr zu lesen, im Tumult einer Schlacht kühlen Überblick behält.

Der Kaiser ritt nun weiter bis zur Höhe des Pachthofs Garenne, wo das 4. Chasseurbataillon der Division Goze in Reserve stand. Hier trat plötzlich ein Chasseuroffizier mit militärischem Gruß aus den Reihen an den Kaiser heran.

„Was wünschen Sie?"

„Sire, ich bin hier zu Hause, ein Kind der Ardennen, kenne die Gegend genau. Wird der Garennewald bei Illy umgangen, so sind wir eingeschlossen." Ein düstres Schweigen folgte dieser Warnung, die ihres Eindrucks auf alle Hörer nicht verfehlte.

„Sind Sie Ihrer Sache sicher?"

„Vollkommen, Sire."

„Man benachrichtige auf der Stelle den General de Wimpffen!"

Der Kaiser ritt unruhig hin und her, bis der Ordonnanzoffizier zurückkam.

„Nun, was bringen Sie? Was sagt der General?"

„Ich wiederhole wörtlich: ,Sagen Sie Sr. Majestät, Sie möge beruhigt sein, in zwei Stunden hab' ich sie in die Maas geworfen.'" Finster und sorgenvoll preßte der Kaiser den Mund zusammen und wendete sein Rößlein nach Sedan zurück. General Castelnau aber drückte Pajol die Hand und raunte heiser: „Gott gebe, daß wir nicht hineingeworfen werden." Brigadegeneral

Courzon de Villeneuve, deſſen Truppe noch in Reſerve ſtand, ſchloß ſich hier dem Kaiſer an, der ihn in ein Geſpräch zog.

Als die kaiſerliche Suite nach elf Uhr in die Feſtung zurück= ritt, flüchteten ſchon rechts und links von ihr verſprengte mürbe Haufen. Die Unordnung wuchs wie die dreifache feindliche Kano= nade aus Nordweſt, Oſt und Süd. Durchgehende Fuhrwerke raſſelten in die Stadt bis zum Turenneplatz. Dort ſchlug plötzlich eine Granate ein und ein Aufſchrei erfolgte. Der Fürſt v. d. Moskwa nur leicht geſtreift, doch General de Villeneuve — wo war er? Vom Pferde geworfen, tötlich verletzt! Napoleon ſtierte vor ſich hin, ganz ruhig .. ach, zu ruhig!

Von dieſem Augenblick an regneten immer häufiger Spreng= ſtücke über Markt und Straßen. Die Glocken der Kathedrale wimmerten Feuerlärm. Auf dem rechtſchenkligen Dreieck der Hoch= fläche Bazeilles=Givonne=Jlly bedeckte ſich jeder Winkel der Thal= ſohle mehr und mehr mit platzenden Projektilen, Hartmanns Ar= tillerie allein verſandte davon gegen fünftauſend und gerade letztere fielen nun auch in die unglückliche Stadt. Auf den freien Plätzen lagen ſchon zuckende Leiber umher, von den durch Fahrzeuge verſperrten Straßen drängte ſich alles unter gewölbte Thorwege. Zuerſt ward einem Handwerker das Bein abgeſchoſſen, dann einer Frau, und als ein Arzt ſie fortſchaffen wollte, war ſie ſchon tot. Kanonen jagten ins Getümmel am Feſtungsgraben und zerquetſchten die Fußgänger. Ausgeriſſene Geharniſchte ſprangen in den Graben, daß ihre ſtarken Gäule ſich die Rippen brachen. An den Thoren zerdrückten ſich Flüchtlinge in ihrer tollen blinden Angſt und leider blinkten Treſſen von Offizieren aller Grade in dieſer ſchmachvoll ringenden Maſſe, ob nun durch Zufall hineinverſtrickt oder wirklich von eigener ſchlotternder Furcht geplagt, außer Schußweite zu entrinnen.

„Die Pulverwagen!“ Wären dieſe Karren, die oft der Länge nach eine ganze Hauptſtraße einnahmen, von Funken erreicht worden, ſo wäre des Entſetzens kein Maß mehr geweſen. Mit Mühe gelang es, ſie zu bergen. „Ich ſcheue mich nicht, zu geſtehen,“ murmelte ein General totenbleich ſeinem Nachbar zu, „daß ich vor dieſen Greueln erbebe. Das iſt keine Schlacht mehr, das iſt eine Schlachtbank. Ich zittere für den Ausgang des Tages. Was wird der Abend bringen?“

So sah es um zwei Uhr aus, so fing es schon mittags
an. Auf den Wällen, wo alles rot von französischen Uniformen,
schrieen und tobten Betrunkene, oder waren sie nur besoffen von
Schrecken, vom Delirium tremens unmännlicher Todesangst? Eine
solche französische Armee sah man kaum je, nur bei der nächtlichen
Flucht von Waterloo, aber als nach rühmlichstem Streite alles
verloren schien. Hier gellte das „Rette sich, wer kann!“ schon um
viele Stunden zu früh. In der Vorstadt Torcy übersäten Bombensplitter, bespickten Leichen den Boden, darunter an fünfzig Städter
und Landleute, Frauen und Kinder dabei, während sogar in
Bazeilles nur vierzig Bewohner im ganzen den Tod fanden.
Zwischendurch lebten wieder erschütternde Szenen auf, von denen
man nur aus dem Beresina-Rückzug las. Krepierte Pferde zerschneidend, brieten Soldaten die Stücke mit gefräßiger Gier, denn
die vorigen Tage hatten wieder Hungerkost gebracht.

Während aber solche Vorgänge im Rücken des Heeres sich
abspielten, hielten die Vordertreffen — es muß zu ihrer Ehre gesagt werden — die Ehre ihrer Adler hoch. Von elf bis ein Uhr
ließ ihr Widerstand nirgendwo nach und es mußte zwei Uhr werden,
bis den Kämpfenden selber ihre zunehmende Bedrängnis zum Be-
wußtsein kam. Nur in Sedan selber herrschte schon mittags, da
sich von dort die Gesamtheit des Schlachtbildes besser überblicken
ließ, eine Empfindung unheilbarer Beklemmung, als werde das
Schlimmste nur noch künstlich hinausgeschoben. . . .

Die 3. Zuaven, bei Wörth vernichtet und durch fünfhundertfünfzig
Mann Verstärkung und Rekonvaleszenten erst wieder auf Elfhundert gebracht, während die 1. Zuaven nach Eintreffen von vierhundert Reservisten
in Chalons doch wieder Zweitausend zählten, hatten schon so früh die
Empfindung, daß nur Durchschlagen noch fruchte, daß zuletzt nur noch
zehn Offiziere hundertfünfundsechzig Zuaven zum Kapitulieren übrig blieben.

Der Kampf in Bazeilles steigerte sich jetzt zur höchsten Er-
bitterung durch die Wahrnehmung, daß die Einwohner, zum Teil
in Nationalgardentracht und alle Fahnen der Bürgerwehr hervor-
holend, wie es dem Hochgefühl eines so bedeutenden und wohl-
habenden Fleckens entsprach, sich mit offener Gewalt an Verteidigung ihrer Häuser beteiligten oder meuchlings von hinten aus
Kellern die Bayern anschossen. Sie scheuten sich hierbei nicht,

fogar Verwundete und Krankenträger niederzumachen, wobei sich auch Weiber mit gellem Gelächter wie Hyänen beteiligten. Megären mit rauchender Flinte und blutigem Säbel verlangten natürlich noch galante Schonung, kamen aber bei den Bajuvaren an die Unrechten. In maßloser Wut, durch wachsende Gefahr und Bedrängnis nicht zum Weichen, sondern nur zu Raserei gestachelt, überschritten letztere oft nur zu sehr die zulässige Grenze und stießen jede verdächtige Zivilperson in die Flammen, wie sie's freilich vorher an den ihren verübt gesehen hatten. Die sechspfündige Batterie Hutten, auf südöstlicher Höhe vor Bazeilles aufgefahren, und eine sächsische Batterie bei Lamoncelle bewarfen inzwischen das Westufer der Givonne, von wo Tirailleure der Brigade Carteret (früher Hériller), die schon um sechs Uhr auf Ducrots Geheiß nach Balan als Reserve abrückte, plänkelnd längs der Maas ausschwärmten.

Außer Regiment v. d. Tann Nr. 11 und II. König, am Bahndamm in Bereitschaft, stand nun schon die ganze Division Stephan im Feuer und schon ging auch die Spitze der Division Schumacher hinein. Ein Drittel 1. Jäger warfen sich in den Monvillerspark, erreichten daselbst den Westarm des Givonnebachs, fanden aber hinterm Schlosse gehäuften Widerstand. Das 3. Regiment nebst dem Hauptteil der Jäger irrte nordöstlich in Gegend von Lamoncelle ab, wo alsbald ein überaus heftiger Kampf entbrannte. Das 3. Marschregiment der Brigade Marquisan (Lacretelle) und die zahlreiche Artillerie dieser Division (dreißig Stück) bestrichen den ziemlich offenen Raum zwischen dem Schloß und Lamoncelle

in so nachdrücklicher Weise, daß auch das 12. Regiment in den
Feuerherd hineinmußte, das stehende Gefecht im Park speisen half.

Umsonst nahmen die 1. Jäger ein Gartenhäuschen an der Süd=
westecke in Besitz, um von dort den Feind in der Hauptstraße durch
Flankenfeuer zu fassen. Unteroffizier Albert, dreimal verwundet,
nistete sich mit einem Resthäuflein an den Parkrand. Der Streit
raste unentschieden fort, im Ganzen zum Vorteil der Franzosen,
die eine unbeschreibliche Hartnäckigkeit entwickelten. Selbst wenn
Häuser genommen oder schon am Giebel lichterloh brannten, schossen
die Verteidiger ingrimmig aus den Kellern, bis die rauchenden
Trümmer sie begruben und ihren gellenden Todesschrei erstickten.
Ein ungeheurer Zusammenbruch schien sich hier im Untergang des
Dorfes sinnbildlich darzustellen. Tote und Verwundete und Lebende,
Freund und Feind vermischt, zerschmetterte die Schreckensstätte in
ihrem krachenden Flammenbett.

Rauch und Hitze nahmen derart zu, daß auch die Angreifer
es kaum ertragen konnten. Durch Qualm und Lohe hindurch,
deren Einschränkung das Kampffeld des Verteidigers immer mehr
beengte, starrten sich entmenschte Gesichter an, mit dem verzerrten
Ausdruck Irrsinniger. Die fürchterliche Wut der Franzosen und
die berserkernde Besessenheit der Bayern rangen um den Preis ver=
tierter Mordlust. Der finstern Todesverachtung der Marinetruppen,
die allmählich gegen doppelte Übermacht stritten, wird man die
verdiente Anerkennung nicht versagen dürfen. Es war nämlich
mittlerweile auch die ganze vierte bayerische Brigade ins Feuer
gegangen, ihren 7. Jägern folgend und durch die Hauptstraße teils
zum Markt, teils in den Park vordringend.

Da nach neun Uhr vierundzwanzig sächsische und zwölf
bayerische neu am Ostufer der Givonne in Thätigkeit traten, so
hielten sechsundneunzig deutsche Feuerschlünde die französischen
nieder und General v. Montbé stellte Regiment Hunderteins zur
Deckung der Linken dieser Artillerieaufstellung bereit. Außerdem
bog Brigade Seydlitz hinter Brigade Schulz auf Bazeilles ab und
trat dem mächtigen Andrang der Division Lacretelle am Orangerie=
gebäude des Monvillersparks energisch entgegen. Sie benützte
dabei Stege über den Bach, welche die Bayern dort hinüberlegten.
Regimenter Hundertzwei und Hundertdrei mischten sich teilweise

mit dem 12. bayerischen Regiment und beseitigten die dortige Ge=
fahr. Auch ihr Verlust wuchs bald nicht unerheblich.

Die Hundertsiebener, bei welchen heut zehn Offiziere, wovon
zwei Hauptleute, tot und verwundet und zweihundertzwölf Mann,
sahen jetzt ihre schon verloren gegebenen Vorderposten in den zwei
Häusern gerettet. Eine Abteilung 12. Bayern unter Oberleutnant
Stockhammern hatte sich nach neun Uhr zu ihnen durchgeschlagen,
später Major Muck mit Teilen 3. Regiments, der hierbei ver=
wundet. Leutnants Kreußer und Döhlemann mit Kompagnien
vom Regiment König, vereint mit dem Vorgehen 10. Regiments,
dessen Major Leythäuser mit der Fahne in der Hand hier gegen
eine starkverteidigte Sandgrube vordrang, gelangten über Hecken
und Gräben bis zum Höhenkamm und wichen die Franzosen jetzt
allseitig von dort und den vorderen Weidenbüschen. Die helden=
mütige Kampfgruppe in den zwei Häusern befreiend, wühlten die
vereinten Bayern und Sachsen sich immer tiefer in die Givonne=
stellung hinein. Oberst v. Guttenberg der 10. Bayern war in
diesen Kämpfen verwundet worden, ebenso Major v. Byrn des
sächsischen Regiments Kronprinz (hundertzwei). Leutnant Haffner
konnte jetzt stolz sein endlich erobertes Geschütz zeigen, das er schon
so lange belauert hielt. Gleichzeitig führte Sergeant Kinbig vom
12. Regiment zwei andere verlassene Geschütze heim, so daß auch
die Bayern nicht leer ausgingen.

Schon vorher nahm der Kampf Lartigues eine sehr üble Wen=
dung. Die Hundertfünfer hatten auffallend wenig, die 12. Jäger
verhältnismäßig etwas mehr gelitten, die 13. Jäger ihren schneidigen
Flankenangriff auf Zuaven und beigegebene Artillerie freilich mit
fünf Offizieren, wovon vier tot, hunderteinundzwanzig Mann be=
zahlt, dafür aber drei Geschütze in ihre Hand gebracht. Auf der
andern Flanke der Division Lartigue erbeutete Leutnant Basse des
dort eingreifenden Halbbataillons Hundertsieben zwei Mitrailleusen,
die vorher ein dorthin abgeirrter Halbzug 13. Jäger des Feldwebels
Manike im Feuer eroberte. Diese Einheimsung von Trophäen war
nur eine Folge des gleichzeitig aus der Mitte geführten Gewalt=
stoßes vom Regiment Hundertvier. Das deutsche Granatfeuer
wirkte hier vernichtend. Der prächtige Lartigue, General Fraboulet,
Stabschef Oberst d'Andigné stürzten nacheinander schwergetroffen.

Die 3. Zuaven kamen zersprengt auseinander, ein Teil von ihnen
entwich vom Kampfplatz nordwärts über Givonne an die belgische
Grenze. Von Osten und Süden gedrängt, warf sich Division
Lartigue, deren zweite Brigade jetzt der zum General ernannte
frühere Chef des 78. ligne, Caré de Bellemare, führte, in die
Gärten und Steinbrüche von Daigny. Zur Wahrung der Brücke
zogen die 16. Chasseurs der Division Pellé herbei. Auf der Ufer=
höhe fiel noch eine verlassene Mitrailleuse in Hände der Angreifer.

Feldwebel Manike, Gefreiter Wolf und sieben Jäger, Überrest
eines Halbzugs von sechsundzwanzig Mann, benahmen sich hierbei
mit seltener Unerschrockenheit. „Hier können wir nicht bleiben, wir
müssen zurück, sonst müssen wir alle sterben!" „Zurück? Nie
zurück ist Jägerlosung!" rief Jäger Grünwald und schon stürmte
der Feldwebel, seinen Czako auf der Säbelspitze, gegen zwei Mitrail=
leusen los, einen Trupp Turkos überrennend. Überraschend räumten
die Tollkühnen unter der Bedienung auf, holten die Fahrer der
einen Mitrailleuse herunter, während die Bespannung der andern
floh. Die stehengebliebenen Schimmel durften nicht müßig die
Köpfe hängen lassen, Manike führte sie herum, die Mitrailleuse
selber gegen den Feind zu richten, doch die Protze fiel um. Gleich=
zeitig sprang ein versprengter Schwarzer hinter einer kleinen Mauer
hervor, gleichzeitig krachte sein Schuß und der aus Manikes Re=
volver. Der Turko fiel, nie wieder aufzustehen, der Sachse mit
zerschossenem Oberschenkel. Fünf von den Neun lagen schon ver=
wundet an der Mauer als rechtzeitig Leutnant Basse mit seinen
Musketieren die Höhe erreichte. Der Feldwebel raffte sich noch
einmal auf, hielt den Czako hoch und rief entgegen: „Mitrailleusen
von 13. Jägern erobert!" und sank dann bewußtlos zurück.

Wie Mancher erwachte hier nicht so aus besinnungsloser Ohn=
macht unterm rings erdröhnenden Schlachtendonner zur grausen
Wirklichkeit! Und seine erste Frage an Lazarettgehilfen, die ihn auf=
hoben, war nicht nach seiner Wunde, sondern: „Wo sind die Unsern?
Wie steht die Schlacht?"

Mit ihrer üblichen sträflichen Nachlässigkeit ließen die Franzosen
jede Sicherung ihrer einzigen Rückzugsstraße Floing-Mezières außer
acht. Eine Streifpatrouille Chasseurs d'Afrique, die auf Betreiben

General v. Gersdorff

Wimpffens um sechs Uhr früh dorthin ausritt, bemerkte nichts von der damals entfernten Vorhut des hessischen Korps. Kaum dreitausend Schritt vor Douays Front, die nach Norden aufragende und von der Maasschleife gebildete Halbinsel St. Iges umgehend, trafen die Deutschen ungestört unterm Schutzdach des ungewöhnlichen Nebels ihre Vorkehrungen und die Nassauer Siebenundachtziger näherten sich dem Westrand von Floing mit förmlichem Überfall.

Major v. Hahnke vom Generalstab überbrachte vor acht Uhr den Befehl des Armeekommandos, auf St. Menges rechtszuschwenken, was der bei der Vorhut seines Posener Korps persönlich weilende Kirchbach auch auf Fleigneux ausdehnte. General v. Schkopp, zum kommandierenden General v. Gersdorff berufen, besprach sich mit diesem und führte sodann die Thüringer Division

auf St. Albert. Dorthin mußten die hessischen Husaren sich zwar
von St. Menges zurückziehen, weil der Gegner nun endlich den
drohenden Aufmarsch wahrnahm, doch vertrieb Nassauer Füsilier=
bataillon die paar Posten aus St. Menges und drangen die achte und
zehnte Kompagnie unter Hauptmann v. Fischer=Treuenfeld so rasch in
Floing ein, daß sie zwei Gehöfte und ein nordwestliches Eckhaus
in Besitz hatten, ehe der Feind sich von seiner Überraschung erholte.

Dann freilich erfolgten sofort ungestüme Gegenstöße, die sich
jedoch viermal am Schnellfeuer brachen, da das Eckhaus die Dorfgasse
beherrschte und die französischen Massen sich auf dieser zusammen=
drängen mußten, um an die besetzten Häuser heranzukommen. Zwei
Stunden lang verteidigten die Nassauer und ihr braver Hauptmann
hartnäckig ihre Stellung gegen große Übermacht, eine hervorragendste
Waffenthat des Tages. Drei hessischen Batterien ermöglichten sie
so das Auffahren, die sich aber sofort übel bewillkommnet sahen.

Sobald die Sonne durchbrach und der jede Fernsicht ver=
schleiernde Dunst sich lichtete, stieg drüben fern überm Garenner Wald
Geschützrauch auf und Douays Korpsartillerie ging auf den Höhen
von Floing sehr rasch ins Feuer. Sie zerschoß gleich zu Anfang
drei leichte Geschütze. General v. Gersdorff, um neun Uhr mit
seinem Stabe persönlich hier die feindliche Linie besichtigend, sandte
Adjutanten an die Marschsäulen: „Die gesamte Artillerie soll vor."

Sieben Batterien trabten an der Infanterie vorbei und setzten
sich unter Beihilfe des Fußvolks, das in die Räder und Speichen
griff, auf dem steilen Höhenrücken fest. Reitende Batterie Ohnesorge,
seit Wörth berühmt, war auch hier die erste auf dem Kampfplatz.
Bald darauf kam auch Major v. Uslar mit den noch übrigen vier
Batterien heran und diese mächtige Geschützfront eröffnete nach
zehn Uhr eine betäubende Kanonade. Doch schossen Douays Mi=
trailleusen so gut, daß bei einer schweren hessischen Batterie schon
Fahrer und Pferde der Munitionsstaffel die gefallenen Kanoniere
und Rosse der Vorderlinie ersetzen mußten.

Das I. Bataillon der Dreiundachtziger, mit der Korpsartillerie
eingetroffen, führte der Stabschef General v. Stein zur Deckung
rechts vor, während links I. Bataillon Achtundachtziger hinter den
Geschützen stand. Ein Halbregiment Zweiundachtziger unter Major
Graf Schlieffen rückte auf Fleigneux vor, während die andre Hälfte

auf den Kuppen nördlich von Floing ins Gefecht trat. Ein Halbbataillon Siebenundachtziger eilte beherzt in den Grund des Illybaches hinab, hinter dem jenseits ein ansehnlicher Bergkegel anstieg.

Auf diesem entwickelte sich jetzt zahlreiche französische Infanterie und trieb diese Nassauer wieder über die Thalstraße Illy=Floing zurück. Hier war es, wo sie zuvor die kurze Attake Galliffets ab= schlugen, auf sechzig Schritt aus Hügelgebüschen ihre Geschosse in die reisigen Reihen sendend. Es gelangten nun auch noch die hessischen Jäger und Achtziger zum Aufmarsch. Der Hauptteil der Siebenundachtziger stand mittlerweile östlich von St. Menges in immer heftigerem Granatfeuer, rückte aber dann südlich von Fleig= neux gegen den dortigen Bogen des Givonnewassers vor, weil von Illy aus eine ansehnliche Masse von Kavallerie, Artillerie und Train nordwärts der belgischen Grenze zustrebte. Major v. Grote ereilte im Laufschritt östlich von Fleigneux die Wagenkolonnen und schnitt ihnen teilweise den Rückweg ab. Der Weg führte dort in ein Waldstück hinein, wo die sechste Kompagnie sich in Hinter= halt legte. Hier kam nun Kavallerie vorbeigesprengt, auch ein völlig aufgelöstes Bataillon zog sich auf den Berg von Illy wieder zurück, dagegen rasselten drei Geschütze in schnellster Gangart vor, um nordwärts zu entweichen. Unter Schnellfeuer brachen die Pferde zusammen, die Stücke kamen zu stehen, in Entfernung von fünfhundert Schritt. Auf einer Waldblöße gaben letztere noch zwei Kartätschlagen rasch hintereinander ab, die über jene den Wald= abhang durcheilende Kompagnie hinweggingen. Ohne Widerstand ergaben sich zwei Artillerieoffiziere mit achtzig Mann, meist Isolierte von verschiedenen Infanterieregimentern. Die Kavalleristen sprangen vorher ab und entkamen zu Fuß durch die Waldungen, ein paar Hundert reiterlose Gäule irrten umher. Gleichzeitig überfiel die fünfte Kompagnie, bei welcher sich der jetzige Brigadechef Oberst Grolman befand, fünf andere Kanonen, die zu entweichen suchten, noch ehe sie zum Schuß kamen. Es wurden nur ein paar Leute in diesem Gefecht verletzt, darunter aber merkwürdigerweise der Brigadechef selber. Weiter rückwärts faßten die Kurmärkischen Dragoner, von Kirchbachs Vorhut, noch eine Menge Protzen und Fahrzeuge ab mit Versprengten und zahlreichen Kavallerieoffizieren.

„Ich bin der General Brahaut", überreichte einer von diesen Verirrten dem Rittmeister v. Massow seinen Degen. Doch entwischte wirklich der größte Teil dieser Reiterdivision nebst anderen Reiter= regimentern (3. 5. Husaren, 2. 5. 6. Lanciers, 7. 12. Chasseurs) schon vorher zur belgischen Grenze.

„Sie riechen die Falle! Mit Speck fängt man Mäuse!" jauchzten die Hessen. Denn solch offene Feldflucht, sonst wahrlich nicht französisch, verriet so deutliche Angst vor Umzingelung und Einschließung, daß schon jetzt dem gemeinen Mann das notwendige Ende dieser großen Kriegshandlung vor Augen trat. Nur die Lücke zwischen Kirchbach und dem Gardekorps der Maasarmee, Strecke Illy=Givonne, lag noch frei zum Ausbruch oder Davon= laufen: schloß sich dort der Ring, so saß dies ganze kaiserliche Heer im Wurstkessel, um dort zu Tode zu schmoren. Obschon die Fran= zosen noch ganz kampfbereit, lähmte sie doch innere Entmutigung.

Beides prägte sich gleichzeitig aus. Als ein Trupp kurmärkischer Dragoner unter Leutnant v. Baerswordt hoch im Norden an der Grenze entweichende Nachzügler abfangen wollte, gaben diese energisch Feuer, der Leutnant ward angeschossen, sein Trupp zer= sprengt. Dennoch gingen nachher fünf Dragoner unter einem Unteroffizier dreist und gottesfürchtig auf dreißig versprengte Ka= valleristen los und diese mit drei Offizieren gaben sich mutlos ge= fangen, weil sie die paar Dragoner für Vortrab einer nachfolgenden Masse hielten. Drei Offiziere achtundzwanzig Mann kostete den Kurmärkern dies Scharmützel. Da wiederholt vereinzelte Ab= teilungen vom Givonnethal her die Höhen bei Fleigneux zu ersteigen suchten, um sich Bahn nach Nordwesten für Entweichen zu eröffnen, so sahen sich die reitenden Batterien Kirchbachs, die mit Front gegen Illy auffuhren, bedroht. Nacheinander krönten hier um elf Uhr zehn Posener Batterien die Höhen nordöstlich St. Menges, gegen welche Artillerie Douays und Faillys von den Bergkuppen südwestlich von Illy eine wütende Kanonade erhob. Da aber um diese Zeit auf den nordöstlichen Höhen vor Givonne die Garde= artillerie ihre Thätigkeit begann, so brachte dies Kreuzfeuer die an Zahl unterlegene französische bald in üble Lage. Da Kirchbachs Fußvolk noch nicht heran war, so übernahm das Halbregiment des Grafen Schlieffen Bedeckung dieser zehn Batterien des Nachbarkorps.

Gleichzeitig vereinten sich die Nassauer des Major Grote mit den eingetroffenen Achtzigern bei Fleigneux.

„Hurrah, Gardehusaren! Die Maasarmee ist da!" In der That stellte eine Gardehusarenschwadron schon jetzt Verbindung zwischen den äußeren Flügeln der Kronprinzlichen und Maas=armee her. Die bei St. Menges eintreffenden Schlesischen Sechs=undvierziger und Görlitzer Jäger bestimmte Kirchbach dazu, dem rechten Flügel Gersdorffs als Rückhalt zu dienen.

Die Franzosen stellten in Floing ihre Stürme gegen Halb=bataillon Treuenfeld zwar ein, überschütteten aber alle Zugänge zum Dorfe mit argem Feuer. Nichtsdestoweniger stieg das I. Bataillon Dreiundachtziger um elf Uhr nach Floing hinab, in einzelnen ge=trennten Abteilungen folgten der Rest dieses Regiments und die hessischen Jäger. Aus dem vom Feinde noch besetzten Kirchhof und Hauptteil von Floing drangen Tiralleurschwärme gegen die hessischen Batterien vor, die Dreiundachtziger trieben sie jedoch ins Dorf zurück und erreichten zugleich mit den Geschlagenen den Westaus=gang. Dem Feinde dicht auf bleibend, überschritten sie die Brücke des dortigen Baches, den Marktplatz und strebten dem Südausgang am Berghange zu. Hier aber kam es zu erbittertem und ungünstigem Kampfe, da Douay nunmehr alles daran setzte, Floing wieder ganz in seinen Besitz zu bringen, das zu bedrohlich nahe vor seiner Hauptstellung lag. Aus allen Häusern beschossen, mußte die Spitze der Hessen (erste und halbe vierte Kompagnie) bis zur Querstraße zurück, wo an der Straßenkreuzung unter Leutnant v. Stammford noch kampffähiger Rest der Schützenzüge sich kraftvoll wehrte.

„Wer unverwundet den Platz verläßt, vors Kriegsgericht!" rief der entschlossene Leutnant seinem Häuflein zu. Das wirkte. Einige Jäger unter Oberjäger Liebel stießen hinzu. Auch der Feind suchte Deckung, die Hessen hinter einer Gartenmauer. „Rücken die Kerls wieder vor, dann wieder aufmarschiert und thut eure Schuldig=keit bis zum letzten Augenblick!" vernahm man weithin die Stimme des Leutnants. In den Seitenstraßen ging das Gefecht weiter, mit Elan stießen die Franzosen bis zum Nordrand durch, auch den vorher geräumten Kirchhof aufs neue berennend. Ohne Aufenthalt knatterten die Gewehre der Füsiliere Dreiundachtziger in die dichten feindlichen Reihen und kühne Stürmer, die sich weit vorwagten, büßten ihren Fürwitz mit dem Leben. Es mochte zwölf Uhr sein, als auf Ansuchen Gersdorffs die Sechsundvierziger im Laufschritt den freien Westhang der Höhe von St. Menges hinuntereilten, um die aufs äußerste bedrängten Hessen herauszuhauen, während die Görlitzer Jäger sich gegen das Schlößchen von Floing im Westteil des Ortes wendeten. Am Nordrande drangen die bei Wörth berühmtgewordenen Schlesier allmählich in der Dorfstraße vor, fanden aber äußerst entschlossene Gegner und es dauerte eine volle halbe Stunde, ehe die Franzosen wirklich Boden verloren. Die Artillerielinie mußte währenddessen von zwölf hessischen Kompagnien behütet werden, da sowohl das schreckliche Feuer von der Floinghöhe und vom Calvaire d'Jlly her als wiederholte Vorstöße französischen Fußvolks sie in Atem hielten.

Es war höchste Zeit, daß die Schlesier eingriffen. Als der Feind in Scharen von den Höhen herabstürmte, als Douay ganze Bataillone im Laufschritt ins Dorf hineinschickte, hatte sich ein Häuflein Dreiundachtziger unter Unteroffizier Hartwich und Gefreiter Bäumner noch eine Weile am Südostausgang in Vorderhäusern behauptet. Sobald der Feind ihre Lage erkannte, da schon Franzosen am Abhang von hier aus getroffen wurden, ging er unmittelbar auf sie zu.

„Es sind zu viele! Wir müssen heraus, sonst sind wir verloren!" rief Bäumner dem Hartwich zu, der sofort kommandierte: „Alle raus! Zurück durchs Dorf — die Letzten im Zurückgehen feuern!" Aber es waren wirklich der Dränger zu viele. Und mit dem Feuern haperte es. „Die Taschen sind leer!"

Von Haus zu Haus entlangschleichend, noch Reservepatronen aus den Brotbeuteln reißend, entsprangen die tapfern Sechzig in eine Nebengasse und von da wieder auf die Hauptstraße. Der Unteroffizier fiel, die Mannschaft größtenteils. Wie ein Rasender wehrte sich Bäumner gegen sechs Franzosen. Ein junger Offizier wollte ihn lebendig gefangennehmen. „Lieber sterben wie mein Gewehr abgeben!" stieß der baumstarke Mann sein Bajonett einem Franzmann in den Hals, der nach ihm griff. Hinter der Leiche Hartwichs an eine Hauswand gelehnt, hieb er um sich, was er konnte, während die Fünf auf ihn einstachen. Zwei davon taumelten durchstochen zurück, Bäumner schob sich mit dem Rücken den Hauswänden entlang, bis ein Kolbenschlag ihn an die linke Kopfseite traf, daß es ihm blau vor den Augen ward, das Blut aus Mund und Nase quoll, eingeschlagene Zähne herausfielen. Aber der starke Hesse raffte sich zusammen, von wilder Wut gepackt, und als der Kolben= schläger nochmals ausholte, da fuhr ihm das Bajonett in den Leib.

Von Blutverlust mürbe, vermag er drei Bajonettstiche nicht zu parieren, einer davon zerreißt ihm die Hand, die kaum noch das treue Gewehr halten kann. Mit schwindenden Sinnen fühlt er den Degen des Offiziers ins linke Bein dringen, der letzte noch unver= wundete Fantassin seiner Angreifer durchbohrt ihm den Schenkel zweimal, mit letzter Anspannung schlägt er noch einmal ein Rad mit dem Kolben, als rasche Schritte und deutsche Flüche den beiden Franzosen ins Ohr gellen. „Verfluchtes Pack!" Der heldenmütige Stammford ist's, der im Laufschritt mit seinen Leuten naht, denn nach halbein Uhr fielen sämtliche im Dorfe fechtende Hessen aus den Häusern aus und jagten mit blanker Waffe alle von den Schlesiern langsam vertriebenen Franzosen vor sich her.

„Ich werde alles thun, daß Sie das Kreuz bekommen, aber sterben Sie mir nicht vorher weg!" „Zu Befehl, Herr Leutnant!" So ward der Bäumner weggeschafft, ein zerfetzter nordischer Eich= baum. Doch wer mit sechs Franzosen fertig wird, der frißt sich auch allein durch sechs Bajonettstiche durch.

Die vier unter Stammford an der Straßenkreuzung vereinten Züge waren zuletzt nur durch die Sechsundvierziger gerettet worden. Denn die Straßen und Gärten dicht überfüllenden Franzosen über= rannten sie. Nur zweimal war's noch möglich zu schießen, wobei Gefreiter Schott den tapfern feindlichen Führer erschoß. Im nächsten Augenblick wirtschafteten die Franzosen unter dem Häuflein. Ober= jäger Liebel fiel. Dem Schott ward der Helm heruntergeschlagen, er schlug und stach aber so lange, bis sein Kolben abgebrochen, das Bajonett zersplittert, das ganze Gewehr verbogen war. Doch vor ihm freier Platz voll feindlicher Leichen und über diesen brachen jetzt mit Hurrah Schlesier herein. Die Büchse des erschlagenen Oberjägers aufgreifend und eine Feldmütze aufstülpend, rannte Schott mit — wohin, wußte er selbst nicht —, bis Ruhe eintrat und eine Hand sich auf seine Schulter legte: „Sie haben sich geschlagen wie ein Mann, Schott!" Das war wieder der wackere Leutnant.

Es mochte ein Uhr sein, als das vereinte Stürmen von acht
Musketierkompagnien Sechsundvierziger, zehn Dreiundachtziger, zwei
Füsilierkompagnien Zweiundachtziger und zweite Kompagnie Sieben=
undachtziger nebst Görlitzer Jägern den Franzosen ganz Floing
entriß und erst am unteren Hang des anstoßenden Berges endete.

So mannhaft die französischen Batterien arbeiteten, so nahm
ihre Wirkung doch um halbeins schon merklich ab, da die deutschen
Geschützmassen — wohl zweihundert Stück gegen die Strecke Jlly=
Floinghöhe — zu überwältigend auftraten. Die Chassepots suchten
sich um diese Zeit ein kostbares Opfer: den kommandierenden Ge=
neral v. Gersdorff, persönlich zum Wäldchen nördlich von Floing
vorgesprengt, um die Dreiundachtziger auf den Feind zu werfen,
traf ein Blei tötlich in die Lunge. Dies Geschoß, dem Armeekorps
zum zweitenmal im Feldzug seinen Chef raubend, da auch Bose
nach Wörth lange zwischen Tod und Leben schwebte, bleibt ein
Doppelbeweis sowohl für das Einsetzen der Person bei den höchsten
deutschen Führern als für die Unerschrockenheit der so weit gegen
die gefürchtete deutsche Artillerie vorprallenden Tirailleure.

Auch den Generalstabsoffizier des Prinzen Albrecht, dessen
Kavallerie und reitende Batterien jenseits des Maasbogens auf=
ritten, traf eine schwere Verwundung, weil die Granaten von
der Floing=Hochfläche auf eine halbe Meile Entfernung in die
Reiterei einschlugen. Nach Fabrik von St. Albert zurückgeschafft,
sah Gersdorff, ein vielumhergetriebener Offizier, der mit Werder
und Hiller v. Gärtringen an einem russischen Kaukasusfeldzug teil=
nahm, seinem Ende gefaßt entgegen. „Ich sterbe als gläubiger
Christ, ergeben meinem Gott wie meinem König. Meinen letzten
Segen meinen geliebten Töchtern. Einen schönen Tod, wie mein
Freund Hiller ihn fand, auf dem Schlachtfeld wünsch' ich mir
immer. Ich muß länger leiden wie er, doch nun werden wir bald
uns wiedersehen."

Der Fortgang des heißen Gefechts bei Sachsen und Bayern
führte vor elf Uhr wesentliche Fortschritte herbei. Das Regiment
Hundertvier Prinz August entriß die Brücke von Daigny, welche
die 16. Chasseurs erst nach lebhaftem Widerstand fahren ließen,
die Bruckmühle, Büsche, Steinbrüche und endlich auch das Dorf

und ihren eigenen Adler den 3. Turkos. Soldat Küster erschlug
den Adlerträger. Die nachstoßenden Hundertfünfer nahmen auch
den Schloßgarten La Rapaille und anstoßende Fabriken in Besitz,
wobei Major Kessinger verwundet. Der Leiter von Hundertvier,
Major Bartch, blutete desgleichen und Major Allmer, ein Tüchtiger
von St. Privat, fand den Heldentod, ebenso Hauptmann Schiller.

Heldenhaft hielt Kapitän Roussignon mit 4. III. Artillerie=
regiments hier bis zuletzt an der Brücke aus, bis er endlich selber
beim Abfahren inmitten so vieler blutenden Kanoniere und ver=
stümmelten Rosse tot niedersank. Drei Offiziere, drei Unteroffiziere,
neunundzwanzig Kanoniere, neunundsechzig Pferde verlor diese eine
Batterie!

. . Während Division Lartigue hinter Daigny, obschon schwer
gelichtet und um sechs Geschütze sowie das Entweichen der meisten
Zuaven geschwächt, von jetztab noch lange auf gleichem Flecke stand
und vom überhöhenden Westufer die nur unvollkommen gedeckten
Sachsen niederhielt, sich selbst aber durchs Auftreten der preußischen
Garde an der oberen Givonne gefesselt und von Flankenstößen
gegen die rechte Flanke der Sachsen abgehalten sah, fiel bei Bazeilles
die Entscheidung. Sächsische und bayerische Schützengruppen ver=
teilten sich um elf Uhr auf dem Bergrücken östlich von Balan, den
Lacretelle erst nach vierstündigem Widerstand verließ. Es erstiegen
jetzt auch Thüringer Einundsiebziger des bisher ganz in Reserve
verbliebenen und am Bahnhof von Bazeilles erst zur Hälfte an=
gelangten Magdeburger Korps den Höhenrand und überspannten
die vermischten deutschen Truppen jetzt auch die Wegeinschnitte
nach Balan.

Das siebenstündige Ringen um Bazeilles neigte seinem Ende
zu. Das 11. Regiment und die 9. Jäger, von denen nur die
vorderste Kompagnie am Dorfkampf teilnahm, zogen sich an die
Südseite heran. Da der Brand immer weiter um sich fraß und
sich nicht bemeistern ließ, mußten später die Pioniere einen Kolonnen=
weg seitwärts zum Park herstellen. Die auf dem östlichen Givonne=
ufer versammelten Batterien, wozu noch zwei frische sächsische hinzu=
traten und bis aufs Westufer vorgingen, während zwölf bayerische
Sechspfünder sich umgekehrt dem äußersten rechten Flügel der
Geschützfront einreihten, wirkte jetzt mächtig, sobald die feindlichen

Tirailleurkugeln sie nicht mehr erreichten. Einige vor Balan stand=
haltende Geschütze mußten weichen, nachdem eine Protze in die Luft
flog, und die zahlreiche Artillerie, welche den Rückzug der Divisionen
Vassoigne und Lacretelle möglichst zu schirmen suchte und zu diesen
Behuf wiederholt Stellung wechselte, fing an, völlig zu verstummen.

Um Mittag entschwand sie dem Blick hinter dem Höhenzug, der
sich zwischen Balan und Fond de Givonne erstreckt, tauchte jedoch
zeitweilig wieder auf. Im allgemeinen trat nach Mittag eine Ruhe=
pause ein, wie auch nach ein Uhr im Norden vor Douays Front
das Gefecht an Lebhaftigkeit verlor und wohl eine gute Stunde so
gut wie einschlief. Das aufreibende Dorfgefecht, verbunden mit
Verlust der bravsten Offiziere und Mannschaften, richtete das ganze
Korps v. d. Tann vorerst taktisch zu Grunde, so daß an weitere
Angriffsbewegung auf Balan nicht zu denken schien. Das Armee=
kommando auf der Höhe von Frénois, die einen weiten Überblick
gewährte, hatte daher Division Walther das Korps Hartmann nach
Bazeilles zur Verfügung gestellt. Hartmanns Artillerie massierte
sich seit neun Uhr bei Frénois und verwickelte sich, nachdem sie
sich auf etwaige Ausfallspunkte der Festung einschoß und aus dieser
auf eine Viertelmeile Abstand eine grobe Begrüßung erhielt, in
allmählich wirkungsvollen Geschützkampf sowohl gegen die Festungs=
vorstadt Torcy und Balan über die Maas weg als auch gegen die
jetzt im Rücken gefaßte Artilleriestellung von Floing. Die dortige
Massenbatterie führte jedoch den Kampf standhaft nach allen
Seiten fort.

Nachdem die Bayern endlich das Straßenknie im Dorfinnern
überschreiten durften, legten die Jäger und Infanteristen im Park
mit Faschinenmessern die Hecken auf der Westfront nieder und um=
ringten von dorther Villa Beurmann, die sich noch immer hielt.

Unteroffizier Achberger der 1. Jäger überstieg zuerst die hintere
Parkmauer und wälzte die vorm Parkgitter aufgetürmten Steine
weg. Wo die Marins sich gewehrt, bis der vierte Mann tot
und verwundet lag, da war jetzt alles ein Flammenmeer, durch das
Angreifer und Verteidiger wie Dämonen hin und her sprangen.

In den schwälenden Trümmern ließen sich zurückgebliebene Sol=
daten und bewaffnete Dörfler begraben und dies Getümmel im Innern
währte noch lange fort, nachdem auch Villa Beurmann gefallen.

Im Park wehrte sich bis zuletzt das 22. ligne Cambriels. Leutnant Fouragnon, zweimal in deutsche Hände gefallen und entwischt, rettete sich mit unglaublicher Geschicklichkeit mitten durch den Feind nach Mezières: denn daß Kapitulation bevorstehen könne, erkannten schon damals alle Einsichtigen. Brigadegeneral Bernier ward verwundet, sein 31. ligne machte noch einen tüchtigen Vorstoß, wobei Regimentskommandeur Oberstleutnant Le Minihy de la Ville=Hervé fiel. Ebenso blutete General Carteret, dessen Reservebrigade vor Balan energisch den Kampf aufnahm.

Immer noch schossen Versteckte heimtückisch aus den Kellern dazwischen und verschärften so noch den unheimlichen Graus des schreckenvollen Gemetzels, das sich in den Innenräumen der Häuser als eine Anzahl von Einzelduellen fortspann. Durch Thür und Fenster sich Eingang erzwingend, drängten die Stürmer den Feind in den Hof hinaus. Drohend erhobene Fäuste und Wehgeschrei der Bewohner rettete Bazeilles, in das die hellblaue Lavine hineinrollte, nicht vor völliger Zerstörung. Aus dem wildbewegten Bilde, in buntem Wechsel unaufhörlich seine Figuren und Raumgebiete ändernd, trat mit besonderer Wucht und Schärfe hervor das fortgesetzte Schlachttoben um ein Eckhaus am äußersten Nordausgang, wo die Straße nach Balan bog. Vom Markt, wo der Boden derart von abgefeuerten Projektilen zerpflügt und aufgerissen, als habe ein Rechen ununterbrochen darüber gekratzt, drang das ganze 13. Regiment dagegen vor. Hier wehrten sich Major Lambert und Hauptmann Aubert noch lange. Ebenso in einem andern Vorderhaus der Nebenstraße Kapitän Bourchet.

Nichts von Waffenstrecken! So zähe und wild ward im Krieg nur einmal noch eine Ortschaft verteidigt: Chateaudun von den Franctireurs Lipowskis, kaum dem Knabenalter entwachsenen Jünglingen, die dort Thüringer Belagern alter Troupiers Bewunderung vor solchen „Zivilisten" abzwangen. Doch hier in Bazeilles schlugen sich erprobte Seebären mit schnaubender Wut.

Die Treppen erbrochener Häuser hinauf bis unter den Dachboden rast das Gemenge. Staub und Dampf verdunkeln das taghelle Licht der Flammen. Ausgerissene Balken dienen als Ramme, Äxte helfen nach, bis die Fachwerkwandungen der Dächer einkrachen und weggeschobene Schieferplatten herunterkegeln in die grell vom Feuerschein umloderte Gasse. Durch die Breschen der Mauerwände genommener Häuser arbeiten diese Einbrecher sich Durchgänge zum französischen Nachbar, zwängen sich durch schmale Luftlöcher. Von erstiegenen Dächern krachen sich gegenseitige Schüsse zu, bis in trauriger Verwirrung das Schießen stockt, denn Flammen brechen durch den lange qualmenden Rauch, dessen kein Kämpfer achtete im Eifer der ungeheuren Erregung. Oft stellen die Marins sich so geschickt auf, daß sie sich im Dunkel befinden, während die Eingänge von der Lohe beleuchtet, und halten die mit Kisten ver= rammelten Thore so unter Schuß, daß kein Lebender durchkommt, wenn auch das dünne Holz zersplittert.

„Das war die letzte Patrone!" murrten dumpf die Einge= schlossenen. „Nun bleibt nur noch das Bajonett! Sie lassen uns ja doch über die Klinge springen!" Major Lambert schaute hinaus auf die undurchdringliche Masse der Hellblauen, unter denen die letzten Patronen noch aufräumten. „Das wäre nutzlos Massacre! Ich will hinunter, und tötet man mich dann, habt ihr noch Zeit, euer Leben teuer zu verkaufen." Als Lambert über die Schwelle trat, drückten sich zehn Bajonette auf seine Brust und die wütigen Bayern hätten ihn niedergemacht, wenn Hauptmann Lessignold sich nicht zwischen ihn und seine Leute gestürzt hätte. Die Besatzung streckte nun die Waffen. Auch Kapitän Bourchet fügte sich ins gleiche Loos. Dies geschah erst vor Mittag, während der eigentliche Kampf im Orte schon um elf Uhr endete. — —

General v. Pape befand sich bis zehn Uhr in stetem Vor= schreiten auf Givonne, Gardefüsiliere und Jäger an der Spitze. Den Waldstreifen zwischen Daigny und Haybes nach Westen über= schreitend, überrumpelten sie hierbei zwei Geschütze, die noch gegen das Ritterholz feuerten, aus der Flanke und vertrieben dann auch in leichtem Scharmützel Truppen der Division Wolff aus Givonne. Infolge der ursprünglichen Rückzugsbefehle Ducrots stand letztere nur noch allein am Garenner Wald, doch kehrten Pellé und Hériller jetzt wieder um, in ihre frühere Stellung auf der Hochfläche hinter der Waldung zurück. Es trabten nunmehr Kavallerie und reitende Artillerie der Garde vor, sodann auch die gesamte übrige Artillerie, die vor elf Uhr gegen Ducrots Artillerie zu donnern anhob, welche von den Westhöhen zwischen Givonne und Haybes mit Nachdruck

den deutschen Aufmarsch bestrich).
Eine ihrer ersten Granaten zerriß
dem Oberst v. Scherbening, Chef
der Korpsartillerie, die Brust, dessen ruhige Freundlichkeit in tötlicher
Gefahr ihn seinen Kanonieren besonders wert machte. Die Garde=
batterien richteten ihr Augenmerk hauptsächlich auf die Kuppen von
Illy, um der dort gegenüberstehenden Artillerie Kirchbachs gleichsam
ihre Ankunft zu melden.

„Viertausend Schritt und doch erhebliche Wirkung!“ verkün=
deten die Gardeoffiziere frohlockend, Glas am Auge. Teile der
Divisionen Dumont und Hériller wichen vom Plateau in die
Waldung aus, um vor dem rückwärtigen Granathagel Zuflucht
zu finden. Andrerseits schwärmten Tirailleure durch den Südteil
der Waldung gegen den Rücken der Gardebatterien, die sich
jedoch wenig davon einschüchtern ließen. Vom Bois de Chevalier,
das wiederum der Division Lartigue so verhängnisvolle Stunden
bereitete wie einst der Wörther Niederwald, ging Gardedivision
Budritzki um ein Uhr ans Schlachtfeld der Sachsen heran. Den
Givonnegrund in seiner weiteren Ausdehnung, wo die französische

Schlachtlinie weit über die Sachsen hinaus nach Norden hinauf-
ragte, suchte der tapfere General Wolff durch wiederholte Vorstöße
zu sichern, während seine Tirailleure aus dem Bachthal und vorliegenden Uferhöhen empfindliche Beschießung unternahmen.

„Grüß' den Papa!" Batteriechef v. Roon, Sohn des Kriegsministers, hauchte sein Leben in den Armen seines herbeigeeilten
Bruders aus. Um dieser Beunruhigung ein Ende zu machen,
besetzten zwar die Gardefüsiliere Haybes, mußten aber sogar bei
Givonne noch einen heftigen Anprall überstehen.

„Wahrhaftig Artillerie! Hat man je so 'was Verwegenes
gesehen!" Sieben Geschütze, drei Mitrailleusen rasten in schnellster
Gangart über die Bachbrücke in den noch unbesetzten Südteil des
Dorfes hinein, um dort aus nächster Nähe die Deutschen zu fassen.
Doch sie kamen nicht mal zum Abprotzen. Mit Gedankenschnelligkeit
stürzte sich Hauptmann v. Witzleben drüber her und entwaffnete
mit der fünften Kompagnie den ganzen Geschützzug samt Pferden,
Maultieren und zehn Offizieren.

Die Freiwilligen der Hauptstadt, Franctireurs von Paris,
seiner Division hatte Hériller nach La Chapelle vorgeschoben, das
noch in der äußersten rechten Flanke der Maasarmee lag. Hierher
richtete sich die gesamte Gardekavallerie, wobei sogar das heilige
Leibregiment Garde du Korps, dem sonst in Feldzügen kein teures
Haupt zu fehlen pflegte, fünf seiner ellenlangen Paradereiter verlor.

Nach halbstündigem Feuergefecht schritten die Gardefüsiliere
auch zur Eroberung dieses Abschnitts, obschon die Pariser sogar
gegen die Gardebatterien südwärts auszufallen suchten. Die Gardekavallerie ergoß sich jetzt durch die Ardennenwälder an der Grenze,
ohne von den sieben entkommenen Reiterregimentern noch eine Spur
zu entdecken. Bis zum Eisenhammer nördlich von Illy trabten die
Gardeharste auf schmalen Wegen am bewaldeten Berghang und
reichten so der Schwesterarmee die Hand.

Während die Württemberger bei Mézières blutig mit Teilen
des Korps Vinoy rauften und Division Bothmer des Korps Hartmann unblutig genug an der Vorstadt Torcy plänkelte, ward Division
Walther schon nach elf Uhr gegen Balan vorgeführt. Da nämlich
Kronprinz Albert seiner ganzen Armee die Direktion „auf Illy"
gab, die Garde sich also unablässig nördlich schob und die Sachsen

nunmehr in Masse rechtsab marschierten, um an den Ostrand des
Garenner Waldes heranzugelangen, schwächte sich naturgemäß die
Front Bazeilles-Lamoncelle und das Einschwenken aller Hintertreffen
und Reserven schien nötig, die Lücke zu schließen.

Die Sachsen rangen bei Daigny noch mit aller Kraft und
ließen die Beute nicht fahren, abfahrenden französischen Batterien
nach. Mitrailleusen rasselten in unmittelbarer Nähe hinter Daigny
und gegenüberstehende Haufen der gesprengten Divisionen Lartigue
und Lacretelle, vermischter Zuaven-, Turkos-, Linien- und Marschregimenter, nahmen hinter angrenzenden Mauern immer noch ein
lebhaftes Feuer auf. Wo die sächsischen Schützen vorliefen, bauten
die Mitrailleusen nicht ab und standen fest, im Begriff die letzten
Salven abzugeben. Doch viel Zeit blieb ihnen nicht, sich ihrer
Wirkung zu freuen. Denn als die Sachsen im Laufschritt vor-
kamen, verspätete Tirailleure vor sich her treibend, kam's über sie,
sie wußten nicht wie: „Los auf die Drehorgeln!" Fürchterliches
Feuer der zwischen den Geschützen liegenden Bedeckung scheuchte sie
nicht zurück — heranstürmen, Stöße mit dem spitzen Stahl, und
ehe sie's noch recht wußten, hatten sie die Dinger...

Die Garden drangen immer weiter von Givonne im Wald-
gelände vor. Es war ihnen nicht günstig. Doch Sturm von
Meierei zu Meierei, Waldzipfel zu Waldzipfel brachte bald das
ganze vordere Baumnest in ihre Hände. Doch weiter rückwärts,
wo das Dickicht dem Gegner nach beiden Richtungen Schutz bot,
erhielten sie wieder mörderisches Feuer — Feuer von jenseits des
Bachrands — Feuer aus den Waldecken. Wo die Givonne in
Windungen ihr enges, erst östlich erweitertes Sumpfthal durchfließt
und bewaldete niedrige Höhenzüge sich vorschieben, ging der Marsch
der zweiten Gardedivision ungestört weiter. Die vollzählig in
Stellung gegangene Artillerie warf, nachdem der Feind aus Givonne
und vorderem Waldrand abzog, die Hochfläche dahinter mit fern-
treffenden Geschossen. Für Lebruns Batterien hörte schon lange
die Thätigkeit vorne auf, sie sahen sich genötigt, weiter zurück-
zuweichen. Die Verluste waren groß, Offiziere schon rar geworden.
Unaufhaltsam rückten die Sachsen vor, fast auf den Flügel Lacretelles stoßend und ihn aufrollend. Schnell überschritten sie die
gefährlichen Stellen im wirksamsten Bereich des Chassepotfeuers.

Die Reserven kamen nicht mal mehr zum Eingreifen, so rasch er=
folgte die kurze Attake des ganzen Vordertreffens, daß der Feind
über die Givonne floh. . .

Bis tief hinein in den Wald drängten und verfolgten die
Garden die Division Wolff, während schon von Nordwesten her
andere Abteilungen dem Walde zuflohen, von dem Granatgewitter
aus Norden gehetzt, das nun auch in die Westkante der Gehölze
hineinschmetterte. Im Dickicht kam es zum Handgemenge.

„Diese gehauene Gesellschaft will noch mehr Keile!" murrten
die Garden, und versuchte ein Teil durchzubrechen, dann war
er sicher geopfert. Doch genug nordische Hünen streckten sich
leblos im Walde, über sie hin wogte die Umschlingung und Ver=
schlingung des Getümmels, ihnen thats ja nichts mehr. Überall
bliesen vereinzelte Hornisten zum Sammeln, denen die Ihren zu=
liefen, vom bekannten Tone angezogen. Der große Waldkampf
übte hier, wo er in voller Blüte stand, auflösenden Einfluß.

Aus allen Winkeln, an allen Kanten blitzte es auf. Schuß=
entfernung zu schätzen hielt schwer und stimmte selten.

Man mußte die Augen abmühen, um im Blättermeer und
Dampf etwas zu sehen, Überblick zu nehmen. Vergebens sahen
vorerst die stolzen Garden sich nach Trophäen um. Der feuchte
Boden, weich wie Schlackerschnee, dämpfte zwar die Schritte, doch
das Waldecho trug jeden Schall verzehnfacht ins Weite, so daß
einem angst und bange wurde von all dem Lärm. Die Figuren
des Gegners verschwanden im Blattgewirr, nur dunkele Massen,
nicht Gestalten, erkannte man selbst in nächster Nähe sich bewegen.

Mehrfach war es so dunkel, daß man gegen die Bäume stolperte.
Es herrschte solche Heidenverwirrung, daß preußische Helme und
Jägertschakos sich tief unter französische Massen verirrten.

„Mund halten, still!" raunte man sich zu. Anderswo schrie es:
„Gleich allarmieren — Überfall!", wenn rote Käppis dicht hinter
den Preußen auftauchten, auch sie nur verirrt, und die nächsten
preußischen Abteilungen aufs Schreien und Blasen herbeieilten.

. . Die Sachsen hielt's nicht mehr. Wo tiefer Qualm die Land=
schaft bedeckte, bis zum niederen Givonneufer herunterlastend, wo
Dampfwirbel aufstiegen über dem festen Schloß von Monvillers
und sich bis hinab nach Daigny ausbreiteten und bis übern Süd=

weftranb des großen Waldes — wo der Eifenorfan fchneibend durch
Thal und Höhen fuhr und wie bürre Zweige im Forfte Truppen=
fplitter vom wanfenden Stamm des feindlichen Heergefüges fchüttelte,
richtete fich Kronprinz Alberts prüfender Blick immer nordwärts
nach Illy. Dorthin den Ring zufammenzufchließen und wie links
den Bayern rechts Kirchbach die Hand zu reichen, war fein Beftreben
und Ziel. So holten nicht nur die Garden, fondern auch die
Sachfen immer mehr nordweftlich aus, während in die Lücke zwifchen
ihnen und den Bayern das Magdeburger Korps trat. Und fo
drängten die Sachfen jetzt mit aller Energie auf Daigny. . .

Ducrot, einen Augenblick abgefeffen, um durchs Doppelglas
genauer beobachten zu können, wie es ihm gegenüber in Thal und
Höhen furchtbar lebendig warb, ritt fchweigfam feine Linien ab,
feinem Stabe voraus. Nur dort klärten fich feine Züge freund=
licher auf, auf denen ein tiefer trauriger Ernft lag, als er das
heroifche Standhalten der Batterien am Calvaire d'Illy von einer
Kuppe aus betrachtete.

Die vereinte deutfche Artillerie machte jetzt ein furchtbares
Gebraufe und ftreute ihre eifernen Hagelfchloffen nur fo aus über
den ganzen Durchmeffer des Sedangeländes.

Divifionen Pellé und Hériller auf der mittleren Hochfläche
bewahrten kurze Zeit fefte Haltung, dann aber wars's ihnen zu
arg: wie Lämmerherden vorm Schäferhund, trieb es diefe fonft
fo tapferen Truppen hierhin und dorthin, dem zermalmenden Kreuz=
feuer auszuweichen, dem man doch nirgends entgehen konnte. Kein
Fleckchen des weiten Schlachttheaters blieb verfchont und unberührt.

Die Sachfen an der Givonne drangen doch gar zu breift vor,
als glaubten fie, die Franzofen wären fchon fort. Aber diefe
brachten wiederholt den Angreifer mit blutigen Köpfen wieder zurück.
Die Überficht im Uferhang des mehrfach reißenden Wafferlaufs
fiel fchwer. Wo Wege zu höhergelegenen Gehöften hinaufführten,
folgten fie natürlichen fchroff abfallenden Querfchluchten. Da fiel
in den Freudenbecher eines fchönen Soldatentags mit fchnellem
Sieg noch mancher Bleitropfen, manchen Offizier legte man ftill
neben feine gefallene Mannfchaft. Die Franzofen fochten noch mit
echtem franzöfifchem Mut. Doch ihr Elan endete auch hier zuletzt
in befchleunigtem Rückzug durch die Windungen und Biegungen

der Givonneschluchten, hinter denen sie sich aufs neue verbargen. In schwerem, zähem Kampfe ward ihnen das Gelände um Daigny abgerungen, der unaufhaltsame Ansturm der Sachsen warf sie auch dort vor sich her. Die hatten schon ganz andere Dinge erlebt bei St. Privat, das bischen heutiger Widerstand that ihnen nichts mehr.

... Das letzte Ausfallthor nach Belgien zu verlegen, den Durchbruch zu vereiteln, daß der Feind nicht dort endgiltig über die Grenze verschwinde, diese Aufgabe löste das hessische Korps ja glänzend. Da draußen war nichts mehr zu wollen, das sahen die Franzosen wohl ein. Aber im schmalen Thal zwischen Maasschleife, Floing und Fleigneur, da konnten die Deutschen auch nicht mehr Gewehre gleichzeitig nach vorn bringen als sie. Wenigstens so lange Illy sich hielt.

„Langsam zurück!“ Allmählich räumten die Verteidiger alle unteren Schützengräben, indem sie jeden Abschnitt übereinander be= setzten, die von unten Heraufflüchtenden aufnehmend, und jeden Stein, Strauch, Abhangbiegung zu gedecktem Schießen benutzten. Angeschossen lag Mann auf Mann der Emporklimmenden an jedem Vorsprung, geraume Zeit hielt man sie sich vom Leibe, einen ge= schlossenen Sturmlauf von der Höhe herab hätten sie schwerlich aushalten können. Doch dazu kam es nicht und zuletzt verschnauften schon ganze Massen, aufwärts angekommen, dicht unterm obersten Höhenrand. Dies hielt freilich den Feind nicht ab, ein furchtbares Feuer zu geben, wo er etagenweise am Hange auf dem Bauche lag, seine Geschütze auf der in eine Spitze auslaufenden Bergpartie.

„Die wollen wir uns holen! Wer will mitmachen?“ Kecke hessische Häuflein wagten sich in den Nordsaum des Bois de la Garenne hinein und griffen ganze Mengen Versprengter auf, ehe sie sich besinnen und die geringe Macht ihrer Bändiger abzählen konnten. „Jetzt rasch zurück mit den Kerls, ehe sie sich am Ende bekobern!“ Schluchtaufwärts Gefangenenrudel wegtreibend, blieb ein Teil Hessen am Waldsaum, und wer sie dort angriff, der mußte dran glauben. In die Höhe springen, mit den Armen in der Luft schlagen und ins Dickicht schwer niederbrechen — so ergings hier den Franzosen, die ihren Wald reinhalten wollten. Wieder begann Kirchbachs Artillerie ihr furchtbares Granatfeuer und riß mächtige Lücken in die letzten noch standhaltenden Abteilungen. Ohne Zögern

trat inzwischen Kirchbachs Brigade Henning im Verein mit den Gör=
litzer Jägern ihr Vorrücken an. Es erfolgte in voller Ordnung unter
brausendem Hurrah, das ins Herz drang. Das feindliche Feuer
richtete alsbald dorthin sein Augenmerk, entlud sich mit unge=
wöhnlicher Wucht. Die Franzosen fochten noch mit Fleiß und
Geschick, als ob sie den unglaublichen Erfolg des Feindes im Ab=
schneiden und Umzingeln des kaiserlichen Heeres noch nicht für
wahr hielten. Unerschrocken drangen indessen die Schlesier und
Westpreußen aufwärts, wo sie ins grimmigste Feuer gerieten.

.. In Balan spann sich der Kampf endlich von Haus zu Haus
bis an den nördlichen Ausgang. An letzten Speichern und Scheunen
verschlossene Thüren aufgerissen und Leitern zur Tenne erklommen,
ob auch mancher dabei tot von den Sprossen auf die Stufen des
Unterflurs niederfiel! Vorwärts in das letzte Eckhaus!

Die letzten Verteidiger flüchten übers Dach. Nur von einer
Parkvilla blitzte noch Schnellfeuer durch die weithin lodernde
Flammenzeile der Ortschaft.

„Balan ist gefallen!" pflanzte sich die Nachricht mit ungeheurer
Schnelligkeit durch die französischen und deutschen Linien fort.
„Wenn d a s von Unsern besetzt ist, sind die Franzosen aufgeschrieben
und festgenagelt, ein anderer Ausweg nach Süden ist nicht!" riefen
die Sieger sich zu. Wo gestern Nacht noch Laternen hin und her
getragen wurden bei fütternder Kavallerie hinter dem Fußvolk, dort
im Alten Lager drängte man sich schon in Schlußstellung zusammen,
vom übermächtigen Feinde ruckweise bis dorthin zurückgetragen.
Aus Chausseesteinen, Pflugscharen, Baumstämmen ward in Balan
ein Verhau errichtet, das sichere Feuer von dort nahm den
Stürmern noch manchen Offizier.

„Hand von der Butter!" jauchzten die Sachsen, als erneut
vorstoßende Teile der Division Goze ihre Hand nach zu keck über
die Givonne heranfahrenden Geschützen ausstreckten. Nach allen
Seiten stäubten sie unter Schnellfeuer auseinander. Diese große
Mausefalle war so richtig ausgedacht und angelegt, daß jede krampf=
hafte Anstrengung der Umstrickten die Maschen des Netzes immer
enger zog. . .

Die Reservekavallerie kam dem Feind nicht aus der Fühlung,
überall erreichten sie Granaten, überall spritzte ihr Blut nur so

heraus aus ihren schimmernden Reihen. Sonst dachten die Afrikaner
Jäger wohl: Wem Gott will rechte Gunst erweisen, den setzt er
auf ein Berberpferd — ach, die edeln Tiere waren noch nicht
„hart", noch „beinig", doch angstvoll wiehernd brannte so manches
aus der Front vor und weiter. Mühsam parierten die Reiter, die
Zügel auch mit der Säbelfaust umklammernd, um nicht abgeworfen
zu werden, schossen an flüchtendem Fußvolk vorbei, das sie im
sausenden Durchgehen umritten. Bei Brigade Lefebvre trat hier=
durch solche Verwirrung ein, daß sie gar nicht zu ordentlichem
Aufmarsch gelangte. Umsonst legten fluchende Offiziere den Mann=
schaften die flache Klinge auf den Rücken, die Betäubten hörten in
panischem Schreck auf nichts als auf die einschlagenden Kugeln. . .

In blutigem Ringen kämpften gegen die Garden noch Ducrots
Division Wolff und Brigade Gandil im Garennewald, nicht um
den Sieg, sondern um Rettung, wo schon viele niedergestreckt durch
die deutschen Waffen. Nach längerer Pause, als schon der Spät=
nachmittag hereinbrach, erfolgten neue Gegenstöße auf die in viel=
stündigem Waldgefecht ermüdeten Preußen. Doch unverzagt gingen
sie den Turkos wieder an den Leib, räumten unter ihnen auf und
drangen noch weiter in die Stellung hinein. Eine überraschende
Änderung in der Gefechtslage, wie der Feind sie durch mannhafte
Vorstöße erhofft, trat nirgends ein. Weiter brannte der Schlacht=
vulkan, nie verstummte der tosende Waffengang, nirgend gewann
ein menschliches Fühlen die Oberhand in Schonung des wehrlos
besiegten, hingemetzelten Feindes, den diese grauenvolle Kanonade
unsichtbarer Hände zu Tausenden meuchelte. Im Kriege darf das
Herz ja nicht zur Geltung kommen.

Mit spartanischem Heroismus arbeitete immer noch die Batterie
der Einsamen Pappel. „Hol's der Teufel, das gibt ein Unglück!"
brummte der arme Douay, seine unglückliche dortige Artillerielinie
musternd, aus der überall Gäule mit hervorquellenden Eingeweiden
sich herausschleppten, um am Wege zu verrecken. Am Nordsaum
des Garenner Walds, wo die Franzosen sich anfangs wieder still
in ihren Verstecken hielten, ein furchtbares Gehaue. An der Hinter=
ecke des Waldzipfels herumbiegend, stießen kecke hessische Schwärme
gerade auf feindliche Massen in Richtung der Meierei Querimont
und saßen schon mitten drin in feindlicher Übermacht. Was ohne

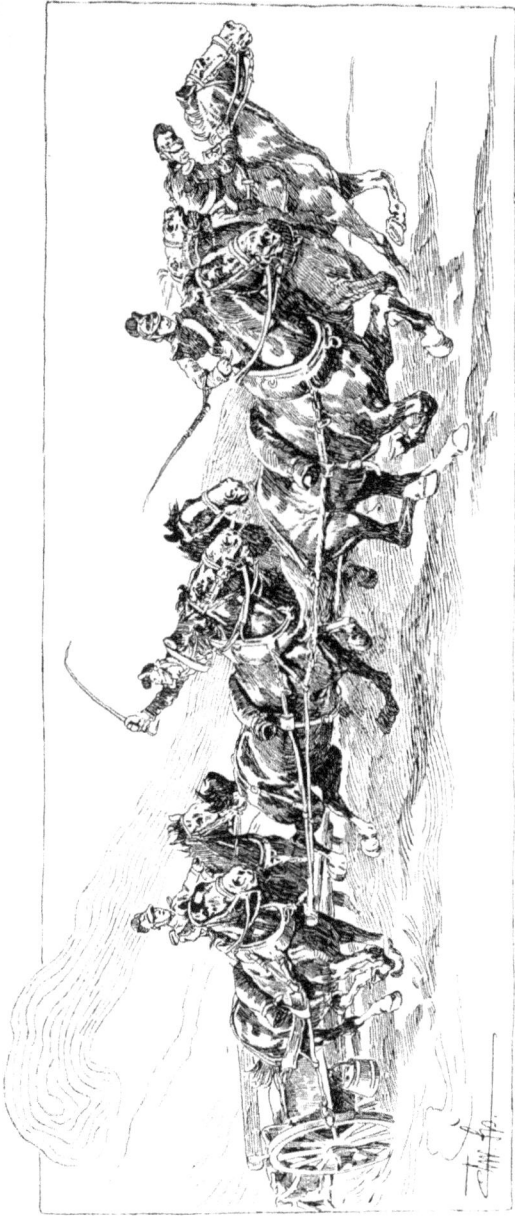

reifliche Überlegung die Siegverwöhnten hier mitriß, führte besser zum Erfolg als jede Vorbereitung. Verblüfft wehrten sich die Überraschten kaum und trugen nun selbst den Verlust, den sie dem Angreifer bereiten konnten.

Vom Korps v. d. Tann blieben nur noch 7. Jäger und einzelne Teile 3. und 10. Regiments am Feinde, traten jedoch gleich darauf in Rückhalt. Brigade Schleich der Division Walther ging mit diesen vereint nun mittags gegen Balan vor, von wo sich gegen die Wiesenniederung ein ungemein lebhaftes Feuer richtete, in welchem auch schweres Kaliber von Festungsstücken sich bemerkbar machte. Die Marinedivision sammelte sich wieder in ihren Verbänden, Teile der Division Grandchamp stellten sich ins Vordertreffen. Obschon Balan anfangs nicht verteidigt ward und ein Bataillon 6. Regiments König von Preußen sogar bis dicht unter die Festungswälle gelangte, ward der Park doch zähe behauptet.

Oberstleutnant Kohlermann der 8. Jäger fiel, Major Damboer 6. Regiments ward verwundet und beide Truppenteile litten in dem kurzen Gefecht schon mehr als irgend einer des Korps Tann. Zwei Hauptleute der 8. Jäger, Graf Butler und Freiherr v. St. Marie, fielen. Ebenso Stabshauptmann v. Juncker und Hauptleute Rösling und Grundherr der Infanterie. Stabshauptmann v. Berg, der zuerst den Parkeingang erstürmte, sank verwundet. Im ganzen verloren das Regiment Preußen siebzehn Offiziere, fast dreihundertfünfzig Mann und die Jäger verhältnismäßig noch mehr: sieben und fast hundertachtzig, zweifellos der größte Bataillonsverlust des ganzen Tages auf deutscher Seite. Das 7. Regiment Hohenhausen, dem ein Bataillon fehlte, rückte nach. Ebenso zwei Batterien der Brigade Schleich und vier Batterien Tanns, außerdem vier Magdeburger Batterien bis auf den Höhenzug nördlich von Balan.

Lebruns Artillerie feuerte wütend vom gegenüberliegenden Höhenrand östlich Fond de Givonne. Die deutsche Geschützentfaltung, deren Linke südlich des Weges Lamoncelle-Balan bis dicht an Balan sich vorstreckte und deren Rechte in scharfem Winkel dazu nördlich dieses Weges sich aufstellte, nährte zu gleichen Hälften den Kampf gegen die Festung selber und gegen die nördlichere Hochfläche.

Um ein Uhr währte im wesentlichen nur ein riesenhafter Geschützkampf fort, dessen Fortschreiten jedoch völlig ausreichte, um ganz allein von Stunde zu Stunde die Zerrüttung des endgiltig eingeschlossenen Heeres zu vollenden. Nachdem noch zwölf Reservegeschütze Kirchbachs über den Fleigneurbach vorgezogen, feuerten drei Artilleriegruppen — elf Batterien bei St. Menges, zehn bei

Fleigneux, fünf in der Mitte am Feldweg St. Menges-Illy —
mit grausamer Wirkung und gegen die Richtung von Illy kreuzten
sich damit noch die Eisenballen von elf Gardebatterien. Die andern
vier und die der Sachsen bestrichen ausschließlich die Fläche Daigny-
Garennerwald, dessen Nordteil auch die Hauptmasse der Gardeartillerie gelegentlich bearbeitete. Die Artillerie Douays und
Faillys (Wimpffens) litt bald entsetzlich. Ununterbrochen stiegen
mit scharfem Knall die pfeilgeraden Rauchsäulen auffliegender
Pulverkasten empor. „Jetzt kamen wir auf vierzig!" zählte Douays
Stab mit lächelndem Grimm. Um alle Lippen spielte schon jenes
traurige Lächeln der Verzweiflung, erschütternder als jede Thräne.

Dorf Illy und dessen südliche Feldmark lag schon leer und verlassen, auch das am hohen Kirchhof auf der Kuppe zwei tapfere
Batterien bedeckende Fußvolk flüchtete in den Waldsaum. Die
Batterien hielten heroisch aus und schleuderten ihre Geschosse rastlos
unter die Zweiundachtziger drunten am Bergfuß. Diese hatten,
vom langen Marsch erschöpft, seelenruhig in Illy rasten wollen.
Doch Kugeln fuhren in ihre hier und da schon mit seltener Naivetät
zusammengestellten Waffen, an welche unverzüglich das Kommando
„An die Gewehre!" erinnerte. Kaum unters Gewehr getreten,
ward das I. Bataillon vom persönlich heransprengenden Divisions-
führer v. Schkopp sofort gegen den Waldstreifen am Kirchhof vorgeschickt, hinter welchem eine flache Lücke bis zum eigentlichen
Garennerwald gähnte. Es ließ sich voraussehen, daß dies Vorgehen nicht ohne starke Verluste abging. Das Andringen auf dem
Feldweg links vom Calvaire erschwerte sich noch dadurch, daß der
nordöstliche Zipfel des Waldstreifens sich zu schmal erwies, um die
hier auch noch nachrückenden Achtziger und hessische Jäger aufzu-
nehmen. Wegen des beengten Raumes warf man sich außerhalb
in einem Weggraben nieder und schoß blind drauf los, obschon die
Offiziere es mehrfach verboten, weil der unsichtbar bleibende Gegner
doch kaum zu treffen war. Je toller das Geschieße, um so schärfer
antwortete von halblinks ein mörderisches Flankenfeuer. Mann an
Mann niedergeduckt und zusammengepfercht, übergossen in den Kopf
Geschossene mit Blut die Gesichter und Kleider daneben hockender
Kameraden und es kam vor, daß ein Nebenmann die Schulter
tot im Graben Liegender als Auflage beim Schießen benutzte.

Hauptmann Laßmann ward hier durch Kopfschuß getötet, eine Menge Offiziere und Mannschaften niedergestreckt, überhaupt erlitt das Regiment den größten Verlust der Division Schkopp, die freilich im Ganzen heut noch nicht sechshundert Köpfe verlor; insbesondere die Einbuße der Siebenundachtziger fiel den Umständen nach ganz überraschend gering aus. Dagegen kostete der Kampf in Floing den Dreiundachtzigern, dem einen Hessenregiment der Thüringer Division, siebzehn Offiziere zweihundertvierundreißig Mann, wobei Oberstleutnant Weber, Major Schorlemmer und sechs Hauptleute verwundet.

In diesen Augenblicken, wo die deutsche Kanonade ihren gefährlichsten Grad erreichte, spielte das Schicksal den Franzosen noch einen besonders bösen Streich. General Wimpffen, der sich vormittags zu Douay begab, machte anfangs wegwerfend: „Bah, Scheindemonstration, uns von der unteren Givonne abzulenken!“

Da er jedoch sich persönlich überzeugen mußte, daß die Deutschen sehr ernste Anstalten machten, dort den Einschließungsring zu schmieden, befahl er der Division Pellé und der Brigade Lefebvre unverweilt nach Illy vorzurücken.

„Ich werde mich wohl behaupten,“ äußerte Douay hoffnungsvoll, „aber ich muß hervorheben, daß meine Rechte bei Illy von größter Wichtigkeit dafür ist und um jeden Preis verstärkt werden soll.“ Gleich darauf traf Wimpffen am Südsaum des Garenner Walds mit Ducrot zusammen.

„Sehen Sie endlich, daß hier Hauptgefahr droht?“ fragte Ducrot mit einer gewissen Schadenfreude. Wimpffen schwieg bestürzt und beauftragte dann seinen Untergebenen: „Raffen Sie alles zusammen, was Sie finden, und halten Sie um jeden Preis den Calvaire und die Höhe. Ich selbst werde mich zu Lebrun begeben, um dort den Stand der Dinge in Augenschein zu nehmen.“

In Balan ward er nur Augenzeuge allgemeinen Rückzugs und fand auch dies Korps erschüttert, auf das er seine einzige Hoffnung gesetzt hatte. Er erließ daher Befehl an Douay: „Das XII. Korps wird stark gedrängt. Senden Sie zu seiner Unterstützung alle Truppen, die Sie entbehren können.“

Douay sandte die ihm kaum erst überwiesene Brigade Abbatucci. Die bei Beaumont am härtesten mitgenommene Division (Goze, nur

noch numerisch eine Brigade stark, hatte sich schon lange zwischen
die erschütterten Divisionen Lacretelle und Lartigue gesetzt und hielt
mit Energie die Front bei Fond de Givonne. Brigade Fontanges
war hingegen zur Unterstützung der Division Wolff zum Bois de
la Garenne abgegangen und Brigade Maussion, ursprünglich auch
zur Reserve Douays bestimmt, schlug die gleiche Richtung ein.
Die Körper des Korps Failly-Wimpffen zogen sich also strahlenförmig nach jeder Richtung auseinander. Und da Lebrun nochmals
Unterstützung forderte und Douay augenblicklich nicht bedrängt
schien, schickte er auch noch Brigade Bittard des Portes durch
Garenner Holz nach Osten ab.

All diese Truppenzüge, die in entgegengesetzter Richtung nach
Nordwesten und Südosten strebten, kreuzten sich nun auf der Hochfläche, wodurch Massenklumpen sich verknäuelten, die den deutschen
Feuerschlünden eine nur zu erwünschte Zielscheibe boten. Da auch
die Reservekavallerie sich gedecktere Mulden suchte, vom Granathagel heimgesucht, und hierbei ihr eigenes Fußvolk durchbrach,
so entstand ungeheure Verwirrung unter ungeheuren Verlusten.
Völlig aufgelöst strömten viele Bataillone teils auf der Hochfläche
zurück, teils vorwärts in den großen Wald hinein, der allein noch
hinreichende Deckung bot, sich aber nun schauderhaft mit Truppen
überfüllte, deren taktische Ordnung kaum mehr herzustellen war.

Nichtsdestoweniger säumte der rührige Felix Douay nicht, die
fast schon verlassene Kuppe des Calvaire vor allen Dingen wieder
zu besetzen. Notdürftig geordnet, stieg Brigade Bordas dort empor,
während der Oberkommandierende der Artillerie, Forgeot, zwei
Reservebatterien dort aufstellte. Auch flog Major Faverot im
Galopp über die Hochfläche, gesamte Kavallerie zu versammeln.

„Sie muß dran wie bei Fröschweiler — in Schlimmerem
als Fröschweiler!" knirschte der unglückliche Ducrot vor sich hin,
dessen Feuereifer sich an keiner Niederlage abstumpfte. Division
Dumesnil ging nun gleichfalls ins erste Treffen vor, doch ward
Brigade St. Hilaire (vormals Maire) nach dem Alten Lager ab-
berufen und Brigade Brettevillois (vormals Morand, gefallen
bei Beaumont) bestand nur noch aus dem 21. ligne und den
17. Chasseurs, da das 3. ligne in der Frühe mit Mann und
Maus im Bogen an der Grenze entlang nach Mezières ent-

schlüpfte. Diese Truppen gingen entschlossen genug vor und liefen sogar wiederholt den Abhang hinab die Reihen der Zwei= undachtziger an. Doch das fürchterliche Geschützfeuer erstickte alle Versuche, weiter über den Calvaire hinaus Boden zu gewinnen. Auch Brigade Fontanges, die nunmehr ihr Heil versuchte, war auf die Dauer nicht glücklicher.

„Sollen die Dragoner allein im Feldzug was geleistet haben?" Zwei Schwadronen 3. Gardeulanen, bisher lautlos der nördlichen Einsenkung des Bergsattels sich anschmiegend, warfen schon den Blick über die Illykuppe und glaubten endlich den Augenblick ge= kommen, sich auch etwas Ruhm zu erreiten, wie die Gardedragoner vor vierzehn Tagen. „Gewehr auf! Eskadron Trab!" Schenkel fester an und Sporen eingelegt. Mit Hurrah ging's über die Kuppe los, die Lanzen streckten sich nach Opfern aus, sie fielen mit nicht geringer Gewalt gegen den Kirchhof. Die holsteinischen Leut= nants Graf Rantzau und Freiherr v. Liliencron vorauf, preschten sie über die Höhe, die Tirailleure aufrollend, doch der Reiterausfall brach sich sofort, allzu scharf sausten Chassepotkugeln aus dem Ga= rennerwald nieder. Liliencron ward verwundet, über dreißig Ulanen bluteten: dieser unerhebliche Verlust bewog die Lanzenreiter zu sofortigem Kehrtmachen. Brigade Fontanges rückte zwar bis zum Höhenrande nach und beschoß, wo sie im Thale hielt, die Garde= reiterei, die eiligst hinter den Batterien Kirchbachs verschwand. Aber die Hessen bekamen nun den Gegner ordentlich zu Gesicht, auf nahe Entfernung von einigen hundert Schritt, wo er hinter Gräben und Strauchwerk in langen dichten Schützenreihen lag, und das ruhige Gewehrfeuer der Deutschen verstärkte noch die ohnehin schon er= schütternde Wirkung des ununterbrochenen Granathagels. Infolge= dessen zeigten die Franzosen um zwei Uhr solche Spuren von Ent= mutigung, daß viele mit Tüchern winkten, um sich zu ergeben.

General Dumont und seine Brigadegenerale Bordas und Bittard des Portes verbanden schon ihre Wunden, General de Brettevillois fiel. Der fähige Geniechef General Doutrelaine gab's auf, den Kalvarienberg kunstmäßig zu verschanzen und die Ver= teidigung des Plateaus zu leiten. Den Tod in der Seele, kehrte er dem Kirchhof den Rücken. Umsonst boten die 17. Chasseurs pflichttreu einer demontierten Batterie ihre Hilfe als Bediener an.

Alle Batterien lagen zertrümmert umher. Umsonst unterstützte Divisionsgeneral Liédot vom Korps Failly seinen Kollegen Baron de Liégeard, Artilleriechef Douays, bald schwimmt er in seinem Blute mit zerschmetterten Schenkel. Die letzte Widerstandsfähigkeit auf dem Kalvarienberg ging zur Neige, als die brave Artillerie zu Grunde ging. Während Brigade Fontanges in den Nordsaum des Garenner Waldes abzog, warfen vordere Teile der Brigade Bordas die Waffen zur Erde und ergaben sich zu vielen Hunderten. Mit unglaublicher Keckheit stürzten sich Fähnrich Wiebe und Freiwilliger v. Roux mit einer Handvoll Schützen ins Walddickicht, das sie im Bogen durcheilten und am einspringenden Winkel des Südsaums einen Haufen Franzosen abfingen, der aus dem Walde nach Fond de Givonne zurück wollte. Willenlos leisteten diese der schimpflichen Aufforderung Gehör, sich einer so winzigen Minderzahl zu ergeben. Sogar ein alter General gab seinen Degen ab und es strömten soviel Leute herbei, die sich abführen lassen wollten, daß der Einjährige v. Roux eiligst eine Jägerkompagnie zur Entlastung herbeiholte. Als sodann Hauptmann v. Klinkowström an die Waldecke gegenüber dem Gehöft Garenne mit der vierten Kompagnie vordrang, stieß er auf den Rest eines Lancierregiments mit dem Obersten und Offizierkorps. Diese zögerten unentschlossen, ob sie attackieren sollten. Doch ein einmütiger Ruf „Waffen nieder!" von Deutschen wie von umherlagernden französischen Gefangenen bestimmte die Reiter, ihre Lanzen niederzulegen, nachdem ein Offizier, Taschentuch an der Säbelscheide als Parlamentär, in deutscher Sprache mit Klinkowström verhandelte. So elend mutlos führten sich hier Franzosen auf, die sonst errötet wären, derlei Zumutungen auch nur anzuhören.

Noch früher drang Major v. Grote mit seinen Nassauern in den Nordsaum ein, wo er unter ständigem Schießen sich hielt. „Ik wolln mit mein' Reschiment kapitulir!" meldete sich gemütlich der Oberst der 1. Zuaven dem Leutnant Teklenburg. Als aber Leutnant Wurzer vorging, um die Entwaffnung vorzunehmen, erfolgte ein unaufhaltsamer Gegenstoß der Division Pellé quer durch den Wald, der sowohl Hessen wie Gardefüsiliere aus den Rändern hinauswarf. So apathisch zeigten sich aber die Gefangenen, daß sie die Gelegenheit zu ihrer Befreiung unbenutzt ließen und mit

ihren Wächtern zurückliefen, wobei der Zuavenoberst sich an den
Steigbügel des Majors Grote festklammerte. Die Franzosen
drängten vor drei Uhr hier nochmals kühn nach, da Ducrot und
Pellé die Ihren mitrissen, auch Brigaden Fontanges und Maussion
noch eine letzte Anstrengung wagten. Erst das Eintreffen des 1.
Garderegiments stellte dem Durchbruch eine Mauer entgegen, Schnell=
feuer trieb die Franzosen in den Garenner Wald zurück.

Im wesentlichen schloß der Kampf um den Kalvarienberg um
halbdrei Uhr ab, obschon die Artillerie und einzelne Abteilungen
sich noch lange außerhalb des Waldes auf höhergelegenen Feldern
behaupteten. Die Hessen=Division Schachtmeyer mit Ausnahme ihrer
bei Floing befindlichen Kompagnien besetzte den Kirchhof und die
verlassenen Schützengräben. Mittlerweile begannen die Sechsund=
vierziger aus Floing den Aufstieg gegen nordwestliche Hochfläche,
Thüringerbrigade Kontzki gleichzeitig aus der Flanke . .

Schon nach ein Uhr erhob sich aber neues Schlachttoben bei
Balan, wo Division Vassoigne erneut vorbrach, nachdem vom
Glacis her, sowie aus dortigen Gartenanlagen, die eine ummauerte
Terrasse umschloß, verstärktes Feuer den Sieger bis an die
Straßengabelung westlich des Parkes zurücktrieb. Die Marine=
truppen drangen erneut in Balan ein, wo sie sich in die Häuser
warfen und ein fast ebenso erbittertes Dorfgefecht wie in Bazeilles
im Gange war.

„Da hilft nur eins: Durchbruch nach Carignan über die
Bayern weg!" entschied sich Wimpffen und entsandte seine Adju=
tanten Chasseurhauptmann Graf d'Olonne und Staatsrat=Auditeur
Marquis de Laizer, Leutnants Daram und Desgrandchams zu den
Korpskommandanten. Da jedoch Mac Mahons Stab mit dem
Marschall pflichtloserweise nach Sedan zurückging, standen dem
jetzigen Oberbefehlshaber so wenig Mittel für Befehlsübertragung
zu Gebote, daß die Ordres sämtlich zu spät oder gar nicht ein=
trafen. Auch hätte dies wenig gefruchtet. Douay freilich, der
dabei den Rücken decken sollte, that dies ohnehin, da Division
Liébert mit unübertrefflicher Zähigkeit die Floinghöhen verteidigte.

Ducrot aber hätte unmöglich, wie Wimpffen ihm zumutete, einen
Stoß auf Lamoncelle führen können, da er sich am Garennerwald
durch die Garde gefesselt sah. Divisionen Grandchamp und Goze,

sowie Brigade Abbatucci folgten schon vorherigem Befehl und griffen auf der ganzen Linie Bayern und Sachsen an. Die 2. Zuaven der Brigade Carteret und das 47. ligne der Brigade St. Hilaire (Dumesnil) schlossen sich vom Alten Lager her an. Es mochte eine Viertelstunde über zwei Uhr sein, als diese Truppen (Abbatucci erst später) nach Südosten hereinbrachen und um drei Uhr den ganzen Höhenzug südlich von Balan stürmten.

„Mettez feu!" riefen bayrische Offiziere nach oben hinauf, um die Verteidiger auf ihr Los vorzubereiten, da man Brennstoffe anzündete und Rauch entwickelte. Erst dies veranlaßte die Be= satzung, in den rückwärtigen Hof hinabzuspringen, wobei die meisten entkamen, andere aber unten abgefaßt und, da sie Ergebung aus= schlugen, niedergeschossen wurden.

Doppelte und dreifache Hecken, Mauern mit Schußlöchern ver= sehen, Gartenfronten gegen die Straßenseite fest verschlossen, die Häuser nicht Lehmkathen, sondern zweistöckige Quaderbauten aus Sandstein — so stellten sich Balan und Bazeilles beide dem An= griffe dar, in denen es so chaotisch herging.

Aber Bazeilles war nicht mehr, nur ein riesiger Fabrikschornstein ragte aus dem eingeäscherten Flecken auf, in weißem Steinmosaik die Jahreszahl drauf eingeprägt, in dem eben erst diese Friedens= säule der Industrie errichtet — die Zahl des Schreckensjahres, zur ewigen Erinnerung!

. . Sächsische Division Montbé unter Heranziehung ihrer drei noch unberührten Regimenter Hundert, Hunderteins, Hundertacht überschritt jetzt auf Notbrücken die Givonne, indem Brigade Seydlitz über Lamoncelle abbog und sich hinter die frische Brigade setzte. Im Vormarsch noch zwei verlassene Geschütze auflesend, stieß letztere im Holz hinter Daigny unverhofft auf den Feind, wobei sich ihr über Haybes das Garderegiment Kaiser Franz anschloß. Am steilen oberen Thalrand kamen hier Divisionen Goze und Grandchamp ihrerseits angriffsweise entgegen. Erstere führte 46. 61. 86. ligne und 4. Chasseurs östlich von Fond de Givonne vor, während Grandchamp seine Brigaden Cambriels und Villeneuve hinter Goze's linkem Flügel gegenüber Haybes entwickelte. —

Das Bayernregiment Hohenhausen wich bereits aus der Nord= ostecke des Parks ins Innere. Der Verlust seiner beiden Bataillone überstieg in der kurzen Frist noch den des Regiments Preußen. Nicht weniger als achtzehn Offiziere und über dreihundertachtzig Mann löschte es heut aus der Etatliste. Da that eilige Hilfe not und die frische sechste Brigade rückte alsbald in die Gefechtsstellung ein. 14. Regiment Hartmann und 15. Sachsen nahmen die weichende Brigade Schleich auf, auch fuhr die Vierpfünderbatterie Lößl nahe heran. Dennoch gewann das Gefecht keinen dauernden Umschwung. Die Franzosen drangen vor, Angriffe gegen ein Parkhaus vorher blutig abschlagend. Schon lagen drei Majore der sechsten Brigade verwundet und die fünfte hatte sich derart verschossen — fünf Kompagnien Regiments Preußen ihren ganzen Vorrat —, daß sie aus dem Feuer gezogen werden mußte. Das Ende vom Liede war, daß v. d. Tann einige wiedergesammelte Teile seines kaum noch gefechtsfähigen Korps und das noch frische II. Bataillon Regiments König drangeben mußte.

Lange zuvor, eine Viertelstunde nach ein Uhr, schwang sich Wimpffen zu einem genialen Entschluß auf und schrieb ein Billet: „Sire, ich gebe dem General Lebrun Befehl, Durchbruch nach Carignan zu versuchen, und befehle allen verfügbaren Truppen, ihm zu folgen. Ich befehle dem General Ducrot, die Bewegung zu unterstützen, und befehle dem General Douay, den Rückzug zu decken. Möge Ew. Majestät in die Mitte Ihrer Truppen kommen, sie werden es sich zur Ehre rechnen, Ihnen einen Durchweg zu öffnen." Das Wörtchen „befehlen" mußte natürlich recht oft vor= kommen. Diesen Unsinn erachtete der Phantast so wichtig, daß er noch ein Duplikat ausstellen ließ, und die Generalstabshauptleute de Lanouville und de St. Haouen mit je einem Stück Papier nach Sedan hineinschickte. Doch Napoleon bezeigte keine Lust, dem Tollhausstreich zu willfahren.

Wimpffen wartete umsonst auf Antwort, doch arbeitete er auf eigene Hand an Fortspinnung seiner fixen Idee . . .

„Marins, bis auf den letzten Mann! Durch Thür oder Fenster müssen sie uns kommen und dann wehe ihnen!" „Ehe wir weichen, zeigen wir, was Bayern sind!" So gehen Anfeuerung und Drohung hin und her, während die Wände von Kolbenstößen zittern und Thore zersplittert rücklings in den Flur fallen. Un= ablässig entladen sich die Chassepots auf die Raupenhelme drunten.

Feind vor der Nase, Hunger im Magen, — wer hätte bei plötz=
licher Morgenüberraschung, buchstäblich aus dem Schlafe geklopft,
abkochen können! — ist der Löwe am gefährlichsten und ein See=
löwe nicht minder. Mit wildem Zorn hatten die Marins diese
Unverschämten, die mit ihnen Treibjagd spielen wollten, zu züchtigen
gedacht. Doch sie verrechneten sich, denn der bayrische Löwe ist
auch ein gefährliches Wappenvieh.

Furchtbar wirkten jetzt sächsische Granaten, später die der
preußischen Garde, auf dichtgedrängte Reserven am Alten Lager.
Sie lösten sich bald auf und gingen in die Schlachtlinie.

„Infam schlecht läuft sich's hier!“ Thüringer und Schlesier
klommen flink an den nördlichen Höhen. Jede Scholle ward
mit Blut gedrängt, jede Sekunde brachte Verluste, doch immer
vorwärts. An jedem Hügelrand Häuserkämpfe gegen erbitterten
Widerstand. Mancher Franzos, der sein Gewehr streckte, besann
sich wieder und verehrte seinem Einfanger eine Kugel als Andenken.
Gar manchen Hessen, der unversehrt durch die Schrecken des Wörther
Niederwalds hindurchging, ereilte hier sein Schicksal, manch mutiger
Offizier teilte das Los seiner gefallenen Leute, doch die hessischen
Batterien kontrollierten immer genauer ihr Feuer. Mit hervorragen=
der Umsicht bewährte sich Feldwebel Georgi (Kreuz I. Klasse) der
dritten leichten Batterie.

In der französischen Artillerielinie bei Floing sah's auch schon
ungemütlich aus. Pferde stiegen im Schrecken vor krepierenden
Granaten hoch und schleiften ihre zu Fall gebrachten Reiter im
Bügel davon, bis der Stiefel nachgab oder der Kopf zerschunden.
Dennoch hielt sich die große Batterie aufs bravste und mit be=
deutendem Erfolg. Kavalleriezüge der Division Prinz Albrecht, die
an der Maasschleife auftauchten, bündelten eiligst auf und davon
vor Granaten, die auf so bedeutende Entfernung treffsicher ein=
schlugen.

Doch jeden Durchbruch auf belgisches Gebiet, mittags noch
möglich, verlegte jetzt ein undurchdringlicher eherner Wall.

„Was, Unterhandlungen? Niemals! Ich nehme keine Kenntnis
von dieser Zuschrift!“ Wimpffen, nachdem er anfangs den Vorstoß
der Divisionen Goze und Grandchamp geordnet, ritt soeben zum
südöstlichen Festungsthor zurück, wo zu Händen des Beamten

Pierron eine Ordre des Kaisers an ihn einlief, in Kapitulations=
verhandlungen einzutreten. Wimpffens naive Aufforderung, schon
vor zwei Uhr an den Kaiser gelangt, dieser möge sich selbst an die
Spitze des Durchbruchs stellen, beschied er abschlägig. „Wir werfen
ja die Bayern in die Maas, alles geht gut! — Jawohl, Bazaine
trifft ein, natürlich!" Dies Gerücht schwebte wirklich durch die
Reihen des französischen Heeres und mit der eigentümlichen Leicht=
gläubigkeit der Gallier, von der schon Cäsar zu melden wußte,
schenkten sogar viele Offiziere solchem Unsinn vollen Glauben.
‚Grouchy ist da‘ — die alte Mär von Waterloo! „Wiederholen
Sie Sr. Majestät, Er soll sich selbst meiner Kolonne anschließen.
Wir brechen durch bis Carignan, der Weg ist frei!"

So in phantastische Hoffnungen gewiegt, steckte er auch seine
Umgebung an. General Lebrun, dem heut zwei Pferde unterm
Leib erschossen und fünf von sechs Offizieren seines Stabes getötet,
war sofort dabei, sich nach ergangener Aufforderung nochmals ins
Getümmel zu stürzen. Er sammelte mit Wimpffen aufs neue einige
Tausend Versprengte. Letzterer ritt zu diesem Behuf, den Hof=
beamten Pierron unverrichteter Sache stehen lassend und das kaiser=
liche Handschreiben uneröffnet in Händen haltend, nach Sedan
hinein, indem er die Truppen ansprach und sie beschwor, ihm
hinaus zu folgen. Er fand vielfach Gehör. Auch erschien Oberst=
leutnant Lecoeuvre mit Mitrailleusenbatterie der Division Wolff, die
bereits hinter Fond de Givonne aus dem Walde nach Sedan ab=
zuströmen begann. Ducrots Korpsartillerie hielt übrigens noch
unverdrossen aus, so lange es ging. Bei einer reitenden Batterie
schleppte sich Wachtmeister Carteret schwerverwundet zu einem der
Bemannung beraubten Geschütz und pointierte. Lecoeuvre schob
sofort drei Stücke auf der Chaussee vor, Adjutant Guertiau und
Wachtmeister Thouvet schossen auf nächste Distanz und richteten
große Verheerungen an. Es stellten sich ferner ein paar Kom=
pagnien 1. Zuaven, deren Leutnant Berger vorsorglich den Adler
vergrub, damit er nicht in Feindeshand falle. Ferner Leutnant
Perignon de Troyes mit siebzig 4. Chasseurs, die beim Kampf um
Fond de Givonne zersprengt, ebenso Trümmer der 14. Chasseurs
unter Kapitän Roboy. Die schon am Festungsturm aufgezogene
weiße Fahne verschwand. Eine Parlamentärflagge riß Wimpffens

Ordonnanz, Graf d'Ollone, hergebracht von einem kaiserlichen Ab=
gesandten, aus der Hand der Eskorte Lebruns, die sie voreilig
hissen wollte.

Mit erbitterter Kampfwut drangen nun alle französischen Teile
auf die Bayern ein, die immer eiliger auf Bazeilles wichen. Um
halbfünf Uhr schien hier wirklich ein Durchbruch bevorzustehen. . .

General v. Pape ließ inzwischen um halbdrei Uhr auch das
4. und dann das 1. Garderegiment nach Givonne hinabsteigen,
während die gesamte Gardeartillerie jetzt ihr Feuer auf den Wald
vereinte, wobei jeder Abschnitt desselben auf jede Schußgruppe
verteilt wurde, so daß zuletzt kein Winkel mehr darin und keine
Lichtung verschont blieb. Die verschiedensten Truppenteile irrten
dort umher und suchten Zufluchtsstätten. Division Wolff strömte
größtenteils nach Fond de Givonne zurück, Brigade Lefebvre bestand
als solche nicht mehr, weil von flüchtender französischer Kavallerie
buchstäblich umgeritten, ehe sie zum Aufmarsch kam. Brigaden
Bordas und Brettevillois, vom Calvaire hinabgeworfen, drängten
sich im Nordteil. Division Pellé bot noch mit Festigkeit die Stirn.
Ebenso Brigade Maussion. Mit Brigade Fontanges und Pellés
Brigade Gandil (1. Turkos, 78. ligne), bei welcher er sich am
längsten aufhielt, unternahm Ducrot nochmals Vorstoß gegen Calvaire.

„Ich schlage mich nur noch für die Ehre", warf er achsel=
zuckend hin. Unablässig tummelte er sich, den Degen in der
Faust, umgeben von seinem Generalstab, sein weißgrün Signal=
fähnlein neben sich, in den vordersten Reihen. Als alles verloren,
hielt er noch lange weit vorn wie Einer, der den Tod sucht. Auch
dieser letzte Vorstoß scheiterte. Von plötzlicher Panik ergriffen,
entmannt vom nervenzerreißenden Brüllen der unerhörten deutschen
Kanonade, der fürchterlichsten, die bisher je auf Erden vernommen
ward: sechshundert gezogene Geschütze konzentrisch gegen so engen
Raum, liefen die Truppen wie Lämmerherden auseinander. Die
Generale de Fontanges und de Maussion sanken gleichzeitig, ersterer
tötlich getroffen, in treuer Erfüllung ihrer Pflicht. Schweren
Herzens sahen die Kanoniere diese Generale an ihren Linien ent=
lang nach Sedan zurücktragen. Lebend begab Divisionsgeneral
Lespart selber sich schon nach Sedan hinein, um Befehle einzuholen,
doch gerade dort ereilte ihn Granatentod. Denn bereits sausten

dort bayrische Granaten von Frénois her über den Markt und die Festungszugbrücken, und im eigenen Gefolge des Kaisers forderte die Schlacht ihr Blutrecht. Als aber gegen drei Uhr fast die gesamte Division Pape das Waldrevier von Osten her betrat, entfalteten die französischen Massen immer noch bedeutenden Grad von Widerstandsfähigkeit, obschon planmäßige Gegenwehr im allgemeinen Wirrwar kaum mehr möglich, den hineinsprengende Kavalleriereste noch mehr verwickelten. . .

. . Das sächsische Leibregiment teilte sich beim Rechtsabmarsch derart, daß es teils schon den Südrand des Dorfes Givonne berührte, teils im Gehölz von Daigny sich der Division Goze erwehrte. Da zwei Mitrailleusen aus einer Erdschanze jenseits der Höhenstraße Givonne-Sedan empfindlich störten, stürzte sich der Kompagniechef Kirchhoff um halb drei Uhr dorthin vor und machte sie unschädlich. Kanoniere und Zugpferde weggeputzt, fünfunddreißig Fantassins in der Schanze gefangen — und doch begleiteten den Führer nur ein Feldwebel, ein Hornist und elf Mann hinein.

„Wie heißen die Dinger? ‚General Berthier‘ und ‚General Forse‘!" lasen die glücklichen Trophäensammler von den Lafetten ab. Das Leibregiment hatte sich jedoch noch starker Anläufe gewärtig zu halten. Unter lautem Ansagen des Haltepunkts beim Zielen unterhielt die bewährte Truppe ein herzhaft lustiges Kernfeuer. Ernstere Arbeit fand das Garderegiment Kaiser Franz, das zunächst die sächsische Kompagnie in der Erdschanze stützte, jedoch wiederholt ins Gehölz zurückgeworfen wurde. Das Gleiche geschah dem Regiment Hunderteins, das atemlos am steilen Mühlenfußsteig hinaufrückte. Die Deutschen faßten sich jedoch und nach heftigem Kampfe unter Beihilfe ihrer Geschütze drängten sie Brigade Cambriels nach der ausgedehnten Ortschaft Fond de Givonne hinein, indeß Franzer und Teile Gardejäger längs des Chausseeeinschnitts den Steinbruch erstürmten. Zwölfhundert Umzingelte mit fünfundzwanzig Offizieren ergaben sich. Allein, ein Gewaltstoß der Brigade Villeneuve trieb sie aus der Ortschaft alle hinaus und gegen das Givonneufer zurück, wo elf sächsische Batterien Fuß faßten.

Die schlecht gangbare und sumpfige, gestrüppbedeckte Givonneniederung, mit ihrer bald sanfter bald schroff abfallenden Ufererhebung, überschütteten zahllose Geschosse. Beim Räumen des

Westufers wurden manche fliehenden Franzosen niedergeschossen, andere ergriffen, das Ufer durchforscht und abgesucht, wo noch einzelne Köpfe von Versprengten aus dem Gestrüpp hervorragten, und Turkos abgeliefert, die aus dem Hinterhalt schossen. Aus der Niederung heraustretend, avancierten die Sachsen gegen die vorliegenden Uferränder und über diese hinweg durch die mehrfachen Einschnitte des schwierigen Geländes langsam, aber stetig. Die Jäger schnitten sich gute Standpunkte hinter alten Weidenbäumen zurecht und beobachteten festen Blicks Vorstoßbewegungen des Feindes.

Im allgemeinen mußten die Deutschen sich bis vier Uhr auf hinhaltendes Gefecht beschränken. Das Schützenregiment Hundertacht wandte sich in den Garennewald. Die zweite Kompagnie Leibregiments kam aber in Fond de Givonne, das sich vorstadtartig in enger Schlucht hinstreckte, derart ins Gedränge, daß sie sich mühsam aus der Einkeilung rettete. Sergeant Sontag mußte aus nächster Nähe einen Franzosen niederschießen, der auf Hauptmann v. Einsiedel anlegte, Fähnrich Richter ward mit Kolben erschlagen, Leutnant Richter ward verwundet, Sergeant Sontag mit vier Mann gefangen. Hier fochten verwaiste Truppen, ihrer Führer beraubt: General de Villeneuve fiel, sein Kollege Cambriels blutete schon früher...

Das 86. der Division Goze, dessen II. Bataillon nach Bitsch entkam, zählte nur noch zwanzig Offiziere fünfhundert Mann und verlor davon heut nur drei und zweiundvierzig. 46. verlor hundertfünfundfünfzig. Beim 31. Lacretelles fielen nur hundertfünfzig in Gefangenschaft: von Erschütterung dieser Teile war also keine Rede. — —

Unaufgehalten avancierten die Franzosen seit halbvier Uhr Balans' Dorfstraße entlang. Wie ein gehetztes Wild die lebendige Kette zu durchbrechen, dies verzweifelte Bestreben schien anfangs glücken zu wollen. Doch gingen inzwischen auf dieser Ostfront des Schlachtfelds hundertsechsundzwanzig sächsische, bayrische, preußische Feuerschlünde näher heran, um im Abenddunkel auch Sedan in Brand zu stecken, falls der Widerstand fortdauere, und es ließ sich voraussehen, daß höchstens ein Teil des umzingelten Heeres die Maas erreichen könne. Und auch dieser nicht einmal. Denn das Leibregiment und die Jägerbataillone v. d. Tanns, nachdem auch II. Bataillon König von der Flucht fortgerissen und nur mit der

Vorderkompagnie Dietl tapfer eingreifen konnte, und die Thüringer Einundsiebziger nebst Magdeburger Jägern setzten dem weiteren Vorbrechen der Franzosen aus Balan ein Ziel. Das 3. Jäger=bataillon der sechsten Brigade hatte zuletzt noch sich als letzte Re=serve entgegengestemmt, ebenso suchte die nachmals berühmte Batterie Prinz Leopold unter großen eigenen Verlusten die feindlichen Schützen fernzuhalten. Aber die aus dem Festungsthor vorbrechenden Ko=lonnen der Brigade Abbatucci stürmten vom Nordwestteil Balans von Haus zu Haus weiter bis zur Chaussee.

Nun beschoß freilich die Korpsartillerie der Magdeburger, am Berghang höher stehend, Balan nachdrücklich. Durch das flucht=artige Zurückströmen brach sich Oberst Höfler mit einem Bataillon Hohenhausen und Oberst v. Täuffenbach mit einigen geschlossenen Haufen Leibregiments nach der Dorfecke Bahn. Mit gewaltiger Wut focht am Balan=Park besonders die erste Kompagnie Leib=regiments. Die Unteroffiziere Röder und Dischmayer holten sich hier ihr preußisches Kreuz, ebenso die Soldaten Merk und Frohn=höfer. Am Monvillers=Schloß hatte den schwersten Stand die achte Kompagnie zehnten Regiments, wobei der Unteroffizier Loy zuerst über den Givonnebach stürmte. Sergeant Goppert schlug mit der zwölften Kompagnie siebenten Regiments, deren Offiziere sämtlich gefallen, einen Vorstoß zurück. Als sein Zugführer ruhig im Graben liegen blieb, den Befehl zum Vorgehen ruhig überhörend, rief dieser empört: „Herr Leutnant, wenn Sie nicht wollen, über=nehme ich das Kommando!"

Keine Antwort. Die säbelbewaffnete Hand auf dem Graben=rand, schmiegte sich der Offizier unbeweglich an den Boden.

„Herr Leutnant, hören Sie nicht? Sie sollen vorkommen!" Keine Antwort. „Ich übernehme das Kommando!" rief Loy der Mannschaft zu, außer sich über solchen Vorfall, unerhört in deutschen Reihen. Da plötzlich trifft sein Blick auf den Raupen=helm des Feiglings, der sich nicht rührte — ein Loch vorn grade durch das königliche „L" hindurch — so löste auch hier der Tod ein Rätsel und tiefergriffen bat der Unteroffizier dem toten Vorgesetzten ab.

Als man heut früh an Bazeilles heranschlich, wie Katzen durch Spargelfelder auf Feldmausjagd, da ahnte man nicht die endlosen

furchtbaren Kampfstunden, wo Geschrei der Bedrängten sich in
Schlachtruf und Geschoßlärm mischte. Bazeilles vollends nieder=
zubrennen, lohnte sich nicht mehr, die Brände umstürzender Kamine
fielen von selbst in Holzverschläge, alles flackte lichterloh. —

„Absitzen, Karabiner auf!" Was von französischer Kavallerie
nicht droben auf der Hochfläche des Calvaire d'Illy sich drängte,
flüchtete in die Stadt zurück. Am Bahnhof, wo an den Perrons
noch der feuchte Schmutz zahlloser Soldatenschuhe klebte und Fuß=
kranke sich im Stationsgebäude niederkauerten, sah man schon frische
Spuren von Blut. Deutsche Granaten fanden ja hierher den
Weg. Die Festungswälle wurden schon von ihren Griffen gezeichnet.

Mitten aufs Pflaster des Marktplatzes kam solch ein eiserner
Dröhner gleichsam in langem Galopp hingerollt. All diese Flücht=
lingsmassen, von denen es schwarz war zwischen Bahnhof und
Zitadelle, hegten nur einen Wunsch: Wenn doch ein mächtig
Dampfroß sie auf den Rücken nähme und auf eisernen Flügeln
davontrüge aus diesem grausen Hindernisreiten nach dem Tode!

Wie man eine Ladung Schrot fliehenden Hasen auf den Rücken
schießt, so sprengte der unzerbrechliche Ring der zahllosen deutschen
Feuerschlünde seine Eisensplitter hier ganzen Schlachthaufen ver=
nichtend nach. Die zermalmende Granatüberschüttung von Balan
und Umgegend brach die Kraft der französischen Offensive derart,
daß die Thüringer und Bayern allmählich wieder bis zur Kirche
sich vorarbeiteten. Erstere litten aber so außerordentlich, daß ihre
fünf wirklich fechtenden Kompagnien in so kurzer Frist fünfzehn
Offiziere fast dreihundert Mann verloren.

Beim 3. bayerischen Jägerbataillon im Balan=Park stand und
fiel die ganze Stellung mit dem Halbzug des Vizefeldwebels Stößl
am rechten Flügel und dieser hielt zwei Stunden aus, auch als
Oberstleutnant v. Horn mit dem Bataillon zurückging, um einer
Ablösung Platz zu machen. Stößl, dem einer seiner Leute dicht
am Ohr die Werderbüchse abschoß, so daß er zeitlebens Taubheit
davontrug, lag zuletzt schwerverwundet auf der Dorfstraße mitten
unter fremden Truppen, nachdem er auf Befehl eines fremden
Offiziers umsonst pflichttreu Verstärkung zu holen suchte und sich
zu jenem auch noch mit erlahmtem Bein zurückschleppte, die Un=
möglichkeit seines Auftrags zu melden. Diesem hervorragend be=

herzten Bayern haben nachher zwei Kaiser die Hand gedrückt, ihm
das Kreuz I. Klasse auf die Brust geheftet.

Den Bruder Theers fuhr endlich doch noch Schlachtenfieber in
die Glieder und sie machten sich davon, ohne die Werberbüchse
ganz ausreden zu lassen. Da dachte wohl mancher Marin, daß
er sein Heimatdörfchen in der Bretagne nicht wiedersehen werde
und die andere Heimat, die heilige Salzflut.

Warum soll man nicht Wort haben, daß auch der Entschlossenste
todesernstes Bangen fühlt, wenn er das Ernsteste vorhat, das Ringen
ums liebe Leben! Und manchem Sohn des bayrischen Hochlands
stieg wohl der Wunsch auf, die hehren Berge nochmal wiederzusehen
und vielleicht eine liebliche Sennerin. Glücklich, wer keine Eltern
mehr hat oder Weib und Kind, die ihn betrauern müssen!

Bei Wörth hatte Sergeant Zwick vom Regiment „Hartmann‘
in aufopfernder Barmherzigkeit einen verstümmelten Turko aus dem
Feuer getragen, wofür ihn ein zerschmetternder Schuß in den Oberschenkel aufs Schmerzenslager warf. Hier gab's nichts dergleichen,
nur wilde Wut auf beiden Seiten, Haß bis zum Tode. Die Verluste an Offizieren nahmen übrigens bei den Bayern derart überhand, daß ein einfacher Soldat Stiegler einen Zug während der
langen Kampfstunden führte, sobald man aus Bazeilles gegen Balan
heraustrat. „Drauf, deutsche Brüder, laßt nicht nach!“ warf er
sich einem übermäßigen Andrang entgegen, der einen bayrischen
Schlachthaufen beinahe abschnitt.

Energisch arbeitete auch die große Batterie Hartmanns auf der
Höhe von Frénois. Als dem Geschützführer Wagner der linke Arm
unterm Ellenbogen abgerissen ward, ging er mit männlichster
Fassung ohne Klage sicheren Schrittes dahin, indem er verschmähte,
sich zur Amputierung tragen zu lassen. Ein solches Beispiel von
Selbstüberwindung verfehlt nie erhebende Wirkung auf die Mannschaft.

. . Furchtbar schlugen am Garennewald die Turkos um sich
mit dem Yatagan, dann rannten sie wieder im Zickzack herum, wie
der Fuchs vor der Meute, wenn die Garden vorstürzten auf beiden
Flanken, sie abzufangen. Noch immer schossen die Franzosen wie
besessen aus dem Holz, wandten ein unsinniges Massenfeuer daran,
den Gegner im Walde aufzuhalten, verschwendeten ihre Patronen,

immer zu hoch haltend, an Laub und Äste, durch die raffelnd das
Blei dahinstob. Solch gottverdammter Schlachtennebel umnebelt
alle Sinne. Alles schoß ins Blaue oder richtiger ins Graue hinein
durch den endlosen Dunstkreis. Nichts ließ sich mit Bestimmtheit
feststellen. Die roten Beine der Franzosen wurden aber eher er=
kennbar. Von den angenehmen deutschen Feuerschlünden, aus denen
es buchstäblich Granaten regnete, sah man auch nur den ver=
qualmenden Rauch.

„Nun sind wir sie wieder los!" dachten die Garden, ihre
Gefangenen nämlich, wenn mit diesen, ehe sie weggetrieben, ein
feindlicher Vorstoß in Berührung kam. Doch eingebuddelt im
grünen Laubwall des Dickichts, das Gezweig wie Schießscharten
benutzend, straften die Gardefüsiliere blutig jeden letzten Versuch
des Gegners, der wie eine Krampfzuckung den Wald erschütterte.

Nördlich kamen die vom Posener Korps immer weiter, ihr
Hurrah kannte man seit Wörth immer heraus, es klang so heftig.
Da waren gute Polen darunter, aber sie waren erst recht gute
Preußen.

Bei Prinz Albrechts Leibhusarenregiment holten Leutnant
v. Horn und Gefreiter Richter den schwergetroffenen Husaren Tham
mitten aus dem Feuer. Und Feuer, Feuer! in drohendster Doppel=
gefahr schnob immer noch durch Bazeilles, wo bayrische Pioniere,
so ein gewisser Ebner, mit den Waffen ergriffene Zivilisten auf
dem Fleck standrechtlich an hinterer Haustür füsilierten.

Als die weiße Flagge plötzlich wieder verschwand und die
Bayern wieder angegriffen wurden, brachte Geschützführer Hille
der sechsten schweren Magdeburger Batterie, deren Pferde schon zum
Tränken an den Fluß zurückgeschickt, die Batterie sofort wieder in
Stellung und eröffnete ein starkes Feuer. Bei der dritten schweren,
deren Kanoniere bis auf wenige Nummern weggeputzt, bedienten
die Fahrer unter Beispiel eines gewissen Polte und setzten so das
Tagewerk fort, bis vom Feind nichts mehr zu sehen war.

5. 10. Jäger der Division Bothmer pürschten gar von Wade=
lincourt durch Vorstadt Torcy an die Werke heran, wo Festungs=
geschütze sich schon mit Kartätschen luden.

„Was die uns abschießen, geben wir mit Zinsen wieder!
Hinein mit Kolben und Bajonett!" Doch dies war leichter gesagt

als gethan. Die Wälle konnten nicht erstiegen werden. Unter
ihren Schutz drängten sich zahllose Flüchtige zusammen. Viele
Franzosen warfen hier verzweifelt die Waffen nieder. Der größte
Teil des Korps Ducrot zerbröckelte in dieser Weise. Ein Teil der
1. und 2. Zuaven schlug sich übrigens schon frühe, dem Beispiel
der 3. Zuaven folgend, in kleinen Trupps nach Belgien durch.

Das ganze Gelände zwischen dem Bergdorf Cazal und Fond de
Givonne bedeckte sich mit fliehenden Massen, ein schauerlich malerischer
Anblick vom Frénoishügel aus, wo der König und Moltke ihr Werk
betrachteten. Und siehe da, es war sehr gut, wenigstens dünkte es
ihnen so. Und die malerische Schönheit erhöhte sich noch, als über
Sedan selber düstere Glut den gleichgiltig herabschauenden Himmel
rötete. . . . .

. . So heftig bei Balan und längs der Givonne gerungen
wurde, die großartigste Entscheidung fiel an anderer Stelle, der
Glanz des Siegestages strahlte am hellsten im Norden. General
v. Schkopp, der sich schon bei Wörth etwas unbotmäßig benahm
und gern seinen eigenen Weg ging, ließ den früheren Befehl, eine
Brigade als Reserve bei der Artillerie zu belassen, unausgeführt,
beließ dort nur zwei Bataillone Weimaraner. Mit den anderen
sieben Thüringer Bataillonen setzte er seinen Flankensturm gegen
die Höhen Gaulier-Cazal derart fort, daß er schon vor zwei Uhr

den oberen Rand der dortigen Hochfläche erreichte. Das riß die
drunten in Floing wartenden Truppen zu eigener Sturmbegeisterung
fort, so daß sie nun von Stufe zu Stufe das Plateau hinauf-
klommen. Schlesier und Hessen vermengten sich dabei in gemeinsamem Vorwärtsdrang, der sie langsam, aber stetig zum Gipfel
hinauftrug, hier zum Gipfel des höchsten Sieges. Auch der gemeine
Mann in Reih und Glied empfand die Bedeutung der Stunde.

So freilich auch die armen Rekruten der Division Liébert, die
ein sichtlicher Opfermut beseelte. Erkannten sie doch, daß alles aus
und zu Ende sei, wenn die Deutschen hier im Rücken des um-
klammerten Heeres an die Festung herandrangen! Sie hielten
daher unerschrocken noch lange Stunden aus, traten trotzig den
aufgelösten Stürmern entgegen, warfen sie nochmals durch Gegenstöße wieder zur Tiefe, ja bis an den Fuß des Berges hinab.
Doch die unverwüstliche deutsche Zähigkeit obsiegte auch hier über
alle Hindernisse des schwierigen Geländes und der umfassenden
Feuerwirkung von oben: immer gingen die jäh Hinabgerutschten
wieder ans Werk, die Terrassen streckenweise hinaufzukriechen.

Sechsundvierziger erstiegen die am unteren Ende ungewöhnlich
steile Bergnase unmittelbar vor Floing unter reichlichem Blutverlust,
doch Ruck um Ruck. Den Degen in erhobener Hand, fiel der vorderste
Kompagniechef v. Röder. Seine sämtliche Zugführer, Vizefeldwebel
und Fähnrich der ersten Kompagnie sanken verwundet, so daß der
Bataillonstambour Radochla den Schützenzug übernahm. Einem
gefallenen Unteroffizier das Gewehr entnehmend, stieg er Schulter
an Schulter mit dem selber feuernden Sergeanten Ebert zur ab-
flachenden Oberhöhe an, wo bei einigen Häusern am Kamm feindliche Geschütze Verderben spieen.

„Die sind unser!“ Mit übermenschlicher Anstrengung, mit
voller Lungenkraft emporrennend, überfielen Leutnant Bartels und
Vizefeldwebel Hartmann der vierten Kompagnie ein Geschütz, während Sergeant Schöps mit anderen Musketieren ein anderes ab-
fahrendes Geschütz durch Niederschießen der Pferde in seine Hand
brachte. Das I. Bataillon zeigte hier überhaupt besondere Entschlossenheit, wobei Gefreiter Berthold und Musketier Grade im
Regiment sozusagen sprüchwörtlichen Namen als Begriff tollkühner
Draufgängerei erwarben. Auch die fünfte Kompagnie seitwärts

davon bot das gleiche Bild. Stolz gedachten diese Schlesier an
ihr „Wörth". Das waren ja die gleichen Verhältnisse hier. Vom
Feinde nichts zu sehen, bis an die Zähne durch Schanzen und
Hecken gedeckt, aber seine Gegenwart auf weite Ferne fühlbar durch
Geschosse und Wunden. Nur die deutschen Granaten bahnten den
Weg, räumten gar manchen Erdaufwurf weg, den der Bergkamm
auf seiner Spitze trug. Da geschahen Thaten glänzender Bravour
auch von Seiten der übrigen Bataillone der Brigade Henning, die
später hinauffolgten, westpreußische Grenadiere, Görlitzer Jäger.

„Wann wir Kerls unten sind und der Feind ist oben,
dann muß er runter! Und wenn mein König selber sagt: ‚Wartet
noch‘, gleich muß er runter, der Feind, von seiner Höhe!" prahlte
ein verwundeter Schlesier frohlockend in Siegesmut. Doch ehe der
Tag zu Ende ging, stand noch Schweres bevor, zog etwas Großes
vorüber. Und keiner vergaß es je, jedem verging das Prahlen und
mit ernster Wehmut erzählten sie später achtungsvoll, wie Frank=
reichs ritterliche Geschwader in den Tod hineinritten...

Um diese Zeit brachte der Höchstkommandierende der Artillerie,
Forgeot, nochmals eine Artillerielinie hinterm Calvaire zusammen.
Heroisch ließ sie sich zusammenschießen, Batterie Hartung an der
einsamen Pappel ward buchstäblich vertilgt, Forgeot selber brach
das Pferd nieder. Die übrigbleibenden Offiziere streckten auf=
schluchzend ihre Arme gen Himmel: „Wir können nicht mehr
thun!" und wandten sich an die als Bedeckung schweigend zu=
schauende Reservereiterei als Zeugen: „Urteilt selber!"

Die Reiter hielten unbeweglich in einer Senke hinterm Garenne=
wald unterm rastlosen Schwirren der Eisenstücke, an den Fleck ge=
fesselt in dieser eisernen Sündflut. Husaren, grau mit Silberschnüren,
Chasseurs hellgrün mit roten engen Reithosen und weißem Schnür=
besatz, die spitze Persermütze auf dem Kopf neben Husarenkolpaks und
Lanciertschakos. Der Lanzenreiter gelbe Aufschläge und weiße Epau=
letts hoben sich ab vom Hellblau=Rot der afrikanischen Jäger, den
weißen Stulphandschuhen und Roßschweifhelmen der Küraffiere, deren
roter Achselschmuck aus den Harnischhöhlen hervorquoll wie Scharlach=
puffen aus Ritterwamms.

Wie eine letzte Säule verschwundener Pracht ragten diese
stolzen Schwadronen aus den Trümmern einer Heerruine hervor.

Obschon der Tod in ihren schimmernden Reihen die Sense schwang,
harrten sie still auf den Befehl zur Attake und die reglose kalte
Ruhe dieser erwartungsvollen Zuschauer des Riesengetümmels, in
das sie selbst hineinzustürzen brannten, war ihrer musterhaften
Kriegszucht schönstes Lob. Galten doch die Chasseurs d'Afrique
neben Zuaven und Turkos für die Blüte des kaiserlichen Heeres!

Hier fehlten nur hellblaue weißverschnürte Dolmans, krapprote
Pantalons mit weißen Streifen, schwarze Lammwollmützen mit rot-
weißer Feder, kupfernes Adleremblem auf Säbeltaschen: 6. Husaren,
in Lyon verblieben. . . .

Diese stolze Reiterei blickte mit finsterem Neid auf die Opfer
zurück, die ihre Kameraden bei Wörth und Rezonville brachten.
Die Lanciersoffiziere gedachten des tapfern Kapitän Pouet der
6. Lanciers, der ohne Befehl seine Schar den Kürassieren anschloß
und dabei den Tod fand. Drei verwundete Offiziere der 1. Kürassiers
fielen dort in Feindeshand, zwei der 12. Dragons bei Forbach,
die so brav mit Pionierkompagnie Bodin dort aushielten, und
Unterleutnant du Gardier der 3. Chasseurs in erfolgreichem Scha-
mützel an der Nied, wo er wie ein Bayard focht. Lieber tot als
gefangen werden! Da hatte Rittmeister Jouvenot der 2. Versailler
Husaren es besser, der bei Boulay unter Ulanenlanzen fiel. Und
noch besser Leutnant Vacquier der 9. Dragons mit den goldenen
Schnüren eines Ordonnanzoffiziers (des Prinzen Murat), der am
Vortag der Rezonviller Schlacht sich gegen ein Dutzend feindliche
Kürassiere allein verteidigte und durch Wachtmeister Ledoux halb-
verblutend gerettet wurde. Für derlei gab es Ehrenkreuze und
Medaillen. Die Lanciers wollten heut nicht scheitern wie die
3. Lanciers bei Rezonville, deren Oberst Torel, neben sich Stabstrompeter Gouvenel und Feldschmied Coupay, hinter sich Rittmeister Hydien und Adjutantmajor Chelin, unter sich sein Pferd
niedersinken sah. Aber wenn man Verluste erlitt, wie damals
dicht danebe die Gardekürassiere! Von der vierten Eskadron
nur Achtzehn übrig! Nur der kommandierende Rittmeister Thomas,
zweiter Rittmeister Masson, Wachtmeister Langlaube schlugen sich
verwundet durch schwarze braunschweiger Husaren durch, Oberstleutnant Letourneur schwergetroffen, Major Sahuqué gefallen mit
drei Leutnants, Wachtmeister Scheffer nebst Wagenmeister und

Fourier; zwei verwundete Leutnants sechs Wachtmeister unter er=
schossenen Pferden gefangen! Eskadronchef Bergés der zweiten
Schwadron, verwundet vom Sattel gefallen, stieg wieder auf und
focht weiter. Auch im Getümmel um Bazaines Person, wo
Frossarts Stabs= und Artilleriechefs Saget und Gagneur, sein
Ordonnanzoffizier Pommeraye und drei andere Hauptleute des
Stabes sich wie Gemeine mit dem Säbel schlugen und der ver=
wundete Unterstabschef Gaillard sich sogar eines deutschen Husaren
bemächtigte, hatte die Eskorte (5te 5. Husaren 1te 2. Chasseurs)
sich geopfert. Zwei Husarenrittmeister tötlich getroffen, ihr Kom=
mandeur Courtis gefangen, ein Wachtmeister und drei Husaren
desgleichen, einer davon mit elf Wunden bedeckt, zehn getötet,
vierzehn verwundet von nur fünfundsiebzig!

Die grünen weißverschnürten Dolmans der westfälischen Husaren
und die schwarzen der Braunschweiger mischten sich in diesem Blutbad
mit den blauen und grünen Röcken französischer Husaren und Chas=
seurs. Und wo gelbe Kragen der Halberstädter und hellblaue Auf=
schläge der Altmärkischen Ulanen inmitten des 93. ligne auftauchten
und der Adlerträger Labbrevoit die Fahne unter Leichenhügel fort=
warf, um sie zu retten, da sah der folgende Mittag ein ergreifendes
Schauspiel, als das Emblem wieder in Händen des Trägers flatterte,
dessen Selbstmordverzweiflung man gewaltsam den Revolver ent=
winden mußte, gerettet durch einen 5. Chasseur=à=Cheval. Sein
Oberst de Séreville sendete es erst an Bourbaki, der es an Oberst
Theologue der 1. Grenadiere, Busenfreund des Oberst Ganzin vom
93., weitergab, der es seinerseits durch einen alten dekorierten
Sappeur heimlich ans beraubte Regiment überlieferte. Auch hier
die Kavallerie des Fußvolks trauliche Helferin. So sollte es auch
bei Sedan werden.

Ob aber hier auch Reiterschlacht entbrennen konnte wie damals
auf dem Yronfeld? Auch dort fochten „Chasse=Marais", wie der
Volksmund diese Truppe taufte, 2. Chasseurs d'Afrique. Zwei
Leutnants tot, Oberst, Adjutantmajor, ein Eskadronchef verwundet.
Dort sah Oberst Carrelet der braunen 2. Husaren seinen Major,
drei Kapitäne, zwölf Leutnants bluten oder fallen, verschaffte seinem
an drei Amputierungen sterbenden greisen Wachtmeister Leguen
noch das rote Bändchen der Ehrenlegion. Oberst Chassée der

7. Husaren erhielt vier Säbelhiebe, seine Majore de Gaucourt und Lenormant de Kergré bluteten. Umsonst suchten Adjutant Voirin und Ordonnanz Unterleutnant Maistre den Leichnam Legrands. General Montague muß seinen Säbel, rot bis zur Klinge, einem jungen Preußen ausliefern. General Gondrecourt, glücklicher als er, bricht sich durch feindliche Umringung Bahn und ruft seinen Dragonern zu, als er einen preußischen Offizier aus dem Sattel streckt: „Auch einer, der sein Gretchen nicht mehr umarmen wird." Adjutantmajor Abel de Libran der 3. Dragons bleibt mit Wunden von siebzehn Säbelhieben und einem Lanzenstich für tot auf der Walstatt; Oberst, Oberstleutnant, zwei Rittmeister verwundet und gefangen. Bei den Gardelanciers Oberst, ein Eskadronchef, sieben Rittmeister verwundet, Leutnant de Nyvenheim getötet, dessen Bruder einige Stunden früher beim Handgemenge der Brigade Bredow mit 5. Chasseurs fiel. Umsonst feuern Eskadronchefs Verninhac und Louvencourt die Kaiserdragoner an, nachdem Oberstleutnant Boby de la Chapelle nebst vier andern Offizieren erschlagen und der von zwei Lanzenstichen getroffene Oberst Sautereau kaum durch Adjutantmajor Gauthier gerettet.

Die hier zuletzt hilfreichen 4. Dragons verteidigten nachher in der Schlacht von Noisseville brav Dorf Coincy, abgesessen zu Fuß.

Doch auch Reiter der Armee von Chalons hatten schon brav die Klinge mit dem Feind gekreuzt, so die 12. Reiterjäger bei Buzancy vor vier Tagen mit zwei Schwadronen der dritten Sachsendragoner und einer der zweiten sächsischen Ulanen. Rittmeister Graf Courvières, Graf Olonne und de Bournezel führten ihre drei Schwadronen dort sehr brav. Courvières hieb selber seine schwerverwundeten beiden Kollegen heraus, als sie eben gefangen werden sollten, und deckte mit Adjutantmajor Graf Collert-Chabanais den Rückzug, als sächsische Artillerie zu spielen anhob, ohne aber den Oberstleutnant de la Porte retten zu können, der schwerverwundet in Gefangenschaft geriet. Zwölf Chasseurs mit ihm, außerdem achtundsechzig tot und verwundet. Die Sachsen verloren drei Offiziere dreißig Mann. Unterleutnant Ulric de Civry, der später diese Waffenthat beschrieb, schoß den Fähnrich Schmidt nieder, Unterleutnant de Merval verteidigte sich zu Fuß wie ein

angeſchoſſener Eber und kam mit blutigem Degenſtumpf zur
Schwadron zurück. Leutnant de Braux d'Anglure ſchlug ſich gleich=
falls durch. Wachtmeiſter Kerſaleun de Kerſabiec — in dieſem
vornehmen Regiment waren ſelbſt Wachtmeiſter von Uradel! —
warf, ſeinen verwundeten Kapitän verteidigend, ſelber einen ſäch=
ſiſchen Rittmeiſter vom Gaul. Unterleutnant de Chabot rettete
mit Lebensgefahr den demontierten Chaſſeur Maillard.

Die kriegsruhmſtolzen afrikaniſchen Jäger hatten ſich nicht
minder ſchon früher, als ſie noch bei Metz weilten, mit dem Feinde
gemeſſen. Margueritte ſelber hat dem deutſchen Generalſtab in
Pont=à=Mouſſon zum Champagnerdiner das Deſſert gebracht!
1. Ch. d'Afr. überfielen ein freilich nur kleines Detachement von
oldenburger Dragoner und braunſchweiger Huſaren, wobei Lt. de
Baſtignac zwei deutſche Offiziere mit dem Degen feſtnagelte, Lt.
Marſaquet über den Durocplatz weg den Bahnhof eroberte. Am
Hotel ‚Rot Pferd‘ geriet Margueritte ſelbſt in Lebensgefahr durch
einen jungen braunſchweiger Offizier, den erſt Rittmeiſter de
Brimont niederſchoß. Jedenfalls verloren die Chaſſeurs nur zwölf,
der Gegner zwei Offiziere ſiebenunddreißig Mann. Auch 3. Ch.
des Oberſt Galliffet bereiteten bei Jarny am Vortag der Rezon=
viller Schlacht einer Schwadron altmärker Ulanen eine böſe Stunde,
wobei der Elſäſſer Unterleutnant Bodenhuger einen jungen deutſchen
Offizier angeblich im Zweikampf erſchlug . . . .

„Jetzt kommts! Vater Margueritte ſucht 'was für uns aus!“
Kaum überbrachte Major Faverot die Ordre Ducrots zum Einhauen,
als der beſonders beliebte und verehrte General Margueritte —
Vater Margueritte genannt — vor ſeiner Diviſion an den Höhen=
rand vorritt, um das Attakenfeld zu überſchauen. Ein Schuß —
durch Gaumen und Hals getroffen, ſank er in die Arme ſeines
Adjutanten, der ihn an den Schwadronen, aus denen ein Schrei
der Wut und des Schmerzes aufſtieg, ſterbend zu Roß vorüber=
leitete. Die Trompeten ſchmetterten, der brave General ſollte Nach=
folger finden im Sterben.

„Alle Kugeln töten nicht!“ tröſtete Girard trocken ſeine Panzer=
reiter — vielleicht, aber ihn töten ſie — „Ruhig, Kinder! In der
Wüſte war's heißer! Die Preußen freſſen uns nicht! ‚Ich glaube
nicht mehr an Tiger!‘“ lachte General Tillard, auf ein ſcherzendes

Sprüchwort der algerischen Truppen anspielend — ganz recht, doch
ihn fraß der Tod — „Vorwärts doch endlich!" hörte man Divisionsgeneral de Salignac=Fenelon rufen — endlich, doch für ihn
zu früh.

Denn als die gewaltige Reitermasse bergab stürzt — Kürassierbrigade Girard der Division Bonnemains, Lancierbrigade der Division Fenelon, Brigaden Tillard und Galliffet der Division Margueritte —, da gab es bald ein großes Stürzen und Sterben.
Kaum rollen die Attaken echelonweise wie Glieder einer Kette sich
ab, da ward auch schon Divisionär Salignac=Fenelon schwerverwundet
auf übereinandergelegten Säbeln weggetragen, da riß eine Granate
Tillard nebst seinem Abjutanten in Stücke, da fiel Girard tot in
den Staub wie einst sein Ahnherr bei Ligny. . . . .

„Bravo die Husaren!" ehrten die Generale, als sie die
Front abritten, der 1. Hussards besondere Festigkeit im Granathagel. Galliffet versammelte seine Offiziere: „Meine Herren, man
thut uns die große Ehre an, uns als Rückzugsdeckung zu bestimmen. Wahrscheinlich sehen wir uns nicht alle wieder, also
verabschiede ich mich von Ihnen." Die Offiziere grüßten stumm
mit dem Degen. General Tillard grüßte auch mit dem Degen
seine 1. Hussards 6. Chasseurs: „Kinder, heut müssen wir alle für
Frankreich sterben." Er selber gewiß, der Tod nahm ihn beim
Wort, ebenso seinen Abjutanten, Generalstabshauptmann Proust.
Es war zwei Uhr, als Oberst Beauffremont hier das Brigade-
kommando übernahm, indeß der sterbende Tillard, fürchterlich am
Unterleib zerrissen, seinen schweigend defilierenden Schwadronen
noch zuröchelte: „Es lebe Frankreich!" Gleich darauf leiteten
Stabshauptmann Henderson und Lt. Revenoy den im Blut er-
stickenden Margueritte an den Reihen vorüber, die wütend auf-
schrien: „Rächen wir ihn!" Mit verstümmelter Zunge quälte der
tapfere General noch „Vorwärts!" hervor, ausgestreckten Armes.

Wie ferner Donner klang's heran auf dem felsigen Boden,
ein dumpfes Grollen wie vor elementarem Ausbruch dröhnte vorher,
als die Erde plötzlich ganze Massen streitbarer Männer hervor-
zuzaubern, der Berg immer neue Geschwader auszuspeien schien.

Der überraschende Anritt traf das deutsche Fußvolk in denkbar
ungünstigster Lage. Die beiden Bataillone Sechsundvierziger —

General Galliffet

ihr Füsilierbataillon nahm am Kampfe noch nicht teil — hatten
drei Kompagnien schon droben auf der Bergnase, vier stiegen den
Steilabfall noch empor, eine befand sich gar noch am Kirchhof von
Floing. Bei den Hessen rechts davon herrschten ähnliche Verhält=
nisse, ebenso noch weiter rechts bei den Thüringern, von denen
allerdings schon ein größerer Teil die Höhen krönte. Aus einer
südlichen Schlucht attakierten nun plötzlich zwei Lancierschwadronen
quer über die Höhe. Doch so kräftig angesetzt der tolle Ritt, diese
preußisch erzogenen Soldaten bewahrten mit kühler Besonnenheit
eine unbeugsame Haltung, ihre Führer eine eiserne Ruhe.

„Laßt sie nur kommen!" rief Major v. Malizewski. Sie alle,
mochten's Schlesier, Hessen, Thüringer sein, sie alle kannten ja die
richtige Art, solchem Choc zu begegnen, aus eigener Erfahrung.

Früher hieß es: „Thut wie bei Waterloo!", heut brauchte man
nur zu sagen: „Thut wie bei Wörth!", um die französischen Reiter
an ihre Opferpflicht zu erinnern. Und sie erfüllten sie in vollem
Maße, über jedes Verlangen Ducrots hinaus. Die Lanciers bogen
unterm Kreuzfeuer ab, mit verhängtem Zügel ging's den Abhang
hinunter bis zum Kirchhof von Floing, der sich ihnen bereitwillig
öffnete als Massengrab. Von den Görlitzer Jägern niedergeknallt,
verbarrikadierten gefallene und tote Menschen und Pferdekadaver
die Dorfgasse. Kaum rauschte dieser Reiterstoß vorüber, als die
hinteren Kompagnien Schlesier unverzagt durch den oberen Wein=
berg vorrückten, Görlitzer Jäger mit und hessische Dreiundachtziger
auch. Vorschleichend ward sprungweise die zweite Terrasse erreicht,
aus welcher die feindlichen Tirailleure eben abzogen, als es neuer=
dings herangebraust kam. Mit genauer Not erreichten atemlos
einzeln Ausgeschwärmte einen schnell zusammenstürzenden Knäuel,
der sich zur Gegenwehr verschlang. Panzer glitzern im Mittags=
schein, deutlich fliegen die Roßschweife. Jetzt gings ums Leben.
Wann werden diese Reiter selber wirre Knäuel bilden, wild an=
einanderdrängend unter Geschossen und Leichen?

„Hilf Himmel, die Stahljacken!" Durchweg auf Schimmeln
beritten stürmten zwei Schwadronen 1. Kürassiere los, als wollten
sie alles in Grund und Boden reiten. Doch in straffer Linie wie
auf Parade erwarteten die preußischen Schützen ihr Nahekommen
und gaben ihnen dann eine solche Ladung, daß sie schneller zurück=
gingen, als sie kamen. „Alle Gewehre nach vorn! Kein Schuß,
bis ich kommandiere!" Die fünfte Kompagnie Steinbrunn ließ
auf Kommando runde Salven auf achtzig Schritt los, die am
Höhenrand schon aufgelöst plänkelnden drei vorderen Kompagnien
ließen ihr Schnellfeuer rollen. Regimentsadjutant Bendemann
hatte mehrere versprengte Züge von Hessen und Schlesiern um sich
gesammelt und am Rand entlang geführt: dies Flankenfeuer that
das Beste. Die Vorderglieder der Eisenreiter brachen in sich zu=
sammen. Was nicht verknäuelt sich drunten wand, rasselte vorüber.
Das grause Hindernis der Gefallenen vermochten die nachfolgenden

Glieder nicht zu nehmen. Wilde Flucht löste die Trümmer auf, den stark ansteigenden Hang wiederum mit einer Leichenbarrikade sperrend. Dieser linke Flügel der deutschen Sturmlinie ward nach abermals zwanzig Minuten von neuen Reiterharsten angefallen. Diesmal verunglückten dicht hintereinander je zwei Schwadronen Chasseurs d'Afrique gegen die Jäger, während erste und fünfte Kompagnie Sechsundvierziger zuletzt noch ein Halbregiment Husaren abschlugen und zwar durch Salven auf ganz knappe Entfernung, gefolgt von Schnellfeuer. . .

Ducrot selbst erschien: „Sie werden in Echelons attakieren zur Linken, dann sich rechts wenden und die Feindeslinie flankieren." Leicht gesagt, schwer getan. Den Major Faverot de Kerbrech, der zum zweitenmal die nämliche Ordre brachte, nachdem die ersten Anritte gescheitert, führte Galliffet im Galopp auf dem Gelände vor, um ihm den Punkt zu zeigen, wo jede Attake unmöglich. Ducrot überzeugte sich davon mit eigenen Augen und befahl, sich mehr links zu formieren. Dann wendete er sich an Galliffet: „Wohlan, General, man muß noch mal dran, wenn nicht mit Hoffnung auf Erfolg, doch für die Ehre der Waffen." „Ja, mein General, so lange mir ein Reiter bleibt, werden wir attakieren."

Ducrot und sein ganzer Stab nahmen Degen zur Hand, vor Brigade Gandil rief er: „Vorwärts, Kinder! Zum Bajonett!" Galliffet, Uniform zerrissen, mit Blut, Staub, Schweiß bedeckt, herrschte seinen Stabstrompeter Noll an, einen Veteranen von Italien und Mexiko: „Blas Signal ‚die Regimenter voran'!" Hinter ihm kreuzte Batteriechef Hartung, der nur noch elf Bediener hatte und dessen Lafetten und Räder sämtlich zerbrochen, stoisch die Arme, das Ende erwartend. . .

Die himmelblauen Lanciers mit krapprotem Tschako, mit breiten weißen oder schwarzen Aufschlägen und weißem Lederwerk, roten faltigen Pantalons, die grünen Chasseurs mit Scharlachkolpak der Division Salignac brachten gleiche Opfer wie die Afrikaner.

Wie Brandung ohnmächtig an Klippen verschäumt, so diese stolze Reiterei mit blinkenden Kürassen und wehenden Lanzenflaggen an den preußischen Gewehrhaufen, hinschmelzend und zerrinnend.

Die wilden Herden reiterloser Pferde vermehrten die Unruhe des fürchterlichen Bildes, die Berberhengste der Afrikaner jagten ohne

Herren in geängstigter Raserei umher, gräßlich wiehernd und blutigen
Geifer am Gebiß. Schon als die Küraffiere den Rücken wendeten,
verdoppelten die kühnen Schützen sogar ihre Schritte in heißem
Nachsetzen und die ganze Leistung schien um so erhebender, als sie
ja gleichzeitig den obersten Schützengraben erstiegen und das feindliche Fußvolk bedrängten. Freilich trug die heffische Artillerie auch
starken Anteil an dem Erfolge, ihre Granaten kamen in Menge
aus der Flanke und rüttelten sofort an den Verbänden des Anritts.
Auch fanden die Schützen allerlei Deckung in Hecken und Gräben.

Doch auch geballte Knäuel erwiesen sich undurchdringlich, selbst
dort, wo von verschiedenen Seiten gleichzeitig die wutentbrannten
Reifigen auf sie eindrangen. Fast Dreiviertelstunden dauerte dies
unbeschreibliche Gewimmel und Getümmel am Berghang, in welchem
die einzelnen Reiterabteilungen förmlich Spießruten liefen, indem
sie vor frontalen Salven abbogen und mit eingesetzten Sporen die
ganze Front der Schützenketten entlang jagten, ohne sie aufrollen
zu können. Im Kreuzfeuer hinwegschmelzend, rasten sie dann
gradaus durch die deutschen Linien den Berg hinab, nur um unten
erst recht ihren Untergang zu finden. Die ersten Attaken miß-
glückten verhältnismäßig nicht so vollständig, weil sich nur dünne
Linien am oberen Rand entgegenstellten, aber die immer dichter
nachrückenden Maffen hemmten die zweite Hauptattake schon sehr.

„Noch eine Anstrengung, mein teurer General", rief Ducrots
scharfe Stimme den General de Galliffet an, der nach dem Tod Mar-
guerittes und Tillards das Kommando der Reiterdivision übernahm
und jetzt sammelte, mit scharfem Blick das Gewühl überschauend.
Der Marquis, wüster Lebemann und Schuldenmacher, völlig
skrupellos, doch unvergleichlicher Soldat, nickte gleichmütig: „So
viel Sie wünschen! Bis keiner mehr übrig bleibt!" Der kleine,
schmächtige Mann mit dem magern scharfgeschnittenen Kopf, sehnig
und elastisch wie Eisen, hob den Degen und die dritte große Attake
hob an, die den Chaffeurs d'Afrique und Husaren den Rest gab.

Bei den voraufgegangenen Attaken spielten Küraffiere und Lan-
ciers die Hauptrolle. In persönlichem Zweikampf hatte Oberst v.
Eberhardt der Schlesier zwei Lanzenreiter vom Pferde hauen müffen.
Eine dritte Lancierschwadron ward von drei Kompagnien heffischer
Dreiundachtziger abgeschlagen, wobei Gefreiter Schott, immer noch

die Büchse des gefallenen Oberjägers im Arm, den Führer herunter=
schoß. Freilich überritten diese Lanzenträger zuerst den nächsten
Schützenzug, doch auf dreißig Schritt hinter einer Hecke sprühte
die vernichtende Salve. Alle, die bis zur Floing=Kirche sich näher=
brachten und im Thalgrund vorüberstürmten, erlagen allseitigen
Salven von Geschütz und Gewehr. Auf dem deutschen rechten

Flügel gelangten allerdings Küraffiere und Lanciers von Cazal her
unter acht südlich Floing abgeprotzte Geschütze und die Bedienung
geriet in solche Gefahr, daß Abteilungschef Major v. Uslar sich
mehrerer Reisigen erwehren mußte. Eine Kompagnie Weimaraner
(fünfte Vierundneunziger) rettete jedoch die Geschütze und trieb
Geharnischte auseinander, gegen deren Rückenattake sie kehrtmachen
mußte. Ein Teil 1. Küraffiere brach freilich durch Gaulier bis
St. Albert durch, wo sie Train und aufgeschlagenes Feldlazaret
niederritten, doch hessische Husaren und nachrückende Infanterie
fingen sie auf und brachten sie zur Strecke. Die gleichzeitige letzte
und schwerste Attake von fünf Regimentern Chasseurs und Husaren,
in so breiter Front, als solle das ganze Plateau auf einen Streich
abgefegt werden, brachte die Thüringer Brigade zwar in Unordnung,
endete aber mit gänzlicher Auseinandersprengung der tapfern Reiter-
scharen. Dicht hinterher, nachdem die Brigaden Girard und Savaresse zerstäubt, erfolgte Anprall der 1. und 4. Chasseurs d'Afrique
gegen die Zweiunddreißiger, welche sie stellenweise durchbrachen,
dann aber allseitig erlagen. Mit wahrer Tigerbegier — ‚Ich
glaube nicht mehr an Tiger‘, spottete ihr Spruchwort — spornten
die Afrikaner ihre Renner den totbringenden Mündungen entgegen.

Da fand Oberst Cliquot de Mentque der 1. Chasseurs
d'Afrique den Heldentod, fast zwei Drittel seines stolzen Regiments
gingen mit ihm verloren. An der Spitze als Nachfolger sank
Oberstleutnant Raymond schwerverwundet aus dem Sattel. Die
ganze vordere Hälfte der Schwadronen ward zu Boden geworfen.

Unverzüglich ritten die 1. Husaren an. Ihr heldenmütiger Oberst
Prinz Beauffremont, dem eigentlich jetzt als ältestem Oberst das
Divisionskommando gehörte, da das Generalspatent des Marquis
de Galliffet nur auf mündlicher Angabe von gestern Abend beruhte,
that das Äußerste, seine fünf Schwadronen wiederholt zu sammeln,
wobei ihm drei Rosse unterm Leib erschossen. Sein Oberstleutnant
Gantés fiel. Zweiundzwanzig Offiziere der Husaren bluten in dieser
Masseheckatombe. Auch die 3. Chasseurs d'Afrique, die schon heut
morgen attakierten, mußten jetzt nochmals dran, auch sie verloren
den Oberstleutnant de Linières, der jetzt an Stelle ihres Obersten,
des „Generals“ Galliffet, das Regiment führte. Sein Tod ent-
mutigte die Tapfern nicht, an deren Seite auch das fünfte Regi-

ment der Division Margueritte einhaut: 6. Chasseurs-à-cheval. An
der Spitze ihrer ersten Eskadron stürzte sich Rittmeister Querhoent,
dem sein rechter Arm schon vorher zerschossen, waffenlos allen voran
in den Feind, in den Tod. Bei den 4. Lanciers des Generals
Ameil, die außer den 1. und 7. der Brigade Savaresse (Division
Salignac) auch noch am Anritt teilnahmen, focht Leutnant
de Lammerville trotz zwei schwerer Wunden bis zuletzt fort. —

Die Fünfundneunziger (Sächsische Fürstentümer) drangen
nördlich der Steinbrüche, welche den ganzen Floing-Berg in zwei
Hälften spalten, unter massigem Feuer vor, suchten sich hinter
kleinen Mauerresten so gut wie möglich unterzubringen.

„Da passiert was!" riefen die von der elften Kompagnie
aufgeregt, als links von ihnen die Zweiunddreißiger (Sächsische
Herzogtümer) plötzlich fieberhaft draufschossen. Glitzernde Staub-
wolken wälzten sich näher, über die Schützen hin, schlossen sich,
teilten sich, immer winziger werdend unter Kommando des Feldwebels Taubert: „Kleine Klappe, tiefhalten!"

Die erste Salve erfolgte auch hier auf hundertfünfzig, die
zweite auf achtzig Schritt, dreimal stampften in schnellem Jagen
die Afrikaner heran. Ein Halbregiment erlag vor einem Füsilierhalbbataillon (neunte, elfte Kompagnie) Zweiunddreißiger, obschon
die Reiter zweimal bis hinter die Schützenhaufen durchpreschten
und die Fahne bedrohten. Die dritte und vierte Kompagnie unter
Hauptmann v. Sommerfeld zerschlug dicht am Steinbruch die
Kürassiere, wobei Leutnant der Reserve Streib die Schützen der
zehnten Kompagnie geradezu längs des Bruchrands ausbreitete und
so die Reiter umzäunte. Als das linke Halbregiment der Husaren
bis über die Mitte der Hochfläche hinaus fast bis zum einspringenden
Auslaufwinkel des Steinbruchs herankam, warf sich fünfte Kompagnie
Schmidt Zweiunddreißiger entgegen. Ebenso sechste Kompagnie
Fünfundneunziger, die schon vorher Küraffiere abschlug. Salven
auf dreihundert und hundert Schritt zerstäubten diese vielgliederigen
Reiterhaufen, klar vor die Visiere der Gewehre gebracht, in alle
Winde. Vor der siebenten Kompagnie tauchte ein Husarenrittmeister
mit hochgeschwungenem Säbel auf, aber Rittmeister und Husaren
lagen bald am Boden. Noch eine Schwadron, eine dritte — hurrah,
Schnellfeuer — weg waren sie!

So zeigte sich nirgends eine Öffnung in den preußischen Linien, nirgend ein Ausweg als eilige Flucht für den verzweifelten Wagemut. Siebenhundertfünfzig Afrikaner und Husaren mit dreiundsiebzig Offizieren, ohne noch die andern Reitergattungen zu rechnen, bezeichneten tot und verwundet den Todespfad, auf dem sie sich geopfert, die schmale Sackgasse der doppelzeiligen Feuermauern, in die sie hineingerannt. Des Anritts wahnsinnige Hast zernichtete sie in sich selber.

Der wuchtige Anlauf erlahmte endlich in verzweifelter Erkenntnis der Unmöglichkeit. Schon etwas lahmer ritten die Husaren an, wie die deutschen Schützen mit gleichgiltiger Miene feststellten. Doch auch den unüberwindlichen Siegern ging's an die Nerven, als sie hoch über den Gefallenen standen, als es bunt durcheinander am Boden krabbelte und stöhnte. Die auseinandergeworfenen Reiterhaufen glitten in die Steinbrüche hinab, wo viele strauchelnd den Hals brachen. Wie paradierten sie vordem so übermütig und siegesgewiß auf dem Marsfeld im Seinebabel, wie tänzelten ihre Berberpferde vor leichtfüßigen Gardevoltigeurs dahin neben den grünen Kaiserdragonern und weißen eleganten Kaiserin-Lanciers, ehe sie auf die Promenade auszogen, die Promenade nach Berlin!

Und dies war nun das Ende! Ein Schlachtbild, das nie dem Gedächtnis entschwindet! Schön und furchtbar anzusehen! Die glattgewichsten spitzen Schnurrbärte, ihr Schwarz und Grau tauchte sich in blutigen Scharlach. . .

Von des Reitersturms orkanartiger Wucht, wie Gewittersturm über die Höhen fahrend, blieb nichts als zerstampfte Kleefelder, Pferdeaas, Helme mit roten und schwarzen Schweifen, Sättel, Hufeisen und unerschöpflich mannigfaltige Leichenschichten. Vor dem einen furchtbaren Kommandowort ‚Feuer‘ zerschellte die ganze Heldenmasse. Unteroffizier Sickert des Halbbataillons Sommerfeldt zog einen blutenden alten Kürassieroffizier unterm Pferde hervor. Als der martialische Recke mit weißem Schnurr- und Knebelbart wieder auf die Füße zu stehen kam, hingen sich zwei junge Offiziere, gleich ihm blutend und gefangen, an seinen Hals und weinten wie die Kinder. Vor ihm kniete sein treuer Bursche. Finster legte der Alte Helm und Küraß ab, band sich sein Taschentuch um die Kopfwunde und würdigte die Sieger keines Blicks, keines Worts. Er verstand offenbar kein Deutsch, der — deutsche Elsäßer.

Als die geschlagenen Geschwader nach dem großen Wald
kraftlos auseinanderstoben, näherte sich bereits auf dem Bergweg
Floing-Illy das Westpreußische Grenadierregiment nebst dem Füsilier=
bataillon Sechsundvierziger. Neben ihnen in der Mitte drangen
die aus Floing aufgestiegenen Heerhaufen nach Westen weiter gegen
das Gehölz vor Cazal, während die Thüringer Brigade auf das
Dorf selber losging. Drei Uhr verstrich schon lange, als dies er=
neute Avancieren des preußischen Fußvolks von den gleichzeitig
noch hinterm Calvarienberg feuernden oder vom großen Wald vor=
stoßenden Teilen Douays, Ducrots und der Division Lespart auf
heftigste in der linken Flanke beschossen wurde. Ducrots Artillerie
an der Ferme Garenne bestrich die Bachsenke und den vorliegenden
Abhang, dessen steilen Rand Buschwerk umwuchs und es fehlte den
Grenadieren so wenig an Verlusten, daß sogar ihr Regiments=
kommandeur v. Webern verwundet von dannen schied. Diese vier
frischen Bataillone umspannten zuerst den Raum rechts von Illy
an der Unterstufe des Höhenzugs, sodann beim Aufsteigen gelangten
sie zuletzt etwa in gleiche Luftlinie mit dem Calvaire selber, wäh=
rend weiter rechts die Lücke bis Floing Achtundachtziger sowie die

zwei Musketierbataillone Weimaraner füllten, welche General v. Schachtmeyer, als Rangältester jetzt Korpsältester, von der Artillerie= stellung herbeirief.

Die damals noch jenseits Fleigneurschlucht bis zur Chaussee geländebeherrschenden Mitrailleusengeschosse der Batterie Hartung nahmen den Grenadieren auch die stellvertretenden Hauptleute v. Thadden und v. Gößnitz, letzterer fiel. Unmittelbar jenseits der Chaussee bildete der Bergfuß eine hohe Terrasse und diese eroberten Füsilierbataillon Bauer der Königsgrenadiere und das Schlesische Füsilierbataillon Campe gemeinsam. Der rechte Flügel der Division Liébert, während noch hier befindliche Teile der Bri= gaden Bordas und Brettevillois gleichfalls durch Flankenstöße von links den Sturm aufzuhalten suchten, focht aber mit solcher Tapfer= keit, daß wiederholte Anläufe die neue hessische Mittelkolonne bis ins Feld vorm Floing=Kirchhof zurücktrieben, was natürlich in der rechten Flanke auf das mühsame Hinaufklimmen der Westpreußen nachteiligen Einfluß übte. Dennoch triumphierte altpreußische Zähig= keit, ruckweise erreichten des Königs Grenadiere den Höhenkamm.

„Nur Ruhe! Langsam! Nicht hinter den Atem kommen!" er= mahnten die berittenen Offiziere. —

Das rüstige Fußvolk am rechten Flügel erkaufte die Besiegung Galliffets mit vielen Hieb= und Stichwunden. Besonders das Füsilierbataillon Zweiunddreißiger und die Görlitzer Jäger. Bei ersterem fielen drei Fahnenträger bei der gänzlich zerschossenen Fahne. Die sechste Kompagnie Fünfundneunziger, die sehr vorne anstieg, schmolz ungemein. Ihr Hauptmann Wernecke rief kaum dem alten Feldwebel Schlimbach zu: „Folgen Sie man immer nach, ich werde mal sehen, was oben los ist!" und hatte die Nase seines Gauls überm Oberrand, als vier Lanciers auf ihn zustürzten und ihn tief in die Lunge stachen. „Bei Leibe nicht, ihr schießt ja unsern Hauptmann!" brüllte der Feldwebel seinem Schützenzug zu, der's Gewehr an den Kopf reißen wollte. „Freiwillige vor, die gut laufen können!" Die Lanciers flohen alle verwundet, doch der Hauptmann lag nun da und gleich darauf neben ihm der einzige übrige Offizier, ein Leutnant der Reserve. Da that nun der alte Feldwebel, was er konnte, und mit ihm die Kompagnie. Bei der achten Kompagnie, welche Premier v. Gerstein=Hohenstein mutig gegen die Gärten von Cazal vorführte, brachte besonders Sergeant Ebert (später nach Poupry mit I. Klasse dekoriert) seinen Zug mit Leichtigkeit vorwärts. Es begann nun der umfassende Angriff der Thüringer gegen die letzte und in mancher Hinsicht stärkste Stellung der hartnäckigen Division Liébert. Auch die neunte Kompagnie Zweiundachtziger, deren Offiziere fielen, schloß sich unter dem schon bei Wörth ausgezeichneten Feldwebel Zimmerling mit der Bataillons= fahne dem Vorgehen an. Zimmerling erhielt das Kreuz I. Klasse.

Mittlerweile rückte die Posener Brigade langsam den Waffen= brüdern als Rückhalt nach. Die Neunundfünfziger legten, nach vorn aufschließend, Tornister ab, bei denen das Musikkorps zur Bewachung zurückblieb. Plötzlich zeigte sich dort ein durchbrechender versprengter Haufe von Fantassins und Kürassieren.

„Her zu mir, wer ein rechter Kerl ist!" Musikmeister Müller bewaffnete seine Leute mit herumliegenden Gewehren, zog den Degen und griff mit Hurrah so unaufhaltsam an, daß er dreizehn Gefangene abfaßte. Das unglaubliche Überlegenheitsgefühl der siegesstolzen Deutschen durchleuchtet deutlich diese reizvolle Episode.

Wo das Vive la France so todesmutig gellte, wo tausend zum Stoß erhobene Schwerter mit Bajonetten stritten, wo aus den Schlüften des Garennerwaldes immer neue Geschwader heran= geschnaubt, da stand jetzt nur noch der deutsche Infanterist, Gewehr im Arm oder fest an die Backe gefaßt, den vom Pulverruß leicht geblendeten Blick frei gradeaus gegen des Feindes Hochburg ge= richtet.

Die Westpreußen machten immer weitere Fortschritte. Die Weimaraner mußten freilich erst ihre Reihen wieder in Ordnung bringen, die beim Hinabsteigen vom jenseitigen Hang und Über= schreiten der Straße das Massenfernfeuer bedenklich lockerte. Auch sie und die teilweise mitfolgenden Achtundachtziger, indes die Acht= ziger ebenso völlig in Reserve blieben wie die sächsischen Hundert= sechser und zwei Drittel der Garde und des Magdeburger Korps, litten nicht unerheblich bei diesem kurzen Vorgehen. Brigade= chef Grolmann bei Achtzigern verwundet. Weimarer Regiments= chef Oberst v. Bessel erhielt hier Todeswunde, auch Major Necker ward verletzt. Zwei weitere Kompagnieführer der Westpreußen sanken, Major Bauer ward blutend weggeführt, nachdem er gegen

mehrere Angriffsstöße, von der Höhe herab mit Energie unter=
nommen, seine Füsiliere um sich scharte und von einer Bergstufe
zur andern vordrang. Dem Major Campe ward das Pferd
unterm Leib erschossen und ein Finger zerschmettert, er blieb
jedoch wie bei Wörth im Feuer und seine zehnte Kompagnie Larisch
erstürmte das weithin sichtbare Graue Haus dicht unterhalb des
obersten Schützengrabens. Kaum nisteten die Schlesier sich im an=
anstoßenden Erdaufwurf ein, als sämtliche Bataillone der Brigade
Henning und die Hessen dazu sich vor Vorwärtswut nicht mehr
lassen konnten und in allgemeinem Wetteifer nicht mehr allmählich
und langsam, sondern in einem einzigen Aufraffen übermenschlicher
Anstrengung von einer Bergstufe zur anderen siegreich empor=
drängten. Sekondeleutnant Larisch riß aus dem Grauen Haus
drei Offiziere und vierzig Mann als Gefangene heraus. Der Feind
wich auf die südlichen Geländewellen an der Ferme Garenne und
auf den Wald zurück. Die drei Fahnen der Grenadiere wehten
stolz, vom Major Bauer vor seinem Abscheiden aufgepflanzt, auf
oberster Kuppe. Drei Bataillone von Leutnants geführt!

Das gesamte Ringen auf dem Höhenrand oberhalb Floing=
Illy, nach drei Uhr endend, bildete eine einheitliche, obschon nicht
sichtbar zusammenhängende Handlung, wobei Reiterschlacht, Gefecht
der Hessen am Calvaire und fortwährende Ausfälle Ducrots aus
dem nördlichen Waldsaum mit dem ersten Eindringen der Garden
in den Wald zusammenfielen.

Als die Thüringer sich der Vorstadt Cazal näherten, lag noch
der dortige Kirchhof vor ihnen wie eine Redoute, von starken
Mauern umgeben, in unmittelbarer Anlehnung an die Stadt, mit
welcher die rückwärtige Straße freie Verbindung gestattete. Da
Umgehung unmöglich, gings hier wieder im Sturm von Haus zu
Haus. Jede einzelne Kompagnie nahm sich so ein Gebäude als
besondere Aufgabe vor. Aufgemacht ward ja nicht, doch klopfet an,
so wird euch aufgethan — man schoß durch die Thüren, hinter
denen noch ein paar standen, den Abzug zu decken, wenn das Ding
geräumt ward, und man fand sie dort, wenn's hineinging, als treue
Thürhüter tot am Boden liegen. Die deutschen Führer ritten un=
erschrocken am Abhang im Kugelregen dahin und hielten Obacht.

Unaufhaltsam gings hinan und hinab in die Vorstadt, gegen die

Festungsmauer, die sich ganz mit weißer Wolke umkränzte, aus welcher rote Blitze in einem fort hervorzuckten wie leckende Flammen= zungen. Die Festungsgeschütze gaben auch ihre Schüsse, drückten die kecken Stürmer in Deckungen nieder. Über einen Entwässerungs= graben suchten Gesammelte nochmals vorzustoßen, doch wer ihn erreichte, blieb auf der Stelle. Die Verteidiger von Cazal nahmen das Feuer ungeschwächt wieder auf, und wer nicht ge= troffen ward in den vorderen deutschen Reihen, dem spaltete mindestens ein Prellschuß den Kolben, daß der Ruck ihn be= sinnungslos umwarf.

Während das 11. ligne der Division Goze heut nur drei Offiziere hundert Mann einbüßte, dagegen das 31. Lacretelles hundertfünfund= fünfzig Mann auf einundzwanzig Offiziere, das 30. Abbatuccis auf nur fünfzehn Offiziere vierhundertzwanzig Mann, hatte das 72. Bordas neun= zehn Offiziere und siebenhundert von achtzehnhundert und das 49. Mauf= fions fast neunhundert von rund fünfzehnhundert Mann am Garennewald liegen lassen. Sie alle aber übertraf das 89. von Liéberts Brigade Va=

stibe, das nicht weniger als achtzehn Offiziere tot, neunzehn verwundet, zwei gefangen und neunhundertvierzig Mann von neunzehnhundert verlor. Auch Brigade Carteret litt genug. Ihr 1. Zuaven verlor neunzehn Offiziere sechshundert Mann. Ihr 36. vierzehn Offiziere sechshundertzwölf Mann, neunzehn und neunhundert blieben zum Kapitulieren übrig, vom 56. Lartigues gar nur siebzehn und vierhundert, alle Übrigen tot und verwundet.

Unwirtliche kahle Hochfläche, von einzelnen Pyramidenpappeln nur hie und da bestanden, die selbst, durch Geschosse zersägt, kahl emporragten, und düstere Unklarheit des Kampfes, der sich hier nicht gut übersehen ließ, gaben dem Ringen der vereinzelten Flügel= körper ein peinliches Gepräge. Die Schlacht nahm auch hier eine schauerlich ernste Stimmung an.

Noch einmal entluden Douays letzte Batterien den Rest ihrer Kräfte, ersetzten gebrochene Deichseln, tauschten zerrissene Protzdeckel um, unterhielten unerschrocken ungleiches Duell. „'S gibt zu viel Arbeit hier, um Kameraden allein zu lassen!" ver= band ein Artilleur einfach den blutigen Stummel seines am rechten Ellenbogen abgeschossenen Arms und nahm seinen Platz wieder ein.

Doch an Güterschuppen und Perron des Bahnhofs von Sedan, wie man mit Schrecken wahrnahm, prangte schon gleichsam das amtliche Verbot: Achtung! Gesperrt! Die erzwungene Räumung infolge der Frénois=Beschießung brachte ihn in Gewalt nachstür= mender Bayern. Und Granatscherben zerschnitten schon die Puls= adern des Stadtverkehrs, den Turenneplatz, wo alle Hauptstraßen mündeten.

Auf dem Feldherrnhügel bei Donchery, wo ein mächtiger Tubus und Karten des Weichbilds die Aussicht unterstützten, rief zwar Blumenthal einmal verdrießlich: „Ich habe das so nicht be= fohlen!" Im ganzen aber ging doch alles wie am Schnürchen, ein wahres Manöverbild.

. . Zwischen Balan, Park und Festung fochten die Franzosen noch mit dem Mut der Verzweiflung, Wimpffen mitten darunter. Die Mitrailleusen Lecouvres rasselten unausgesetzt, Marins und Zuaven und Chasseurs, Linie und Marschregimenter schossen in buntem Gemenge.

Eine furchtbare Salve ertönte, hunderte von Kugeln flogen über die Köpfe hin, hunderte in Mannshöhe über die Chaussee, zu deren beiden Seiten die Marins plötzlich vorprallten. Die Bayern schossen besser, ein Teil der Franzosen wich fluchend und schreiend, Tote und Verwundete mitnehmend. Andere warfen sich in die nächsten Baulichkeiten, wo sie sich vom Dach bis zum Keller unter= brachten und heftig ihr Blei verschwendeten. Das II. Bataillon 7. Regiments unter Oberstleutnant Gambs ward geworfen, die siebente Kompagnie fast umzingelt.

„Kehrt euch! Greift an mit Bajonett!" scholl das kurze scharfe Kommando, das unter harten Opfern den Rückweg frei= machte. Obschon durch Granatsplitter am Bein verwundet, ging Gambs hernach wieder, auf zwei Soldaten gestützt, zum Sturm über, nicht ruhend, bis er am Thor der Festung stand. Mit beson= derer Beharrlichkeit focht hier auch Feldwebel Fichtelberger des III. Bataillons, bis ihn Verwundung niederriß.

Wirkungsvoll genug trafen die französischen Artilleriegeschosse in die von Bazeilles ausmarschierenden Verstärkungen hinein. General Abbatucci, schon bei Beaumont sehr brav, bot alle Energie auf, die Bayern nicht wieder Herr werden zu lassen . .

In der vierten Nachmittagsstunde erreichten die zehnte und zwölfte Kompagnie und das I. Bataillon Zweiunddreißiger die Hoch= fläche zwischen Gaulier und Cazal, während die andern sechs Kom= pagnien gemeinsam mit den Fünfundneunzigern Dorf und Kirch= hof von Cazal dem Feinde zu entreißen suchten. Den felsigen Rücken der obersten Terrasse erstiegen hier zuerst Leutnant Hoffmann und Unteroffizier Bertermann. Da von den Festungswällen auf fünf= hundert Schritt hierher gefeuert wurde, wichen die Kompagnien auf der Hochfläche hinter einen Hohlweg. Sechzehn Mann, am oberen Rand dieses Einschnitts wachehaltend, fielen einer nach dem andern.

„Alle tot bis auf mich!" meldete sich Füsilier Behring als einzig Überlebender, langsam auf dem Bauche in den Hohlweg zurück= gerutscht. „Es hilft nichts," antwortete der Kommandeur. „Der Posten muß wieder bezogen werden. Freiwillige vor!" Und siehe da, der kaum dem sichern Tod entronnene Behring meldete sich wieder dazu. Wo solcher Geist lebt und wirkt, kann freilich jeder Gegner nur einpacken.

Der Massenkampf lag in letzten Zuckungen. Wer hinter einem Feldrain Schutz fand, ließ sichs wohl sein. Auf der weiten glatten Tenne des Plateaus gabs sonst wenig Deckung mehr. Nur bei Balan war's besser. Die bayrischen 4. Jäger wußten sich so geschickt zu schützen, daß sie fast gar nicht litten. Ein an Hand und Fuß verletzter siebzehnjähriger Jüngling, der Freiwillige Krieg, machte hier seinem Namen Ehre und spielte Krieg, als wäre er in dem Berufe alt und grau geworden, unermüdlich in der Plänkler= kette seine Genossen anspornend.

„Schlagt das Thor ein!" Hauptmann Ritter von Ney wollte eben mit 5. Jägern in Vorstadt Torcy das Ostthor von Sedan anfallen, als ihm eine Kugel weiteren Kampf verwehrte. Ober= jäger Lieb leitete den wunden Offizier über die Chaussee zurück, fast dreitausend Schritte weit, an Leichen und Verstümmelten vor= bei, während die Fechtenden ringsum zusammenbrachen, ein langer Leidensgang unter Geschossen und Todesdrohen. Da trug auch ein anderer waidgerechter Jäger seinen Leutnant auf den Armen davon, wie man ein Dirndl übern Waldbach trägt.

Die Bayern, bei Wörth erheblich hinter den Preußen zurück= stehend, fochten heut als Ebenbürtige, man kann es nicht anders sagen. Ihre Bravheit kannte keine Grenzen. Trommelfelle im Ohr rissen, wie Trommelfelle der Tambours, aber deutlich hörte jeder die Stimme der Pflicht. Zu leben ist nicht nötig, aber Botschaften ausrichten ist nötig: so überschritt Pflichttreue die gefährlichsten Strecken, um Befehle zu überbringen. Offiziere fielen in solcher Menge, daß überall ihre Untergebenen an ihre Stelle traten. Und auch diese verwundet. Bei der achten Kompagnie Zehner unter= sucht sein Leutnant grade die Fleischwunde des Sergeanten Seidel, als ihm Todeskugel den Hinterkopf durchschlägt. Dem Sergeanten stand das Blut schon dick in den Stiefeln. Dennoch führte er, auf seinen Entladestock gestützt, die Seinen zum Siege.

Auch hinter Fond de Givonne, wo die Franzosen sich zur Flucht wandten und mit blutendem Herzen ihre Batterien zurück= zogen, ward der sächsische Vormarsch noch stark beschossen. Alle hier beteiligten Schlachthaufen der Division Goze schlossen sich enger zusammen und schienen entschlossen, den Sieger seinen schon ge= pflückten Lorbeer nicht um die Stirne winden zu lassen. Noch

kehrten sie dem Feinde nicht den Rücken, mit rühmenswerter Dis=
ziplin und frischen Mutes boten sie die Stirn. Still wie der
Jäger auf dem Anstand erwarteten sie das Herannahen der
Garden, Teile der Divisionen Wolff, Trümmer von Lartigue und
Lacretelle damit vermischt. „Nicht schießen", lief die Parole um,
und Offiziere eilten die Linie entlang, zum Sparen der Munition
ermahnend. Die noch vorhandenen Patronen wurden bei den
Resten der 3. Turkos zur Hand genommen, als nun dunkle
Massen sich vorbewegten. Während die deutschen Feuerschlünde
verstummten, da ihre eigenen Schützen vor ihnen innerhalb ihrer
Schußsphäre kenntlich waren, gingen die deutschen Bataillone zum
Sturme vor.

Doch mit einem Male flammte die ganze französische Linie auf,
rasendes Schnellfeuer überwältigte den Mut der Angreifer, die
zahlreiche Opfer vor ihrer Front liegen ließen. Hier fand das
unaufhaltsame Vorwärts des Tages ein Ende, die französische
Waffenehre war gerächt. Ungelockert in ihrem Gefüge stand
Division Goze bis zuletzt. Jeder Versuch, weiter vorzudringen,
zog eine Flut von Kugeln an. Die rings aufflackernden Flammen
der brennenden Ortschaften beleuchteten diesen Schlußakt der Riesen=
schlacht.

Wie ein schneidender Wind, der Schneewolken vor sich her=
jagt, fegten immer noch die auf weiteste Entfernung fortgetrie=
benen Granaten über Thal und Höhen, indem sie die zahllosen
Bleiwirbel der Gewehrkugeln gleichzeitig mit sich fortzupeitschen
schienen.

Sie bannten die kaiserliche Artillerie rückwärts fest, so daß sie
kaum mehr ihre Vernichtungsfähigkeit an irgend einem Punkte dem
deutschen Fußvolk zeigen konnte. Das französische aber — was
half's, daß der kühne General Wolff eine Sturmsäule gesammelter
Versprengter ins dichteste Gewühl riß! Sein Daumen schon von
Granatsplitter zerstückelt, streckte ihn Todeswunde nieder, die Seinen
zerstreuen sich unter Kanonenkugeln. —

Ununterbrochen mehrten sich die Verluste des umzingelten
Heeres durch dies Kreuzfeuer. Bald stehend und feuernd, bald
vorwärts drängend, näherten sich die Deutschen immer dichter der
Festung selber. Schon durchbrachen sie die schwache Verteidigungs=

linie auch im Zentrum. Denn neue Garden verstärkten im Garenner Wald, schoben die Vordertreffen vorwärts, allgemeiner Angriff be= siegelte das Schicksal der dort zusammengepferchten Brigaden. Der Wald konnte nicht mehr gehalten werden.

Noch ertönte ab und zu ein mattes En avant, doch der alte französische Schlachtenruf war für viele, die ihn ausstießen, das letzte Wort auf Erden. Aus vielen Wunden entströmte das junge Leben der Rekruten. Zähe Veteranen hielten, im Tode erblaßt, bei ihren Adlern die letzte Wacht. Der letzte Aufschwung von Kampffreudigkeit erlosch mit Wimpffens Rückgang auf Balan. Rest auf Rest bröckelte ab, ein Haufe nach dem andern schlich sich aus dem Getümmel, dichte Massen zogen ihre Straße nach Sedan hinein, jede Thatkraft hörte auf. Der tiefsten Verzweiflung nachhängend, fühlte das ins Herz getroffene Heer: Dies ist der letzte, der töt= liche Schlag.

Noch einmal rafften die Franzosen sich auf, als die Bayern mit kräftigem Juchzer und so schnell es die Beschaffenheit des Ge= ländes gestattete, gegen den Festungswall anrannten. Aus den Schießscharten blitzten zahllose Schüsse. Doch als man schon An= stalten traf, angezündete Strohbündel in die Scharten zu schieben, wehten daraus winkende weiße Tücher hervor: Zeichen der endlichen Ergebung.

Grade als die Einundsiebziger, durchs lange Dorf Balan glatt hindurchgegangen, sich anschickten, gegen die Pforte zu donnern, flog die blasse Angstfahne empor. Unmittelbar vorm Pallisadenthor setzten sie ihre heißen Gewehre zusammen.

Neulich bei Beaumont hatte man leichtere Arbeit. Jubelnd und singend zogen die Bayern in den Kampf und die vom Magde= burger Korps kosteten den Vorteil der Überraschung. Dies fran= zösische Lager, wo einer beim Kochen von Kartoffelmus nieder= geschossen, ein anderer, wie er sich eben einen Fußlappen zurecht= legte, ein Offizier vor ein paar Flaschen Wein, den Säbel in der Hand, am Boden sitzend, so daß Blut und Burgunder ihr Rot vermischten — heut wiederholte sich dies nicht Die Sachsen vollends erlebten dort nichts Großes: Sogar Batterie Verworrener, die lange allein der Artillerie am jenseitigen Maasufer getrotzt, verlor nur einen Verwundeten. Heut ging es anders.

Obschon deutsche Kavallerie heut wenig Lorbeeren erntete, gelang es 10. Ulanen bei St. Menges durchbrechende Kürassiere derart zu attakieren, daß diese sich schwimmend durch die Maas zu retten suchten. Leutnant Rothkirch und Gefreiter Fabiunke folgten jedoch nach und nahmen noch jenseits sechs Eisenreiter gefangen.

Auch ein Sohn Kirchbachs, der seit Mittag den Oberbefehl über das hessische Korps mitführte, fiel bei den Gardefüsilieren. Mit freudiger und tapferer Ergebung erfuhr es der Vater, denn die Totenklage ward hier zum Freudenpsalm und erhebender Erbauung.

„Sr. Majestät wollen dem Blutvergießen ein Ende machen, da doch alles verloren sei," überbrachte General Lebrun persönlich an Wimpffen erneuten Befehl des Kaisers. „Sie werden ersucht, die Kapitulation einzuleiten." Düster blickten die beiden hohen Offiziere sich an, wortlos nickte Wimpffen. Seine Brust hob sich wie von unterdrücktem Schluchzen. Ungerechte und thörichte Vorwürfe schwebten ihm auf der Lippe, besonders auf Ducrot hatte er es abgesehen. Der war selbst vollgeladen von kochendem Zorn, weil Wimpffen seine eigene Auffassung, in der vielleicht noch ein Hoffnungsstrahl aufblitzte, heut früh zu nichte machte. Es war fünf Uhr vorüber, als der unglückliche Oberbefehlshaber, verdammt, seinen Namen unter schmachvollste Urkunde zu setzen, die je ein großes Heer betraf, sich nach Sedan hineinbegab.

Bei Torcy schickten 5. Jäger 5. 11. Regiment der Bayern sich schon an, die Palisaden der Werke zu übersteigen.

Ach, der Durchbruchsraum war zerronnen, zerstört — wie, zeigte eine gräuliche Blutlache auf der Chaussee vor Balan. In ihr ertrank die letzte Hoffnung.

Das 34. ligne zog sich aus Fond=de=Gironne soeben unter die Festungsmauern hinter einer Palisade zurück, wobei Schützenzug Grand=Didier an einem Fichtenhügel den Abzug deckte, als drei Leutnants den Oberst Hervé baten: „Hier können wir nicht bleiben, wir müssen wieder vor."

Hervé avancierte mit etwa Zweihundert und traf weiter vorn General Vassoigne mit ebensoviel Marinesoldaten, denen sich noch dreißig Zuaven und einige Chasseurs anschlossen. Diese kleine

Zahl warf sich, von Wimpffen begleitet, nach Balan hinein bis
zur Kirche, wobei die Bayern verdrängt, aber auch Einzelne vom
50. ligne von französischen Kugeln getroffen wurden, Versprengte
auf der Chaussee. Am Café der Zentralstraße und auf dem Kirch=
platz bildete Leutnant Grand=Didier die Spitze. „Ich habe niemand
hier," zuckte sein Oberst Hervé auf Bitte um Verstärkung die
Achseln, „nur diese Neun," Zuaven und Marins durcheinander,
„die können Sie nehmen." Der Leutnant besetzte nun die Kirch=
hofmauer, über welche man, auf Gräbern stehend, wegschoß. Einen
bayrischen Haufen auf Terrasse einer Villa vertrieb Grand=Didier
mit Hilfe eines Dutzends Versprengter vom 50. ligne, doch ward
Adjutantmajor Fremicourt des 34. getötet und der Leute wurden
immer weniger. Zuletzt blieben im Garten hinterm Kirchhof nur
ein Unterleutnant der Marine und einer der Chasseurs, je ein
Zuave, Chasseur, Marine, Linienfoldat, jeder ein Veteran mit drei
Chevrons, unter dem tapfern Grand=Didier zurück. Eine bayrische
Kolonne drang zur Linken durch den Park. „Wir sind ganz allein,
also bleibt nichts übrig als Abzug." Auf dem Kirchplatz ritt ein
Kürassier von Haus zu Haus: „Wer noch drin steckt, heraus!
Abzug!" Wimpffen selber hielt dort mit Leutnant Savary vom
34. ligne und Hornist Baltasar. Wimpffen wollte Grand=Didier
sogar wieder zurückschicken, um etwaige Versprengte aus Balan
herauszuholen. „Mein General, wir sind die Letzten. Meinen
eigenen Hornisten, den Sie ja bei sich haben, lasse ich Retraite
blasen." Der dicke Elsässer blies, doch niemand kam. Dem wackern
Leutnant, hier allein die Nachhut der Großen Armee, blieb nichts
weiter, als nachher für Verbrennung der Fahne zu sorgen, deren
Obhut seiner Kompagnie zufiel. Den Adler warf man in den
Festungsgraben.

Während dieser Vorgänge in Balan tobte ein ernsteres Ge=
fecht weiter links davon, wo ein Reservistenbataillon aus Calais,
III 3. Marsch, aus Cadres des 64. ligne entstanden, sich noch
besser hielt als alle Linienbataillone dieses Armeekorps. Obschon
es nur zwölf Offiziere statt achtzehn besaß und Kompagnien
Mirandol und Letellier bereits auf Sedan abgedrängt, rückte Major
Moch, selber zu Fuß, mit dem Hauptteil so fest und geschlossen
auf Balan, daß General Abadie ihm zurief: „Wer führt dies

schöne Bataillon?" Von seinem eigenen Brigadegeneral Marquisan, dem er gestern zu äußern wagte: „Bietet man uns morgen Schlacht an, so sind wir verloren," sah sich Moch schon durch breiten Flucht= strom getrennt. Auf dem Glacis standen die 1. Zuaven. Drei= viertelstunden vergingen schon, als plötzlich jener Vorstoß Wimpffens begann ohne erhebliche Wirkung. Hingegen drang Moch weit vor in den Park Philippoteaux, wo eine Menge Versprengter (1. Zuaven 17. Ch. 5. ligne) sich sammelten. Dreihundert Leute ohne Patronen mit dem Bajonett im Rückhalt, schlug Moch mit Fünfzehnhundert, deren Kern seine eigenen Sechshundert (ein Drittel fehlte) bildeten, bis halbfünf Uhr jeden Angriff ab. Zwei Mitrailleusen verloren hier sämtliche Bediener und Pferde, zwei andre brachte Chasseur= leutnant Pavot um halbsechs Uhr in Sicherheit. Um diese Zeit herrschte schon Totenstille auf dem Schlachtfeld, Waffenstillstand trat ein, doch die Bayern winkten mit Taschentüchern. Adjutant Trionville fragte als Parlamentär, was man wolle, worauf Waffen= streckung gefordert wurde. „Aber wer spricht von so was? Muß wohl Mißverständnis sein. Jedenfalls versuchen Sie doch, uns zu fangen!" versetzte der Franzose indigniert. „Wenn Sie sich nicht ergeben, geht der Kampf fort!" „Sei's! Wir wünschen nichts anderes!"

Erst halbsieben Uhr räumte Moch den Posten, nachdem er 2 Off. 13 Unteroffiziere 10 Korporale 231 Mann seiner braven Marschtruppe einbüßte, die erst einen Monat unter Waffen war.

Moch, an dessen Seite ein Chasseurhauptmann und ein Zuaven= leutnant fielen, ward schon um fünf Uhr zweimal am rechten Fuß kontusioniert, ohne den Kampfplatz zu verlassen. Als Oberst des 130. ligne gestorben, hat weder er noch der Leutnant Grand= Didier den verdienten Dank erhalten. In diesem Tohuwabohu vermischte sich alles, so daß über Wimpffens Durchbruchsversuch bis heut falsche Begriffe vorwalten. Das Wort „Durchbruch" hörte übrigens niemand: man hat einer unwillkürlichen Vorwärts= bewegung, weil hinten am Glacis der Raum zu beengt, nachher diese Bedeutung und Auslegung untergeschoben. —

General de St. Hilaire bei seinem 47. ligne fiel auf dem Platz. Ebenso die Führer der ohnehin nicht vollzähligen 14. Chas= eurs, Rodony, und der 19. (Brigade Abbatucci), Kommandant

Marqué. Was bei Balan noch hier und da auflebte wie Funken unter der Asche, blieb ein bloßes Ausbrennen des Feuers. Wimpffen und Lebrun waren mit die letzten, die hier von der Stelle wichen.

Nur hinter Fond de Givonne belebten die standhaften Schlacht= haufen von Grandchamp und Goze immer wieder das Kampf= bild. Obwohl Brigade Villeneuve, die sehr zur Unzeit ihren General verlor, ihren Posten anfangs dem Feind überließ, unter= hielt sie immer noch ein kräftiges Feuer. Es schob sich sogar wiederholt Fußvolk und Geschütz gegen die Sachsen vor, die Ausgänge des Garennewalds unter Feuer haltend, um den Garden ein Heraustreten aus der Waldung zum Festungsgraben zu ver= wehren.

Nachdem General Wolff fiel, neben ihm ein Tambourmajor mit einem Adler in der Hand, wich seine Division ganz nach Sedan zurück, überhaupt fast das ganze Korps Ducrot außer den Turkos und einigen Versprengten der Division Lartigue. Auch die halb= vernichtete Reiterei gab jede Gegenwehr auf. Was nicht nach Sedan hineinfloh, knüpfte auf der Stelle Übergabeunterhandlung an, sobald die Deutschen das Waldrevier absuchten. Nur Rittmeister Fuchey der 3. Kürassiere will noch versuchen, sich durchzuschlagen, willig folgt seine Schwadron.

„Heran zu mir, wer Ehre mehr liebt als Leben!" sammelt Major d'Arlincourt um zweite Schwadron 1. Kürassiere Versprengte, wobei sogar Turkos mit ihrer Flinte ein Streitroß besteigen und wie grinsende Affen wutheulend mitreiten. Doch sie alle bezahlen ihr Wagnis mit Vernichtung.

Der zweiten Schwadron 1. Kürassiers Rittmeisters Haas, die entlang der Festungsmauern in Gauliervorstadt durchritt, schlossen sich zwei Adjutanten, zwei Wachtmeister und zwanzig Mann der ersten Schwadron, Teile der fünften Schwadron 3. Kür. und ein arabischer Turkohauptmann an. Ebenso Generalstabs= leutnant la Fuente, Stabshauptmann de Lalande, Unterinten= dant Seligmann=Levy. Major d'Arlincourt schlug sich anfangs durch Schützenschwärme durch und erreichte, mit hessischen Husaren raufend, St. Albert, wo er endlich durch Ulanen abgefangen wurde. Schon war Hauptmann Lalande gefallen, der aus dem Sattel fliegende Leutnant Théribout konnte dem Wachtmeister Destorey, der ihm sein Pferd anbot, nur freundlich danken, denn er fiel, um nie mehr aufzustehen. Dem Rittmeister Haas, an der Schulter getroffen, dem Rittmeister Blanc, Lt. Aynac und dem Unter= intendanten wurden die Pferde erschossen. Der Generalstäbler Fuente griff bei gleichem Mißgeschick ein lediges Pferd auf und raste weiter mit zerbrochenem Degen. Lt. Thoumas klammerte sich an einen Steigbügel und rannte zu Fuß im Galopp mit, bis er vor Erschöpfung umfiel. Doch fielen nur fünf Küraffiere, zehn andre bluteten, als der verwundet geftürzte Major Arlincourt sich mit seiner kleinen Schar gefangen geben mußte.

Immer enger schrumpfte der Raum zusammen, in dem das eingekesselte Heer sich verzweifelt einer atemauspressenden Erdrückung erwehrte. Massen begaben sich untern unmittelbaren Schutz der Festungswälle, Massen drängten sich noch in den Schluchten. Doch eine stählerne Mauer von Bajonetten umschloß den Garennewald, der allein noch außerhalb des engsten Kreises lag, und über= mächtige Hundertgruppen von Feuerschlünden sprühten ihr Ver= derben nach jeder Richtung aus. Gegen vier Uhr unternommen, führte die Gardedivision Pape den Schlußstoß gegen den Wald immer weiter, dessen Nordspitze und Westseite gleichzeitig an= gegriffen wurden, nachdem die ganze Front der deutschen Ge= schützaufstellung noch einmal eine ungeheure Generalsalve a tempo in den Wald schleuderte. Auf der Ostseite machte das 4. Garde= regiment tausend Gefangene, die Gardefüsiliere führten dreitausend am Nordrand ab. Auf der Westseite währte der Kampf fort, doch brachten die Gardefüsiliere ganze Haufen von Gefangenen ein, eroberten endlich die brennende Ferme Querimont und Füfi= lier Goldacker riß einen Adler aus der Mitte wütender Feinde. Auch die Tschakos der Gardejäger tauchten hier auf und von Osten her wollten sogar sächsische Grenadiere und Schützen sich etwas Lorbeer im Walde holen. Es war der Adler des 17. ligne der Brigade Fontanges, dessen Träger hier der unerschrockene Gold= acker niederstieß.

Wie Nibelungenrecken unter einem kleineren Geschlecht wirt= schafteten Gardehünen unter schnöden Franzen! Granatschauer, allenthalben durch die Baumwipfel hereinplatzend, beseitigte aber jede Trennung von Freund und Feind: gemeinsam duckten sie sich hinter die Stämme, in gleichem menschlichen Angstgefühl.

Gegen den Wald als letzten Schlupfwinkel des zu fangenden Heeres wälzten sich zuletzt Teile beider deutscher Armeen gemeinsam heran. Die Hessen warfen sich schon lange vom Kalvarienberg in den Nordsaum herab, jetzt wandten sich aus Nordwesten auch die westpreußischen Königsgrenadiere heran. Vor ihnen her sprengte auf schäumendem Pferd der Brigadeadjutant v. Wangenheim bis an den Westsaum des Waldes, furchtlos auskundend, hin und her Meldung und Befehl übermittelnd, was ihm ein Kreuz I. Klasse lohnte. Die durcheinanderquirlenden Massen der Waldverteidiger harrten noch eine Weile aus, bis ihnen jeder Rückweg abgeschnitten und auch noch Kirchbachs Abteilungen ihnen in den Rücken gingen. Dann ergaben sich Regimenter des nach allen Windrichtungen strahlenförmig auseinandergerissenen Korps Failly, wie das stolze alte 17. neben dem 52. 72. der Brigade Bordas und dem 82. der Brigade Bittard. Das 49. der Brigade Maussion rettete seinen Adler, Oberst Kaempf übergab ihn dem Maire von Sedan für heimlichen Versteck.

In diesem fast grotesken Kesseltreiben, wo Garden, Hessen, Sachsen sich gegenseitig Tausende und Abertausende ins Garn lieferten, folgten diese müden, demoralisierten, einst so waffenstolzen Männer ihren Besiegern fromm wie Lämmer. Nur wenn ein jäher Stoß gesammelter Massen die deutschen Kompagnieen, wo jede einzelne ein ganzes Regiment vor sich herhetzte, wieder über eine Lichtung ins Dickicht hinauswarf, ergriffen hier und da Entwaffnete, besonders Turkos, die sich kriechend freundlich unter Kameradschafts=bezeugungen den Deutschen ergaben, plötzlich wieder zum Chassepot und schossen von hinten auf ihre Überwinder, fielen auch wohl gewaltthätig über ihre paar Wächter her und rannten ihnen den Yatagan in den Leib. Eben hieß es noch „bon ami“, „bon camarade“, „donnez-moi un morceau du pain“, was auch gutmütig, wie die Deutschen sind, ihnen verabreicht wurde, bis plötzlich mit „Husse, vive la France“ die Waffen aufgerafft und an den Wachen probiert wurden. Bei einer solchen Ge=legenheit ward der heransprengende Hauptmann v. Schmeling der Gardefüsiliere, der auf eine freie Lichtung hergesprengt kam,

vom Pferd geschoffen, Sergeant Adler umgebracht, indem ein
fchuftiger Schwarzer dem unglücklichen Verwundeten, den ein
Freiwilliger ins Gebüfch aus dem Feuer zog, das Seitengewehr
aus der Scheide riß und bis ans Heft in den Leib ftieß. Oberft=
leutnant von Papftein, Major v. Saniß, fowie Hauptmann Wilczek
der Gardejäger bewältigten jedoch die Übermacht und trieben fieben=
taufend Gefangene fort.

Die Garden fchlugen unter zifchenden Kugeln und Kolbenfchlägen
wie Berferker um fich und bemeifterten Heimtücke wie offenen
Widerftand. Zehn Gefchüße mit erfchoffener Befpannung blieben
im Walde ftehen. Die anderen Garden und die Sachfen machten
noch dreitaufend Gefangene. Da ward Mancher ins Gebüfch ge=
brängt und ftolpernd fo zu Boden gedrückt, daß mehrere Körper
über ihn hin fielen und er erft fpät von der unfreiwilligen Leichen=
bürde fich befreien konnte. Aber um fünf Uhr erlofch jeder Wider=
ftand und ftatt der weißen Fahne der Waffenftreckung wehten über
die Waldwipfel die Flammenfäulen der brennenden Gehöfte Queri=
mont und Garenne.

General Guiomar liegt verwundet am Boden, doch feine Bri=
gade läßt fich noch immer nicht bis in die Feftung zurückfchleudern.
Auch General de la Baftide und Artilleriekommandeur Clouzet
trinken heut den fchmerzlichen Ruhmesbecher bis zur Neige, daß
Divifion Liébert mit allen Waffenehren untergeht. Das 5. ligne
fteht und fällt in diefem neuen Waterloo an Belgiens Grenze, wie
einft drüben in Belgien bei Plancenoit.

Während der linke Flügel Liéberts fich vor den Thüringern
Schritt vor Schritt zurückzog, richtete der rechte noch mehrmals
auch nach Beendigung der Reiterfchlacht wütende Angriffsftöße
gegen den Kirchhof von Floing, wo die Görlitzer Jäger fogar in
Bedrängnis gerieten. Als aber der ganze Höhenrand rechts davon,
nach dem Calvaire zu, von der Brigade Henning mit einem ftählernen
Zaun gekrönt, verließen die Franzofen ihren hiefigen Stützpunkt,
ein mit Schützengräben umfchloffenes Gehöft. Die Jäger ließen
ihnen keine Zeit, fich wieder zu fetzen. Ihre aufgepflanzten Hirfch=
fänger und die fcharfen Bajonette der fchlefifchen Musketiere durch=
blißten die ganze feindliche Stellung, wobei eine Fahne, zwei Ge=

schütze, ein paar Hundert Gefangene mit drei Offizieren als Trophäen des Siegers zurückblieben. Gleich dahinter ermannten sich die Franzosen jedoch wieder, fochten mit trotziger Entschlossenheit und räumten nur Schritt für Schritt die eigentlichen Südhöhen. Fast alle Schlesier und Hessen, die von Floing heraufkamen, zu beiden Seiten der Jäger sich ausbreitend, unterhielten hier nur ein stehendes Gefecht, sich allmählich sammelnd, bis sie zum Angriff auf den Westrand des Waldes reif wurden. Viele versprengte Schlesier und Hessen traten jedoch, nach rechts abgekommen, zur Thüringer Brigade Kontzki über, die erst um vier Uhr nach heißem Ringen unter brausendem Hurrah endgiltig den Kirchhof von Cazal krönte und dort ihren Wohnsitz aufschlug, bis die Schlacht erlosch.

An manchen Stellen schien die vorgeschobene Lage der Thüringer unhaltbar, aber es schien nur so. Frische Teile traten ins Gefecht, von allen Seiten kamen sie mit gefälltem Bajonett auf die Franzosen los, die ihrerseits mehrfach abgeschnitten wurden. „Kinder, wer sich retten kann, rette sich!" rief es von der Festung ihnen zu oder von Offizieren noch droben im Kirchhof. Ihnen blieb nur Sprung in die Steinbrüche. Wer ungeschickt fiel, fiel doch noch in Feindeshand oder ward, an Schlehdornsträuchern hangenbleibend, wie Krähen vom Ast geschossen. Andere retteten sich um die Vorstadt herum in die Festung. Schritt für Schritt wich die tapfere Nachhut in Cazal. Mit unerschütterlichem Mute trat sie bis zuletzt dem Feinde entgegen, statt ihr Heil in Flucht zu suchen. Hinter ihr klangen schon Signale zum Feuereinstellen, hier das Zeichen der Übergabe. Die ihren Verzweiflungskampf überlebten, wären dem Leben gerettet, doch manche wünschten sich lieber den Tod.

Hier hatte auch die hessische Pionierkompagnie Schubert zuerst auf der Höhe von Gaulier Fuß gefaßt, wobei man ihren tapferen Führer schwerverwundet forttragen mußte und Architekt Dreibus, ein besonders guter Schütze, der mit Erfolg seine ganze Munition verschoß, zur Amputation reif wurde. In den Südflügel von Cazal drang zuerst die achte Kompagnie Fünfundneunziger, allen voran Unteroffizier Fichtel und Musketier Bauer. Die Kirchhofsmauer überstieg zuerst Sergeant Meinhold, hier aber fiel der Regimentskommandeur v. Bassewitz vor der zehnten Kompagnie

in den Tod. Major v. Gayette übernahm das Regiment. Die
zwölfte Kompagnie Zweiunddreißiger, bei welcher Sergeant Kleist
sich hervorthat, focht hier mit dem Schwesterregiment Seite an
Seite.

Der Steinbruch steigt senkrecht am breiten Felsrücken auf, der
zum Teil Dorf und Stadt überhöht. Die steilen Kalkwände wären
nur mit Leitern zu ersteigen oder durch Einschlagen von Stufen.
Hätten die Franzosen hier dahinter einen Kehltambour als kleines
Mauerwerk mit Pallisadenumzäunung angelegt, so wäre Festsetzen
des Angreifers bei Cazal wohl unmöglich geworden. Die deutschen
Schützen warfen sich oben an der Kuppe platt auf den Boden,
weil sofort von Massenfeuer erreicht. Wie beim Erklimmen der
Terrassen gegenseitiges Heben und Helfen nötig gewesen, so schien
auch weiteres Hinaufkommen nach Cazal höchst schwierig. Die
letzten noch unterhalb Cazal standhaltenden Franzosen, aus den
Schützengräben am höchsten Rand leise und vorsichtig sich heraus=
helfend, kletterten lautlos zum Dorfabhang hinauf. Als aber die
vordersten Thüringer aufsprangen und ohne einen Schuß zu thun
emporstürzten, wo außer der roten Flamme eines angesteckten Hauses
vom Orte nichts zu sehen war, flammte es weithin vor ihnen
auf wie Wetterleuchten! Beim Schein mehrerer Generalsalven,
vor denen die Deutschen sich wie auf Kommando in die flache
Senkung niederwarfen, trat das Profil des vorliegenden Kirch=
hofs hervor!

Die mannshohe Umwallung war nicht so rasch zu überwinden,
das erkannte man deutlich genug. Die Deutschen gaben ein gut=
genährtes Feuer ab, aber das Chaffepot riß breite Lücken. Auch
sahen sie ein Leuchten aus der Festung, dem alsbald Knall und
Sausen von die Lüfte durchquerenden Geschossen folgte, deren hand=
große Splitter ein schweres Kaliber verrieten. Die Festungswerke
selbst waren von der deutschen Artillerie noch keineswegs ein=
geschossen und den felsigen Grund der anlehnenden Steinbrüche
besäten hellgraue runde Flecke, wo die Granaten abprallten.

Was aber sonst auf dem Schlachttheater von Menschenhand
herrührte, verwandelte sich in Trümmerhaufen. Die allgemeine Zer=
störung bis ins Stadtinnere hinein spottete jeder Ausbesserung.
Bazeilles derartig zerstört, daß die Sonne von Dach bis Keller

in die Ruinen hinabschien! Aber auch alle andern Dörfer, Gehöfte, Schlösser beschädigt, verwüstet, in Schutt gelegt, die Kirchen-
säulen umgestürzt, in Sedan das Pflaster durch riesige Granat-
löcher aufgerissen!

An der Schlucht, wo Gärten mit mannshohen Mauern das
freie Feld beherrschten und eine Batterie sich trotzig ins Gewehrfeuer stellte, nahe genug mit Kartätschen feuernd, floß noch manches
Blut. Doch Fähnrich v. Vietinghoff und Vizefeldwebel Seydler,
unterstützt vom Vizefeldwebel Schminke der Fünfundneunziger,
setzten mit einem beherzten Haufen verschiedenster Abteilungen,
worunter auch gelbe Achselklappen der Schlesier bemerkbar, über
die Schlucht. Musketier Joé fiel hier durch gutes Schießen aus
dem Oberstock eines Gartenhäuschens auf, Freiwilliger Zeitz holte
sich ein paar Schock Gefangene aus einer einsamen Villa. Division
Liébert schlug sich bis zur äußersten Möglichkeit, bis zur Unmöglichkeit, doch nun war sie fertig, zwölf ihrer braven Offiziere in
Cazal gefangen.

Das dumpfe Rollen der Gewehrschüsse unterm Kanonendonner
verstummte. Diese plötzliche Feuerpause wirkte unheimlicher als
aller Schlachtlärm. —

Und der Adler des 5. ligne entflog dem gierig alle Trikoloren
an sich raffenden Sieger. In Stücke zerrissen und vergraben, wie
einst bei Blenheim die Fahne des Regiments Navarra, wird der
vielbedeutende Seidenlappen von drei Sergeanten, nachher die
Feindeslinien durchschleichend, nach Toulon ins Regimentsdepot
gebracht, von wo er mit üblichen Ehren ins Museum des In-
validendoms wandert. So bewahren die Franken immer noch den
großen Styl der alten Schule, die römische Pose.

Schon betrat ein preußischer Fuß die alte Heimat Turennes,
schon erblickte der Turenneplatz die verhaßte preußische Uniform
des Unterhändlers Bronsart v. Schellendorf. Den Antrag zur
Waffenstreckung ging soeben der stattliche General Reille beant-
worten. Was half die Krim- und Solferinomedaille auf seiner
Brust!

Als alles zu Grunde und drunter und drüber ging, ließ
Lebrun die Festungsthore vor den Fliehenden schließen, doch die
Fluchtlawine überschwemmte die Gräben, übersprang die Wälle.

Des überflüssigen Kämpfens müde, betragen sich besonders die
Afrikaner fassungslos, zerschlagen heulend ihre Flinten, die nur
zu den zwei fürchterlichsten Niederlagen des Feldzugs bei Wörth
und Sedan den Kehraus pfiffen.

Düster in sich versunken, standen Offiziere in den Nebenhöfen
der Straßen mit verschränkten Armen. Ihnen ging das Unglück
des Vaterlandes wirklich zu Herzen. Die Soldaten schimpften
meist nur und spotteten frivol. Als am andern Tag die Prokla=
mation Wimpffens angeschlagen wurde, las man sie mit lautem
Hohn. Sie schloß: „Mir verbleibt allein der Trost, ein unnützes
Massacre vermieden und dem Vaterlande Truppen erhalten zu haben,
von denen es in Zukunft noch gute glänzende Dienste gewärtigen
mag." Die Troupiers schlugen eine grelle Lache auf: „Der alte
Schwätzer wirds gut haben, sich mästen in warmen Betten. Und
uns schleppt man nach Sibirien!" Daß Preußen irgendwo am
Nordpol liegt, war ihnen allen bekannt. „Unsre guten Dienste —
da könnt ihr lange warten! Nieder mit Bonaparte! Zukunft
giebt's nicht mehr." Einer teilte mit: „Habt ihr gehört, er will
zwei invalide Viecher mitnehmen, der alte Narr! C'est du rigolo!"

In der That rückte der Oberbefehlshaber mit zwei alten Leib=
pferden ab, die er sich ausdrücklich von Moltke ausbat. Er reiste mit
den vier seiner Person attachierten Ordonnanzen nach Stuttgart ab,
ehe die Kapitulation in Kraft trat. Diese durchaus lächerliche und
unwürdige Aufführung hinderte ihn natürlich nicht, nach Art aller
Unheilsbringer vom Schlage Mack und Grouchy die Welt mit
Rechtfertigungsschriftstücken zu überschwemmen. Die Deutschen
behandelten selbstredend die Kapitulanten Bazaine und Wimpffen
mit verehrungsvoller Rücksicht und es hieße Wimpffen verleumden,
wollte man ihn mit Bazaine auf eine Stufe stellen. Ein Grund,
ihn zu schonen, liegt aber für die Nachwelt nicht vor. Eitel und
selbstüberschätzend hielt er für patriotische Pflicht, was nur selbst=
süchtige Verblendung, und geizte nach einem Oberbefehl, der ihm
gar nicht zukam. Denn im Grunde hatte auch der Kaiser ein
Wörtchen dreinzureden und ein Brief des Kriegsministers wog
nicht schwer genug neben dem ausdrücklichen Wunsch Mac Mahons,
den einzigen höherbefähigten General der Armee von Chalons zu
seinem Stellvertreter zu erheben. Ducrot war eine langbekannte

Autorität, Wimpffen eine Null. Eine Gardebrigade bei Magenta führend, verlernte Sedan=Wimpffen in Afrika den europäischen Krieg. Er mußte wissen, daß er, eben erst angelangt, von den Deutschen keine Ahnung hatte. Und dennoch drängte er sich zum Oberbefehl, entriß in Ducrot auch dem Heere und Frankreich den letzten Rettungsanker und lieferte so die militärische Ehre dem Feinde aus, führte die unerhörteste Waffenstreckung in offener Feldschlacht herbei, von der die Geschichte meldet. Als es sich aber darum handelte, die Konsequenzen seiner Aufdringlichkeit zu ziehen, da suchte er auszukneifen. In sein Hotel ‚Zum goldenen Kreuz' um halbacht Uhr zurückgekehrt, nachdem schon stundenlang Waffenruhe eingekehrt und die weiße Flagge gehißt, richtete er schriftlich an den Kaiser die Eingabe seiner Demission und Bitte um Pensionierung! „Ich glaube einem andern die Sorge, unsre Armee zu führen, überlassen zu müssen." Um acht Uhr erhielt er ablehnenden Bescheid in sehr würdiger und vornehmer Form: „Sie können nicht Ihren Abschied nehmen, wenn es sich noch darum handelt, die Armee durch ehrenvolle Kapitulation zu retten. Sie thaten den ganzen Tag Ihre Schuldigkeit, thun Sie es ferner."

Als nun Wimpffen sah, daß er in den sauren Apfel beißen mußte, begab er sich ins kaiserliche Kabinett, ward aber hier mit absichtlicher Impertinenz vorerst an der Thür abgefertigt: „Sr. Majestät konferieren mit dem kaiserlichen Prinzen." Das war eine Insulte, denn der Prinz ging schon vor zwei Tagen nach Mèziéres.

Eine solche Stimmung herrschte gegen Wimpffen. Und als er den Eintritt erzwang, verließen sämtliche Generaladjutanten, die laut wehklagten und tobten, mit scheelem Blick fast ohne Gruß das Zimmer. Nur Stabschef Faure und Ducrot blieben und es folgte nun ein überaus peinlicher Zwischenfall, indem Ducrot auf Wimpffens alberne Anschuldigung, man habe ihm nicht gehorchen wollen, die Selbstbeherrschung verlor und in großer Erregung auf Wimpffen zusprang, wie um ihn zu ohrfeigen. „Ihre Befehle wurden leider zu gut ausgeführt. Ihre tolle Anmaßlichkeit, zu der Ihr Ehrgeiz Sie stachelte, hat allein die Schande der Kapitulation auf sich ge= laden." Worauf Wimpffen natürlich pompös sich spreizte: „Ich nahm das Kommando, um eine Niederlage zu vermeiden, die Ihre Ordres unfehlbar herbeigeführt hätten."

Auf einen solchen Aberwitz, angesichts der Thatsache, daß die angeblich vermiedene Niederlage zu einer hundertmal ärgeren Kata= strophe durch Hauptschuld Wimpffens sich auswuchs, verschmähte Ducrot zu erwidern und ließ den Mann stehen. Bei Kapitulations= verhandlung in Donchery, wo Wimpffen mit Faure, Castelnau und Rittmeister b'Orcet von den 4. Kürassieren den Größen des Jahr= hunderts gegenübersaß, machte er natürlich neben Bismarck und Moltke eine klägliche Figur. Bald prahlerisch, bald weinerlich, immer pathetisch, zerrieb ihn förmlich die marmorne Starrheit des hageren preußischen Strategen, der mit eisiger Kühle und einer zum Verzweifeln trockenen Einsilbigkeit auf seinen Shylokschein bestand, das Pfund Fleisch aus dem Herzen Frankreichs heraus= zuschneiden. Auf die rote Tischdecke, wo am Kaminsims das Pro= tokoll ausgefertigt, starrte ein Bildnis Napoleons, des Echten, wie in bitterem Hohn hernieder. Greller Reflex des Lampenscheins be= lebte die Cäsarenzüge. Dem Jenasieger ein neues Waterloo!

Kurz zuvor hatte Bismarck aus der nämlichen Stube, wo sie sich einquartierten, den Württemberger Bevollmächtigten Faber du Faur und Professor Bleibtreu humoristisch entfernt, wobei er ihnen noch ihren Hammelbraten aufaß. Bismarck hatte ja immer einen guten Magen. Sehr aufgeräumt, äußerte er sich begeistert über den Jubel, mit dem ihn die Bayern empfingen, wo er sich zeigte.

Bleibtreu betrat übrigens als erster Deutscher schon abends Sedan, wobei die Troupiers ihm gutmütig Platz machten. Am andern Tag ging er mit Ingenieurgeneral Schulz, dem die Festung übergeben wurde, hinein, wobei Schulz gegen besoffene wütige Turkos solch kühle Ruhe bewies, daß Ducrot von der Präfektur höflich grüßte: „Mach' Ihnen mein Kompliment, General!" — —

„Mag er sich seinen gichtbrüchigen Gäulen widmen, französische Generale kümmern sich um ihre Soldaten", murrte Ducrot zwischen den Zähnen, sobald er nach Abreise des Unheilstifters die Leitung übernahm. Das unglückliche hungernde Heer, dem keine Magazine zu Gebote standen, zu verköstigen, fiel schwer genug, und als man nachher die Kapitulanten auf Halbinsel St. Iges zusammendrängte, führte dies zu unsäglichen Leiden. Das Wetter, am Schlachttag allmählich hell und trocken geworden, schlug in trübe Regenkälte um. Knietief wateten Sieger und Gefangene durch Koth und

Schlamm, der Maasgrund und die Giovenneniederung
bildeten einen förmlichen Sumpf, in den sich die Ausdünstungen
der unverscharrten Leichen mit widerlichem Geruch festsetzten. Giftige

Miasmen schwängerten die Luft, das zum Kochen nötige Wasser besudelten Unrat und unheilbares Leichengift. Ein Typhusherd. Wie ein Giftpilz schoß die Pestilenz aus der nassen Flur, auf der diese Unseligen ohne Zelte, Mäntel, Decken biwackierten, wie das Wild im Walde knäuelweis aneinandergedrückt, so daß nur die zusammengesteckten Käppis ihr Zeltdach formten, von welchem un= ablässig das Regennaß herabströmte. Selbst die deutschen Ver= wundeten verschmachteten schier, für die doch alles Mögliche geschah. Leichtverletzte schleppten sich aufs Feld und gruben Kartoffeln aus, die sie im Kamin brieten, drei Tage lang kam sonst kein Tropfen und Bissen über ihre Lippen.

„Leonidas mit braunem Überzieher und Brille!" urteilte ein französischer Kriegskorrespondent, der seinen Pariser Esprit selbst bei Sedan nicht zu Hause ließ, als er die bürgerliche Einfachheit und nette Sauberkeit der preußischen Grenadiergruppen betrachtete, die ihre Kleider ausbürsteten und Knöpfe annähten, mit einer häus= lichen Sorgfalt und Regelmäßigkeit, als hätte sich nicht soeben erst das riesigste Heldendrama abgespielt.

Doch im Siege fallen Spartanertugenden leichter. Bestialische Trunkenheit und Zotenreißerei der Kapitulanten stammten aus zerrissener Seele. Viel unschöner, daß beim Kriegsrat in der traurigen Morgenfrühe nach dem Schreckenstag die Generale Pellé und Bellemare sich auf ein Piedestal erheben und ihren Degen auf Kosten ihrer Kameraden reinwaschen wollten, indem sie nutzlosen Protest erhoben und ihre Unterschrift unters Protokoll verweigerten, das außer dem Kommandierenden auch noch der Artilleriechef Forgeot und Ingenieurchef Graf Dejean, Nachkomme des bekannten General= adjutanten Napoleons, der einst ein Waterloo, aber noch kein Sedan erlebte, unterschrieben. „Niemals ist einem Volke solche Beleidigung zugefügt", polterte der Streber Bellemare und nahm wohl daher das Recht, sein Gefangenen=Ehrenwort zu brechen. Wie er entwichen nachher Cambriels, Maussion und Ducrot selber nach Paris. —

So sehr sie bluteten, bewährten sich noch rühmlichst die See= soldaten mit stiller Würde. Sonst überall wüstes Verratgeschrei. Es ging so toll her im überpfropften Städtchen der kleinen Ar= dennenveste, daß man in der Enge sich gegenseitig den Weg ab= sperrte. Am Walle lehnten Krieger aufrecht mit zerschmettertem

Schädel, eingekeilt unter Trümmern. Haufen zerbrochener Waffen und Mitrailleusen verstopften den Fluß, wo er durchs Stadtinnere vorbeiströmte. Selbst der Straßenschmutz starrte schwarz von Pulver. Hohläugiger Verfall, abgemagerte Pferdeskelette, Kanoniere in Strümpfen oder mit dem Hemb über den Hosen und ohne Mütze .. so stellt sich dar, was gestern noch ein glänzendes Heer gewesen. Doch aus der dunkeln Höhlung vor der Festungsbrücke courbettiert ein feines Herrchen heraus in blauer schwarzbestickter Pelzblouse, Prinz Achill Murat trägt seine elegante Reisetasche zur Abfahrt nach Kassel spazieren. Auch mal amüsante Abwechselung: mit dem Empereur in behagliche Haft, wo einst der Morgen= wieder=Luschtik seine deutschen Unterthaninnen beglückte. O Achilles, dein Ahnherr, der Maccaronikönig in seiner strahlenden Kellner= schönheit, machte andere Reisen und Ritte, und einen solchen Achilles hätten die Nachkommen heute brauchen können. Doch die wirklichen Murats wachsen nicht auf jedem Strauch und auf gar keinem mehr die echten Napoleons. Die wachsbleiche Puppe, die hier herum= wankt, ein willenloses Nichts, trägt nur den Namen. —

Der brennende Kirchhof von Illy beleuchtet die von Hoch= gefühl geschwellten Obsieger am ereignisreichsten Tage des Völker= zwists. „Kellner, Speisekarte!" schreit ein Berliner Range, als Reservist unter die Siebenunddreißiger verwürfelt, denen heut zu ihrem Leidwesen kein Fechten vergönnt. Aber hungern durften sie wenigstens wie die andern alle und lautes Gelächter begrüßt den sinnigen Scherz, wie er sich behaglich auf dem Tournister hinflegelt und die Arme kreuzt, als säße er daheim bei Muttern oder am Kneiptisch vor einer kühlen Blonde. Weiter abwärts im traulichen Flußthal, wo Pickets blauer Hessenhusaren streifen, winselt un= ablässig ein brauner Hühnerhund, der seinen gefallenen Herrn fand.

Bei der Batterie der einsamen Pappel stand tot aufrecht ein armer Gaul, der mit fast abgetrenntem Hinterteil weiter bedient hatte, bis die Kräfte ihn verließen. Sein gräßlicher Todesschrei drang durch Mark und Bein. Kennt auch das Tier ein Vater= haus? Seine Heimat war die Batterie, mit der es starb.

Den Tod im Herzen, hat der bärtige Felix Douay hier lange umsonst den Tod gesucht, wie Bruder Abel bei Weißenburg ihn fand. Kain, wo ist dein Bruder Abel? scheint überall die Erde dem Massenmörder Krieg entgegenzuschreien. Jetzt ritt Felix der Unglückliche schweigend ab, sein karmosinrot goldgestickt Kommandofähnlein neben sich entließ er, auf weiteres Kommando verzichtend. Dann stieg er schwerfällig vom Pferd, gleichgiltig im Kugelschauer zu Fuß nach Haus marschierend. „Alles zurück, nichts mehr zu wollen, Freunde!"

Auf blinkenden Messingkämmen mit schwarzer oder bei Offizieren mit roter Raupe der hellblauen sächsischen Reiter, auf hellgrünen Fahnen mit rotweißem Wappen und Rautenschild im Osten spielte kein Abendschein mehr. Nicht funkelte er länger auf zinnoberroten Pumphosen und Leibbinden der Turkooffiziere, unter den weißen wallenden Beinkleidern ihrer braunschwarzen Wüstenkerle, nicht auf rotem Gurt und rotem Federstutz an rotgrün viereckiger Kappe der Reitkanoniere in dunkelgrüner Joppe und grünen rotgestreiften Gamaschenhosen, nicht auf hellgrünen gelbumfransten Epauletts der Chasseurs im hechtgrauen Rock und hellblauem Beinkleid. Warme Kußhände, die ihnen deutsche Feuerschlünde zuwarfen, begruben sie in Nacht, unter solchen Feuerküssen brannte das üppige Frankreich nieder.

Das blutgetränkte Gefilde scheint zu fragen: wo ist die Streitmacht der Franken? und das Echo des Waldes spottet nach: wo? Ein banges Röcheln gibt Antwort, wo die ganze Macht Frankreichs in einen Abgrund versunken, in den unersättlichen strudelnden Schlund der umzingelnden Waffenwogen hinabgerissen.

Über der Landschaft lag gleichsam eine rötlichschimmernde Färbung von Flammen und Blut. Während das zertrümmerte Heer in einem Meer von Pulvernebel auf Nimmerwiedersehen untertauchte, flackerten mächtige Feuergarben hoch überm Haupt der Fechtenden und zogen wie ein Magnet Blicke und Granaten an!

Alles still! Wie eine lautlose Totenglocke, wie ein letztes unabänderliches Schweigen, wenn ein Sterbender den letzten Seufzer ausstößt. Ein Todesseufzer der Gloire, die hier in die Grube stieg.

Über den Waldhöhen, dem von Waffen, Menschen und Streitrossen bedeckten Thalkessel und der mit Pulverrauch überdeckten Festungsstadt verschwebte gespenstig der Dampf, als nehme hier ein Schemen Abschied für immer, aufgelöst in blauen Dunst: die alte Legende der Kaiseradler.

Hinterm scharfen Westrand des gelben Steinbruchs bei der besenförmigen einsamen Pappel tauchte die Sonne unter in Schwarz. Umwölkt wie mit gerunzelter Stirn hörte der Himmel zu, wie der Choral vom Blutgefilde aufstieg: ,Ein' feste Burg ist unser Gott'. Die zerrissenen Gäule, die dort am Gestein herabhingen, wählten in ihrem letzten Krampf oft eine ruhende Bauchstellung wie Sphinxe.

Und eine große Sphinx mit Glotzaugen schien ihre Tatzen über dies gräßliche Leichenfeld zu strecken mit fahlem Spottlächeln: Löse mein Rätsel! deute die sittliche Weltordnung!

„Ich bin kein Redner, doch sage einfach: Ihre Ehre ist rein und zum Zeugnis dessen reiche ich Ihnen die Hand" lobte der Kronprinz bei Wörth den gefangenen Kürassieroberst Billet. „Im Kampf zwischen Deutschen und Franzosen ist's keine Schande geschlagen werden." Und heut rief König Wilhelm mitleidig: „Die braven Leute!" Sollten wir uns nicht lieber für immer die Hand reichen als brave Leute und die Streitaxt begraben, wo unsre Erschlagenen modern?

Übersichtskarte

zu

Bleibtreu, Sedan

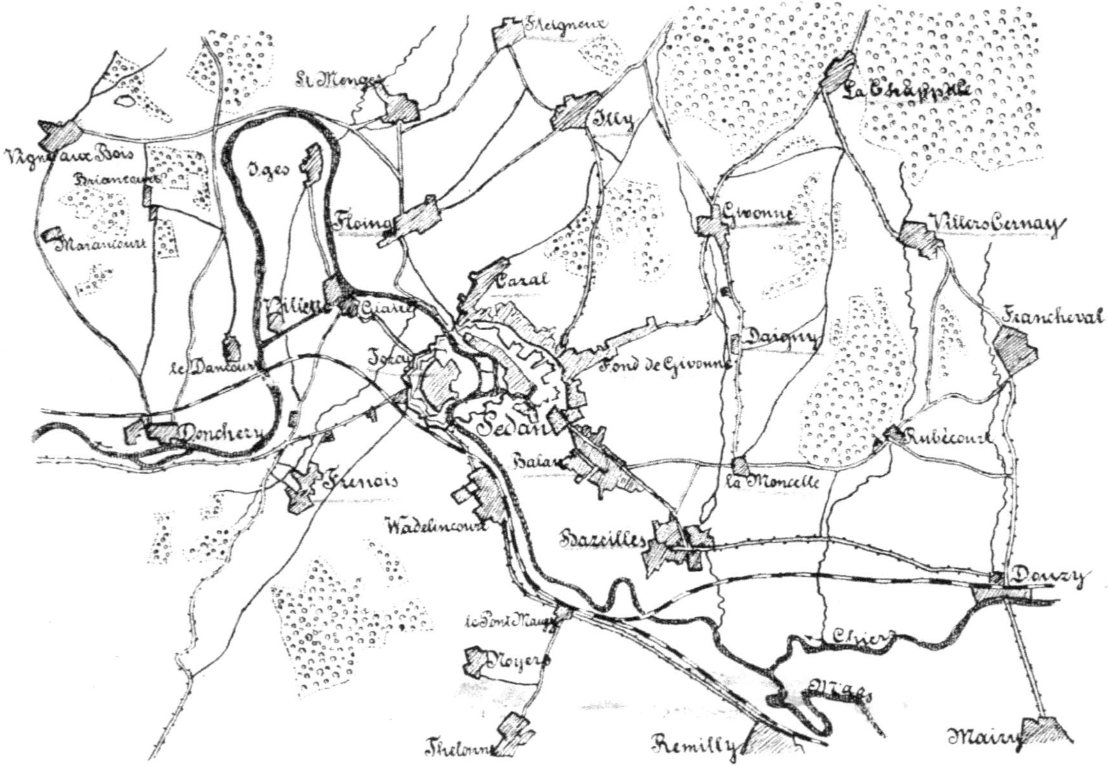
Vrigne aux Bois
Briancourt
Marancourt
Iges
St Menges
Fleigneux
La Chapelle
Illy
Floing
Givonne
Villers Cernay
Cazal
Francheval
Daigny
Fond de Givonne
le Dancourt
Torcy
Donchery
Sedan
Balan
Rubécourt
Frenois
La Moncelle
Wadelincourt
Bazeilles
Douzy
le Pont Maugy
Noyers
Chiers
Meuse
Thelonne
Remilly
Mairy

Übersichtskarte zu Woerth

Reichshofen · Niederbronn · Gundershofen · Schieverhof · Preuschdorf · Eberbach · Gunstett · Reichshofen · Elsaßhausen · Eberhach · Frösch... · Dürrenbach · Laubweiler · Langensulzbach · Görsdorf · Sauerbach · Spachbach · Oberdorf · Dieffenbach · Mitschdorf · Neuendorf

www.ingramcontent.com/pod-product-compliance
Lightning Source LLC
Chambersburg PA
CBHW030809100426
42814CB00002B/57